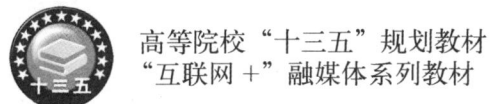

高等院校“十三五”规划教材
“互联网+”融媒体系列教材

会计电算化实验

——基于用友ERP—U8V10.1版

（第二版）

郑秀丽／主编
孔令一　戚艺馨／副主编

立信会计出版社
LIXIN ACCOUNTING PUBLISHING HOUSE

图书在版编目(CIP)数据

会计电算化实验：基于用友 ERP-U8V10.1 版 / 郑秀丽主编. —2 版. —上海：立信会计出版社，2023.3
ISBN 978-7-5429-7180-7

Ⅰ. ①会… Ⅱ. ①郑… Ⅲ. ①会计电算化—应用软件 Ⅳ. ①F232

中国国家版本馆 CIP 数据核字(2023)第 038792 号

策划编辑 郭 光
责任编辑 郭 光
美术编辑 吴博闻

会计电算化实验——基于用友 ERP-U8V10.1 版(第二版)

出版发行	立信会计出版社		
地　　址	上海市中山西路 2230 号	邮政编码	200235
电　　话	(021)64411389	传　　真	(021)64411325
网　　址	www.lixinaph.com	电子邮箱	lixinaph2019@126.com
网上书店	http://lixin.jd.com		http://lxkjcbs.tmall.com
经　　销	各地新华书店		

印　　刷	上海华业装璜印刷有限公司	
开　　本	787 毫米×1092 毫米	1/16
印　　张	14.75	
字　　数	350 千字	
版　　次	2023 年 3 月第 2 版	
印　　次	2023 年 3 月第 1 次	
书　　号	ISBN 978 - 7 - 5429 - 7180 - 7/F	
定　　价	48.00 元	

第二版前言

随着现代信息技术和网络技术的日益普及,越来越多的企业会计工作从手工环境转向计算机环境。用友、金蝶等会计软件的应用也越来越广泛,对传统会计操作实务产生了巨大影响。所以,读者既需要学习会计理论知识,也需要掌握计算机环境下的会计核算方法并进行实践操作。本书基于强化读者会计电算化操作技能的目的,完成会计从理论到实践的应用,从而达成培养应用型、技能型、复合型会计人才的目标。

本书可与孔令一、朱淑梅主编的《会计综合模拟实验(工业篇)》(第二版)同步配套使用,也可单独作为会计电算化实验用书。本书共分为四篇:第一篇为实验基础篇,主要讲解实验目的、实验要求与培养目标、实验方式、实验环境与材料准备安排以及用友 ERP-U8V10.1 软件的安装说明;第二篇为业务操作指导篇,以烟台兴茂机械制造有限公司 2019 年 12 月份发生的经济业务为主线,结合用友 ERP-U8V10.1 软件操作特点以及实验培养目标,设计递进式的实验任务,完成从账簿的启用、会计凭证的填制、登记账簿到财务报表编制各个会计核算环节的指导工作;第三篇为综合实验篇,以《会计综合模拟实验(工业篇)》中的业务内容为依据,在用友 ERP-U8V10.1 软件中完成手工实验环节的操作;第四篇为会计电算化发展及规范。

本书主要特色有:

(1) 章节设置与《会计综合模拟实验(工业篇)》(第二版)相契合,实验操作环节与手工会计核算的环节基本一致,便于进行手工会计与电算化会计的对比。

(2) 操作步骤讲解详尽,对每一个业务环节都设置了操作案例,并采用图文结合的方式展示和讲解操作流程,内容简单清晰,增强会计电算化系统的易学性与易用性。

(3) 编者都是从事会计电算化教学的一线教师,根据多年的实践教学经验对每一个操作步骤的易错点和注意事项进行了总结凝练,能够帮助读者迅速掌握用友 ERP-U8V10.1 软件的操作技巧。

(4) 实验内容依据最新的《企业会计准则》(2022 年版)编制,实验账套的会计科目体系与财务报表的格式都符合最新的《企业会计准则》。为此,本书详细介绍了如何将系统中预置会计科目体系调整为新版工业企业会计科目体系。同时,本书采用大量篇幅对财务报表格式以及报表项目计算公式的设置进行了详细的讲解。

(5) 编者在总结日常教学经验的基础上,结合相关科研文献总结出了五种错账更正方法，适用于不同环节的错账更正。

本书由郑秀丽担任主编，孔令一、戚艺馨担任副主编，王建平、蒲宁、孔祥敏等参与编写，书中蕴含了一线教师们在教学实践中的心得和宝贵经验。编者衷心希望本书能为读者在会计电算化学习道路上提供帮助。

由于编者水平有限，书中如存在疏漏和不当之处，恳请各位读者批评指正，以便我们对本书进行修订和完善。

编　者

2023 年 3 月

导　学

亲爱的读者朋友：

对于即将开始的“会计电算化实验”课程，或许您是心怀憧憬，因为马上要解锁新的学习“关卡”；也许您是心怀忐忑，因为面对不熟悉但是很重要的财务软件，一时竟不知如何开始。

当您翻开此书，意味着您已经开启从会计理论学习到实践的转变。“会计电算化实验”课程的学习，基本要求有两点：其一，熟悉软件的各项基本功能和操作；其二，学会使用软件进行会计账务处理。为了帮助您更好地学好此课程，我们将向您（学生）提供微课视频课程学习资源。这些微课视频，涵盖了财务软件的安装、建账、企业基本信息管理、记账凭证的填制与审核、结账、错账更正、财务报表编制等操作流程，可以帮助您高效地学习本课程。

课程学习资源领取流程如下：

微信关注“智信财会”公众号（下图二维码），在公众号内回复“7180”，即可领取课程学习资源包。

编　者

2023 年 3 月

目 录

第一篇 实验基础

第二篇 业务操作指导

第四篇 会计电算化发展及规范

第一篇　实验基础

本篇内容为实验操作前的准备部分，主要包括实验课程设计与用友 ERP-U8V10.1软件安装两个项目。项目一介绍了实验目的、实验要求与培养目标、实验方式、实验环境与材料准备四部分内容，项目二介绍了安装要求、安装过程、登录问题解决办法三部分内容以及介绍了如何安装用友 ERP-U8V10.1 软件以及安装过程中的注意事项。

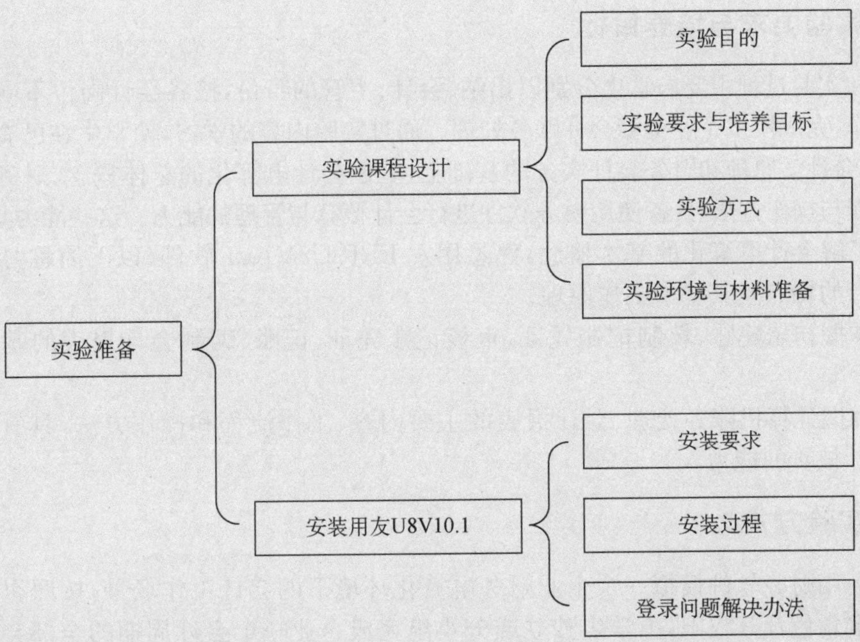

项目一　实验课程设计

一、实验目的

通过本实验教材的学习，学生能系统、全面地掌握会计软件的工作流程、操作步骤和操作技巧，实现计算机与会计经济活动的结合，达到利用计算机进行会计账务处理的目的。学生可将会计电算化实验结果与手工会计所产生的会计账务处理结果进行比较，提升学生将所学理论知识应用于会计电算化工作实践的能力。学生通过实验操作可以体验到企业财务工作情景，增强其岗位责任意识和团队协作精神。

二、实验要求与培养目标

本书在实验过程中要求学生分别以出纳、会计、主管的身份，按各会计岗位不同的权限进行实验操作，完成模拟企业全套会计账务处理。通过实验内容的学习，使学生在已有的计算机基础知识、会计学原理和财务会计实务的基础上，掌握会计电算化的总体概念、财务软件的基本工作原理与操作方法，具备使用财务软件进行会计核算与管理的能力。这些能力具体包括：

(1) 了解会计电算化的基本概念，熟悉用友 ERP-U8V10.1 软件(以下简称"用友 ERP-U8V10.1")的特点及其基本工作原理。

(2) 掌握初始建账、填制记账凭证、审核记账凭证、记账、编制会计报表的基本原理和方法。

(3) 掌握计算机账务处理、会计报表的主要内容、工作流程和操作方法，具有使用计算机进行会计核算的能力。

三、实验方式

本书运用财务软件模拟一个企业财务电算化环境下的会计工作场景，按照企业财务工作岗位设定角色及其权限，由学生独立或分小组完成企业一个会计周期的全部会计业务处理并生成会计报表。

四、实验环境与材料准备

(一) 实验环境

会计电算化实验需要在机房中进行，通过财务软件模拟企业财务部门的工作环境，各岗位按照各自的职责和权限对企业的财务数据进行操作，在计算机环境下完成实验。

(二) 实验准备

在实验开始前，学生需要做好以下准备工作：

(1) 安装用友 ERP-U8V10.1。

(2) 准备实验的基础数据资料，包括企业的基本信息、财务数据和财务制度等。

项目二　安装用友 ERP-U8V10.1

一、安装要求

(一) 操作系统

(1) 安装操作系统及其关键补丁：Windows 7（SP1 或更高版本补丁）、Windows 2008 R2(SP1 或更高版本补丁)。

(2) 使用 Windows Update 完成其他所有微软补丁的更新(推荐)。

(3) 英文和繁体操作系统，安装简体中文语言包后才能正常使用用友 ERP-U8V10.1。

用友 ERP-U8V10.1 全面支持 64 位环境，推荐安装和使用服务器端产品(包括应用服务器和数据库服务器)。安装之前，需要先手工安装用友 ERP-U8V10.1 所需要的基础环境补丁和缺省组件。

如果在 Vista、Windows2008、Windows7、Windows2008R2 等操作系统上安装运行用友 ERP-U8V10.1 产品，建议至少配置 2G 以上的内存。

(二) 数据库

(1) 如果安装数据库服务器，请先安装好数据库。用友 ERP-U8V10.1 支持以下 SQL Server 数据库版本：SQL 2000（包括 MSDE）SP4（及更高版本补丁）、SQL 2005（包括 Express)（SP2 或更高版本补丁）、SQL 2008(SP1 或更高版本补丁)、SQL 2008R2。

(2) SQL Server 的安装方法请参照 SQL Server 的安装帮助。

(3) 简体中文数据库默认安装即可。

(4) 在繁体和英文操作系统上安装相应语言的数据库时，请选择“自定义安装”，“服务器排序规则”设置为简体中文(PRC)，安装成功后显示为“Chinese_PRC_CI_AS”，一旦安装完毕，此设置不可修改。

(5) 在繁体和英文操作系统上安装数据库后，必须先将操作系统的默认语言修改为简体中文(PRC)，否则将导致用友 ERP-U8V10.1 数据库服务器无法使用。

(6) 支持数据库的多实例使用，但前提条件为必须有默认实例（包括对应的关键补丁)存在，否则将导致安装用友 ERP-U8V10.1 数据库服务器失败。

(7) SQL Server 服务器的登录身份必须要设置为“本地系统账户（local system)”或属于本机管理员组的用户，否则将导致无法正确创建 U8 账套。

(8) SQL Server 服务器的身份验证模式请选择“混合模式”选项，并设置管理员“SA”账号的密码。

(三) 浏览器

支持微软 IE 浏览器 IE6.0＋SP1 和以上版本(IE7、IE8、IE9)使用用友 ERP-U8V10.1 的 Web 产品。

二、安装过程

(1) 打开光盘目录,双击"SetupShell.exe"文件,运行用友 ERP-U8V10.1 安装程序,安装界面如图 2-1 所示。

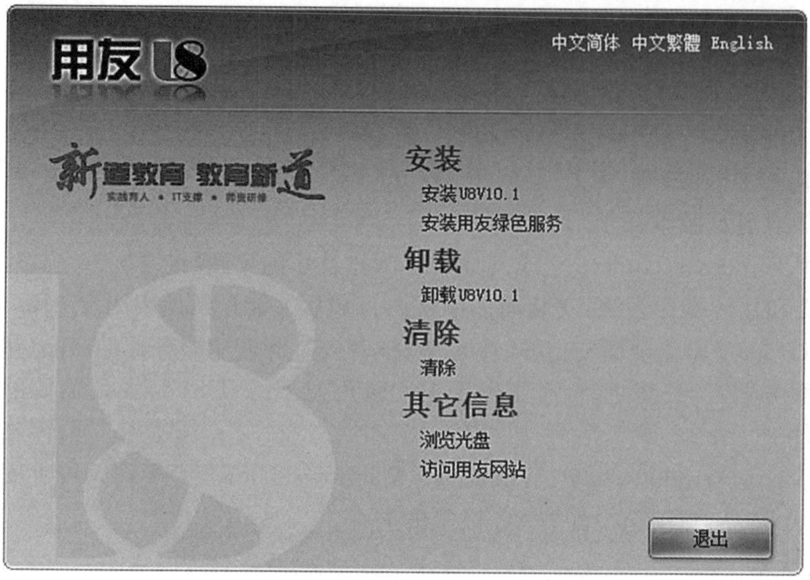

图 2-1 安装界面

点击安装用友 ERP-U8V10.1,自动根据客户端操作系统环境选择对应语言的安装界面。如果客户端操作系统为中文简体、中文繁体、英文三种环境之一,自动选择对应语言"中英繁"的安装界面;如果客户端操作系统是其他语言,自动选择英文安装界面。

如果已经安装过用友 ERP-U8V10.1 版本,需要卸载重新安装的情况,可以通过"卸载用友 ERP-U8V10.1"完成卸载。

由于软件环境问题导致旧版 U8 程序不能正常卸载,从而无法安装用友 ERP-U8V10.1应用程序,在执行了旧版本的正常卸载之后,可以通过"清除"来彻底清除未卸载干净的内容。

如果是用友 ERP-U8V10.0 纯客户端,则可以直接点击安装界面的"升级用友 ERP-U8V10.0 客户端"升级到用友 ERP-U8V10.1;如果是 U8 其他版本或用友 ERP-V10.0 的服务器端则需要卸载后重新安装用友 ERP-U8V10.1。

(2) 选择"中英繁安装"之后,进入安装欢迎界面,可以选择查看"安装手册""下一步""取消"操作,如图 2-2 所示。

(3) 确认许可证协议,如图 2-3 所示。

(4) 检测是否存在历史版本的 U8 系列产品。

(5) 如果检测到已经安装有 U8 系列产品,系统提示并开始清理历史版本残留内容(清理 MSI 安装包,此步骤时间较长,请耐心等待)。

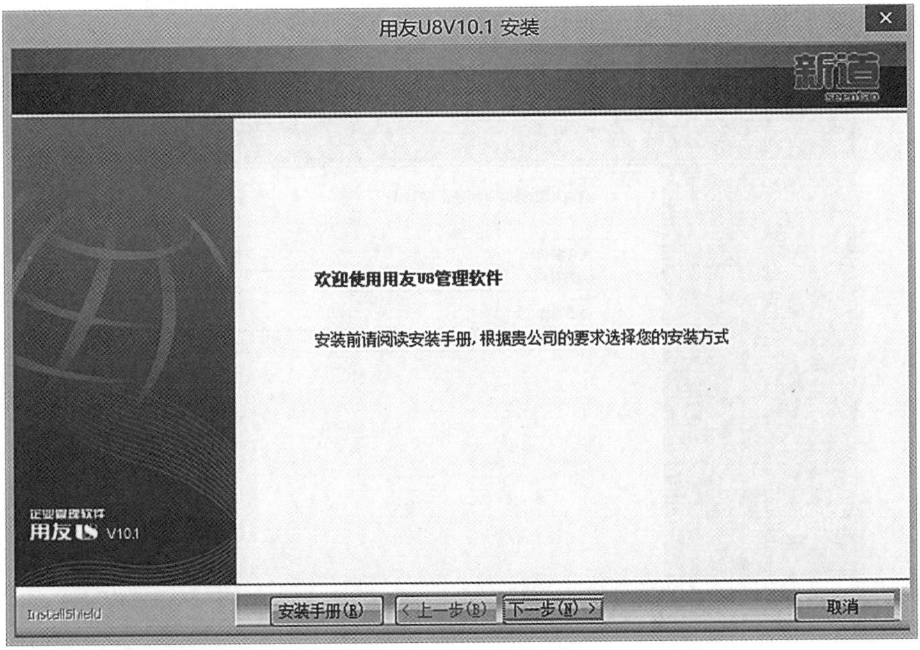

图 2-2　安装前阅读手册

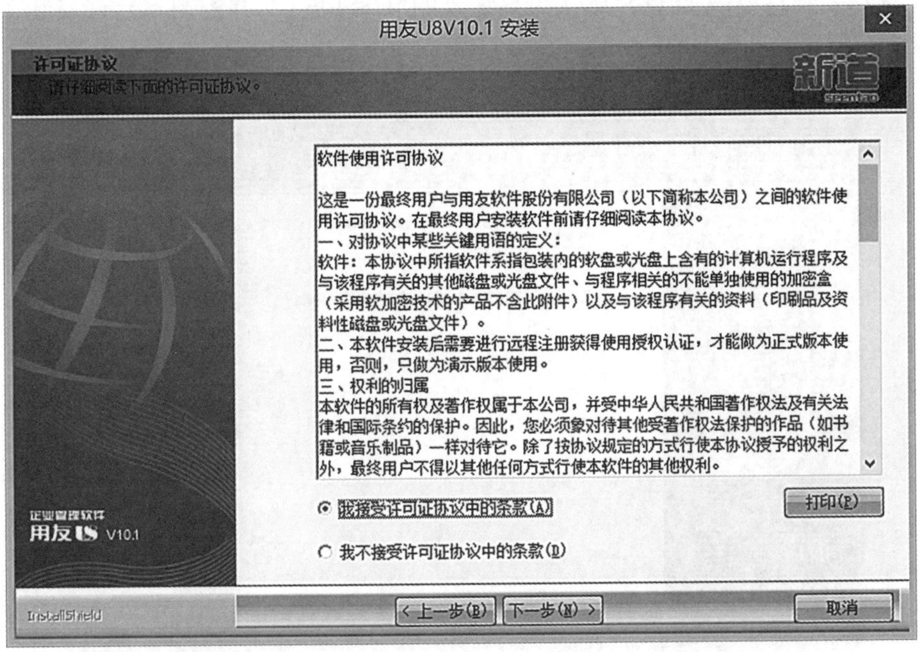

图 2-3　许可证协议

如果因为安装过程(包括卸载、修改或修复)异常中断导致安装失败，有可能在清理完毕后提示重新启动，按照提示操作即可。没有执行此操作的情况下直接进入第(6)步，重新启动的机器再次执行以上 5 步操作后进入第(6)步。

(6) 输入客户信息，如图 2-4 所示。

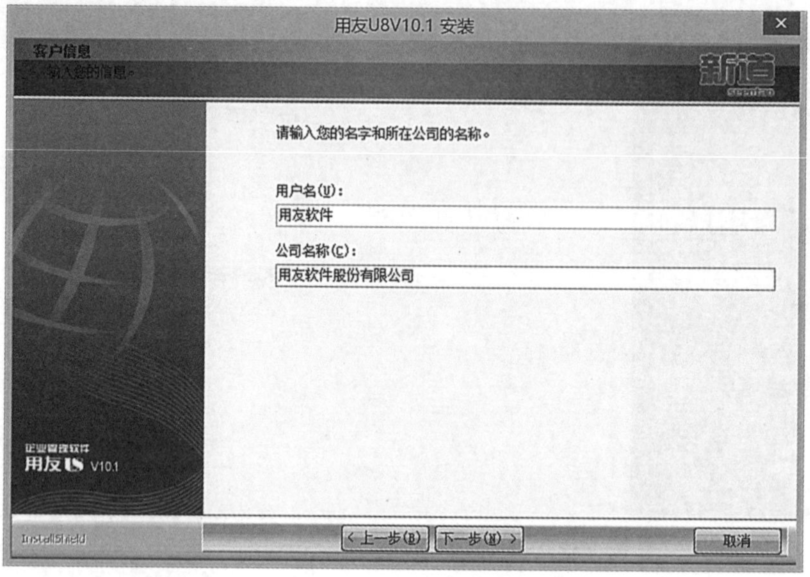

图 2-4　输入客户信息

(7) 选择安装路径，安装路径默认为系统盘的“U8SOFT”，并控制不允许安装在根目录下，如图 2-5 所示。

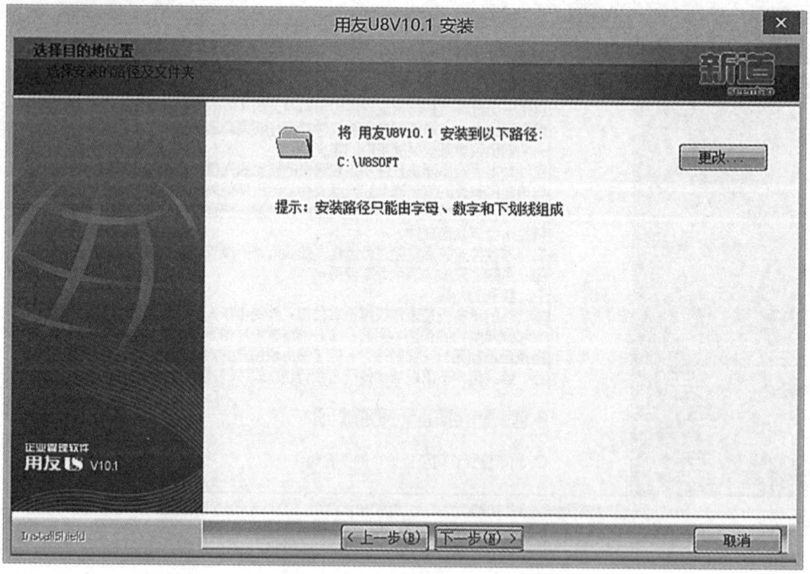

图 2-5　选择安装路径

(8) 可以选择的安装类型有“全产品”“客户端”“服务器”“自定义”四种类型。除“全产品”外，其他类型的安装都可以自行选择需要安装的产品内容，并根据选择计算需要的空间和可用空间。然后选择安装的语种，如图 2-6 所示。

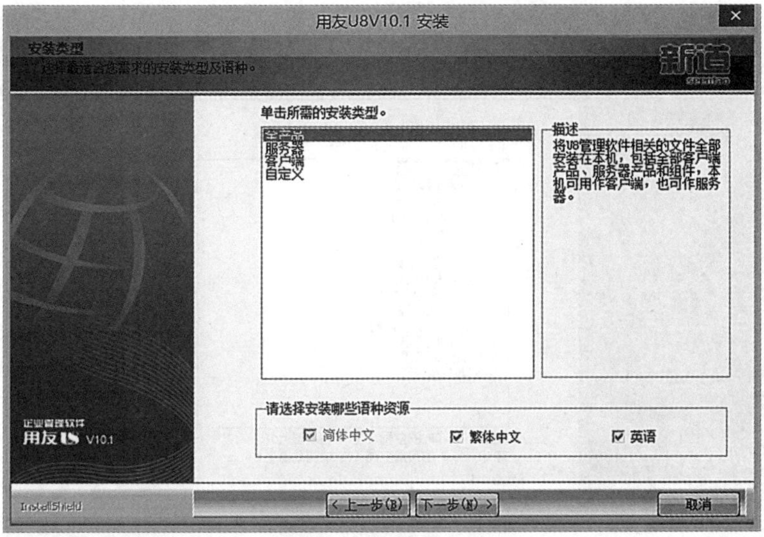

图 2-6 选择安装类型

a. 全产品：安装全部客户端产品、服务器产品和组件。

b. 客户端：按产品组-产品细分，可选择产品进行安装，如图 2-7 所示。

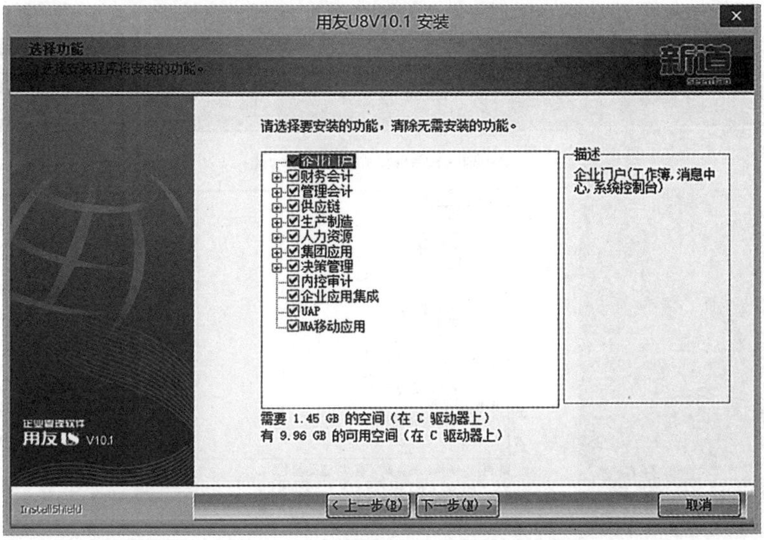

图 2-7 选择客户端安装功能

需要注意的是，如果只安装供应链客户端，供应链产品（包括库存、销售、采购、委外、进口、出口、质量和售前等）与生产制造相关的功能将不能使用，只有同时安装生产制造客户端才能使用这些功能。

c. 服务器：可以选择“应用服务器”“文件服务器”“加密服务器”“数据服务器”进行安装。“应用服务器”下的“基础服务”包括 C/S 所有产品的应用服务器和 B/S 的基本服务器，其下的其他产品是指相应产品的 Web 服务器，推荐全部选择，如图 2-8 所示。

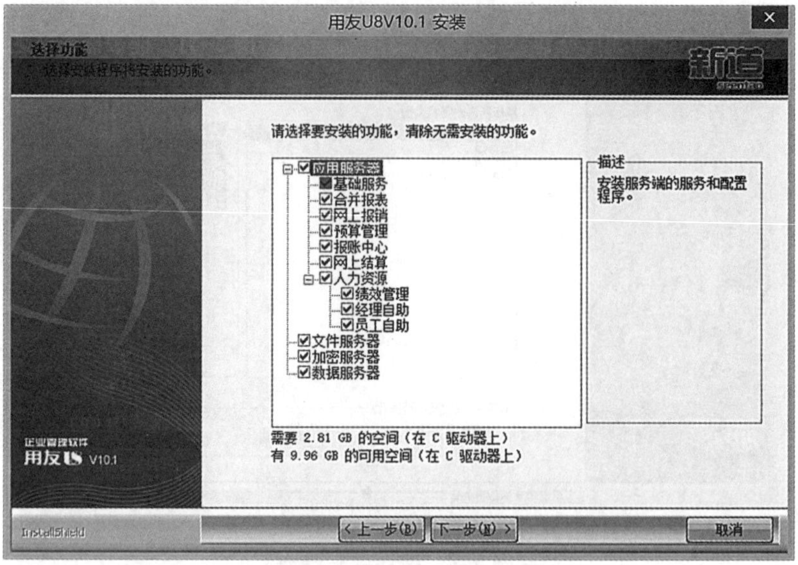

图 2-8　选择服务器安装功能

d. 自定义安装：包含客户端和服务器的所有产品和组件以及 ERP-U8V10.1 实施与维护工具，可选择安装，如图 2-9 所示。

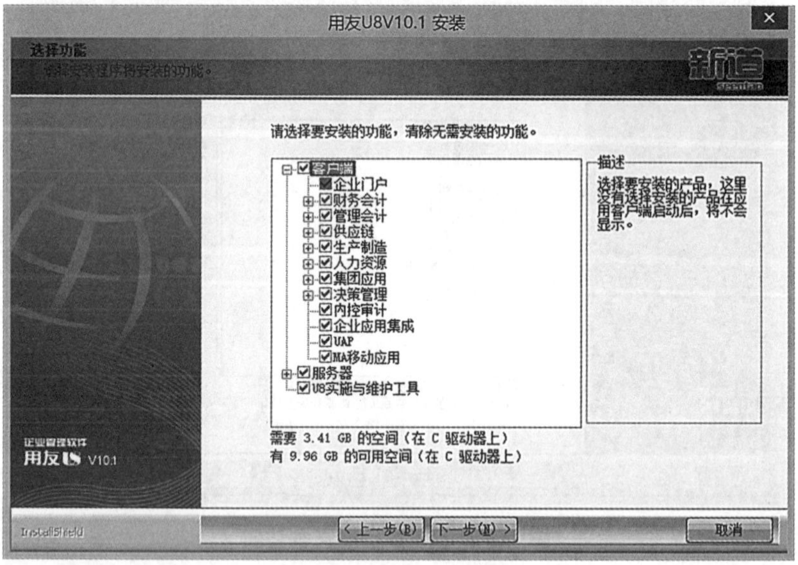

图 2-9　自定义安装功能

(9) 环境检测。根据上一步所选择的安装类型及其子项检测环境的适配性，如图 2-10所示。当“基础环境”和“缺省组件”都满足要求后，点击“确认”进入下一步；检测报告以记事本方式自动打开并显示出示检测结果，可以保存（“基础环境”需要手工进行安装，“缺省组件”可以通过“安装缺省组件”进行自动安装），也可以选择手工安装，“可选组件”可选择安装也可以不安装，如图 2-11 所示。

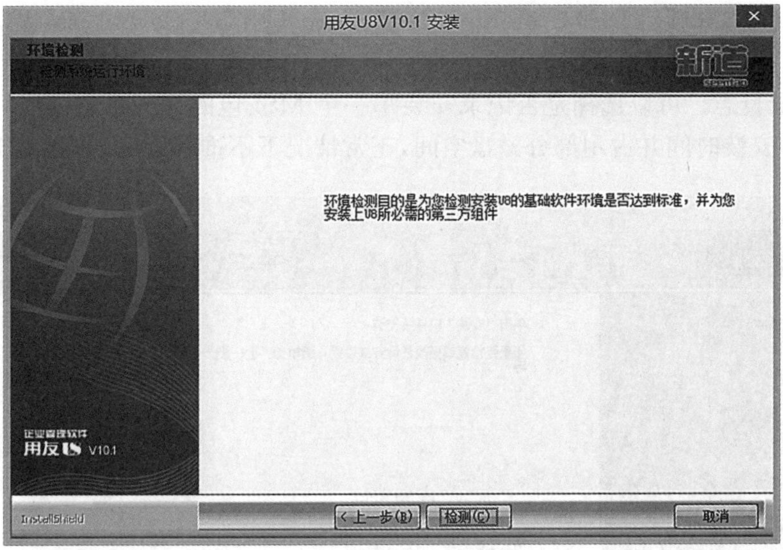

图 2-10　环境检测

图 2-11　系统环境检测

“缺省组件”中的项目 DHML Editing Component 只在 Windows Vista 及以上操作系统上需要检测。

(10) 记录日志。可以选择是否记录安装每一个 MSI 包的详细日志，默认不勾选；勾选将延长一定的安装时间并占用部分磁盘空间，正常情况下不推荐使用，如图 2-12 所示。

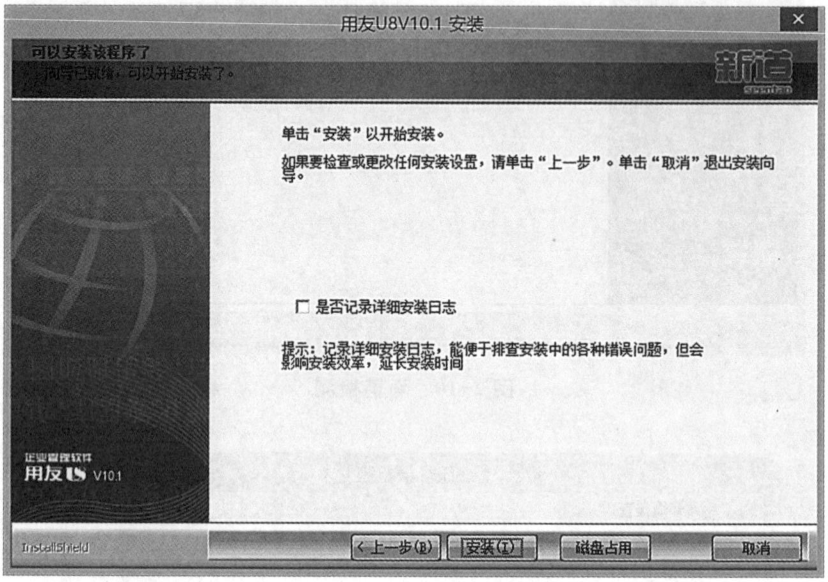

图 2-12　向导已就绪

(11) 开始安装，如图 2-13 所示。

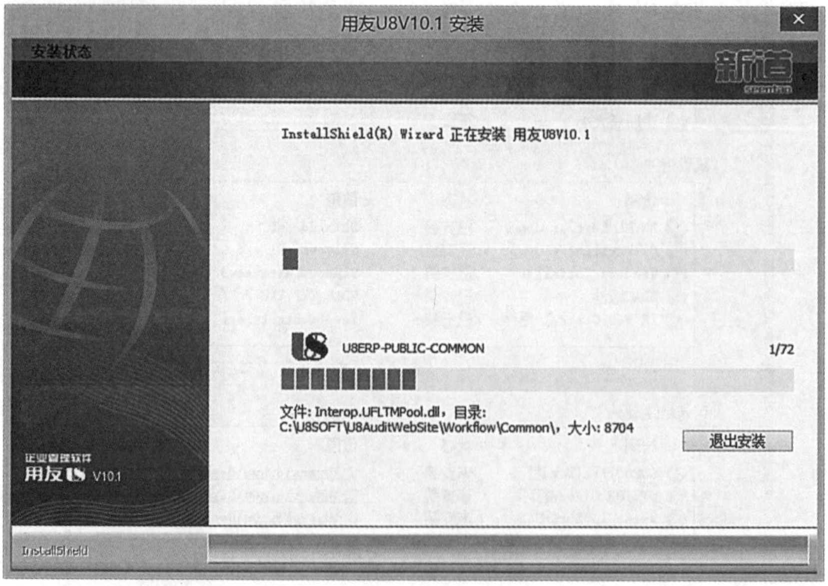

图 2-13　开始安装

（12）安装完成，软件要求重新启动计算机，如图 2-14 所示。

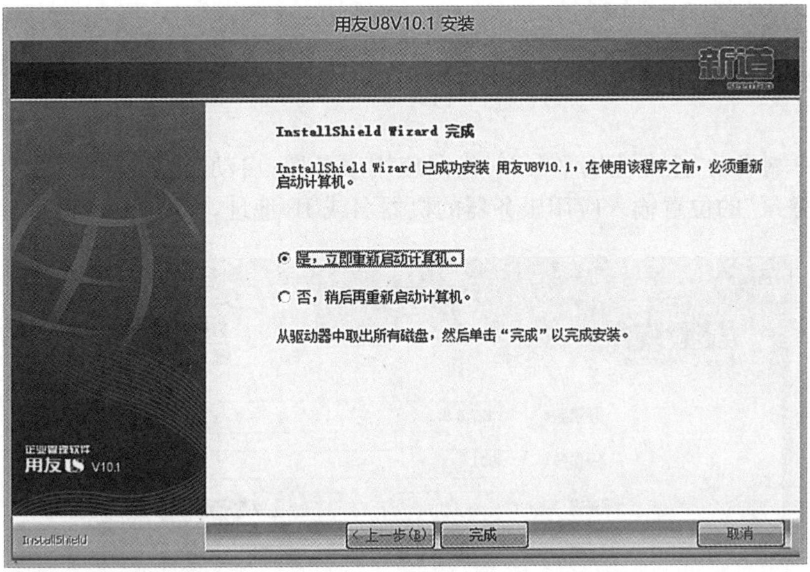

图 2-14　安装完成

（13）计算机重新启动后，出现“正在完成最后的配置”提示信息。在该界面输入数据库名称（即本地计算机名称），SA 口令为空（安装 SQL Server 2000 时设置为空），单击“测试连接”按钮，若正确，系统出现连接成功的提示信息。

（14）连接测试成功后，单击“完成”按钮，系统提示是否初始化数据库，单击“是”按钮，提示“正在初始化数据库实例，请稍后……”数据库初始化完成后，会出现如图 2-15 所示的“登录”窗口。

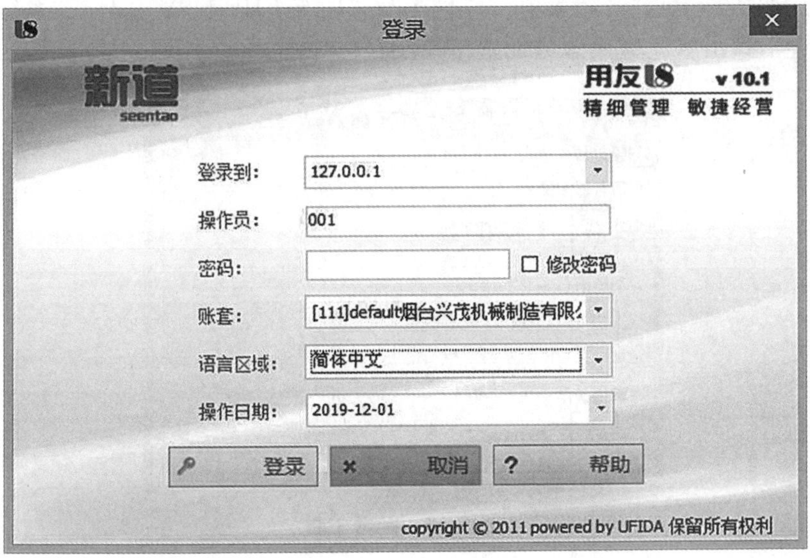

图 2-15　登录窗口

三、登录问题的解决办法

在“登录”窗口中未出现登录的服务器名称和账套“default”的解决办法。

（1）数据服务器、应用服务器、加密服务器和多个客户端应按照“安装步骤”所述的方法安装。

（2）客户端启动“企业应用平台”时指向应用服务器；启动“企业应用平台”后，出现登录窗口，请在“登录”的位置输入应用服务器的机器名或IP地址，如图2-16所示。

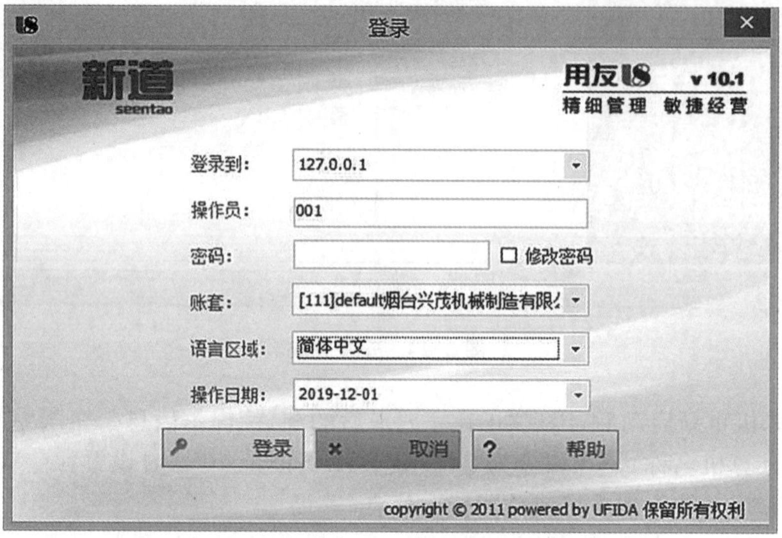

图2-16　登录窗口

（3）配置应用服务器指向数据库服务器和加密服务器。

a. 在应用服务器上点“开始菜单”—“程序”—“用友ERP-U8V10.1”—“系统服务”—“应用服务器配置”，弹出“U8应用服务配置工具”窗口，如图2-17所示。

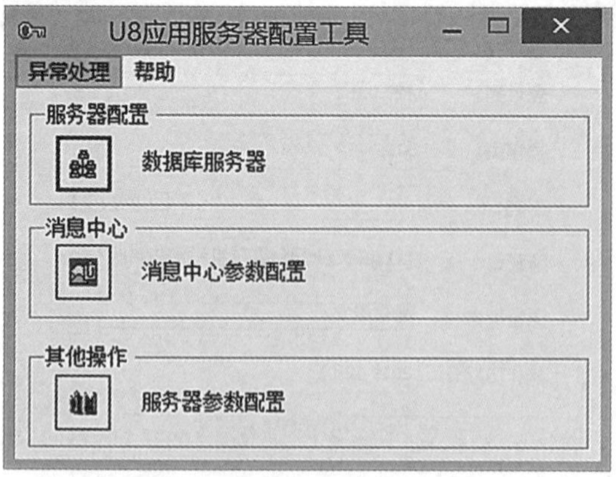

图2-17　配置工具

b. 点击“数据库服务器”按钮，出现“数据源配置”窗口，如图 2-18 所示。

c. 点击“增加”按钮，出现“新建数据源”窗口，如图 2-19 所示。在“数据源”的位置填入数据源的名称“default”，在“数据库服务器”位置填入数据库的机器名称或 IP 地址，在“密码”位置填入数据库管理员“SA”的口令。

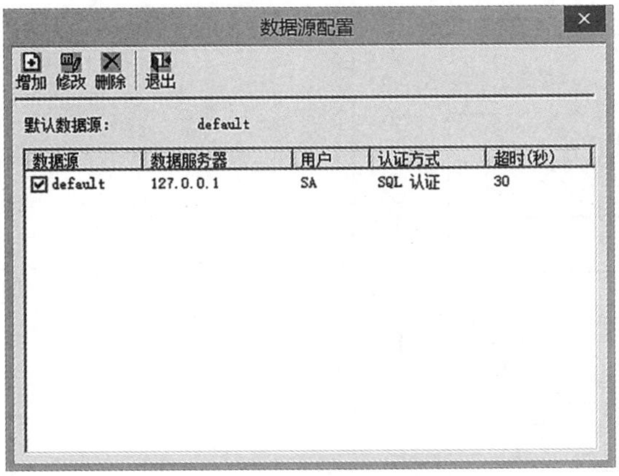

图 2-18　数据源配置

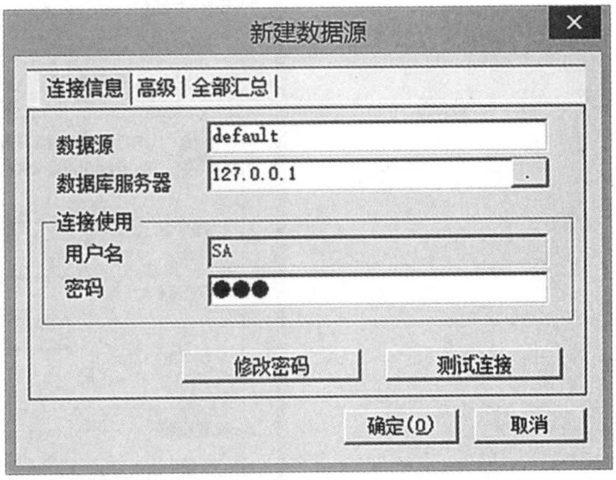

图 2-19　新建数据源

d. 点击“测试连接”，出现“连接串测试成功”如图 2-20 所示，说明数据源配置正确，点击“确定”后新的数据源就配置好了。

(4) 配置应用服务器指向加密服务器和其他服务器。

a. 在“U8 应用服务器配置工具”窗口中点击“服务器参数配置”。

b. 进入“服务器参数配置”窗口，把加密服务器的机器名称或 IP 地址填在相应的位置，如图 2-21 所示。

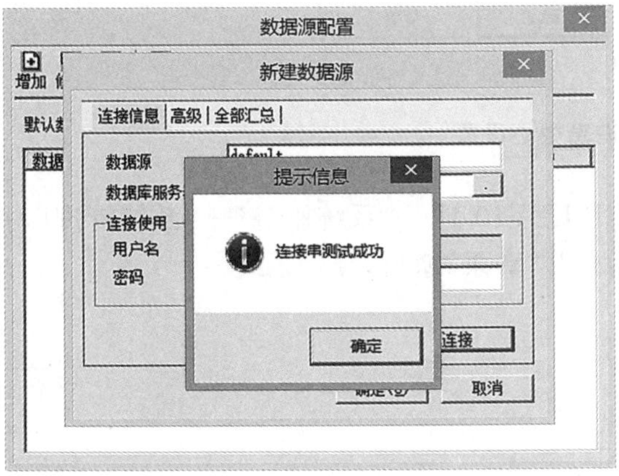

图 2-20　连接串测试成功

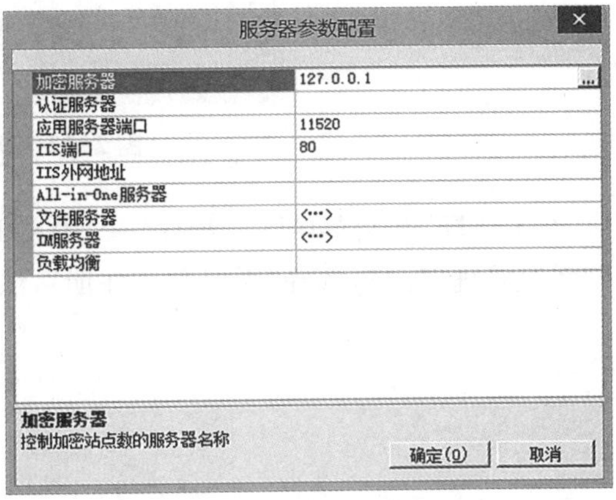

图 2-21　服务器参数配置

c. 如果有短信服务的话，在“U8 应用服务器配置工具”窗口中，点击“消息中心”，设置短信和邮件服务参数，如图 2-22 所示。

d. 关闭窗口，系统会自动把设置保存起来。

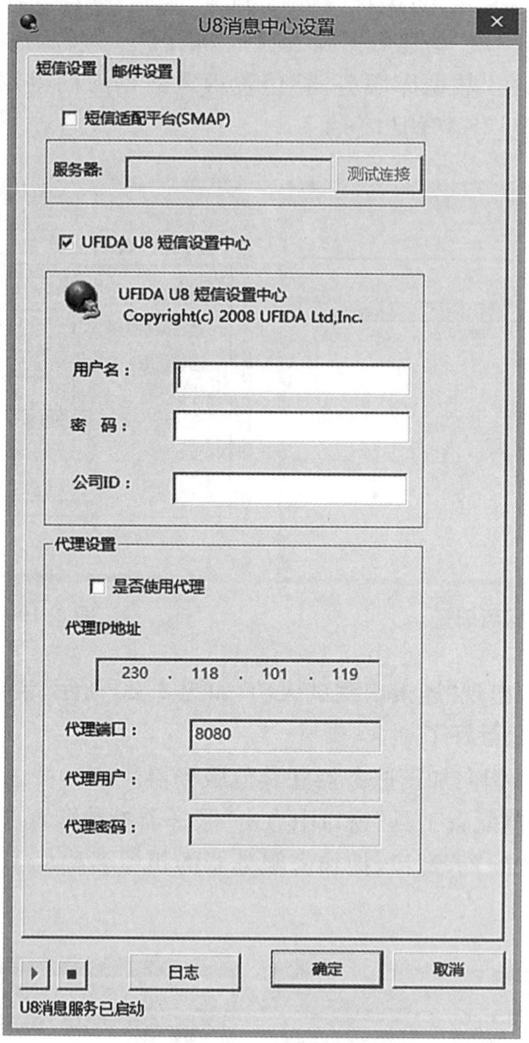

图 2-22 U8 消息中心设置

（5）选择“开始菜单”—“程序”—“用友 ERP-U8V10.1”—“系统服务”—“系统管理”，打开“系统管理”窗口，选择“系统”—“注册”，然后打开“登录”窗口，登录系统。

第二篇　业务操作指导

本篇内容为会计电算化分模块递进式操作练习，包括期初建账、企业基本信息管理、记账凭证的填制与审核、登记账簿、期末结账、错账更正和财务报表编制七个项目。

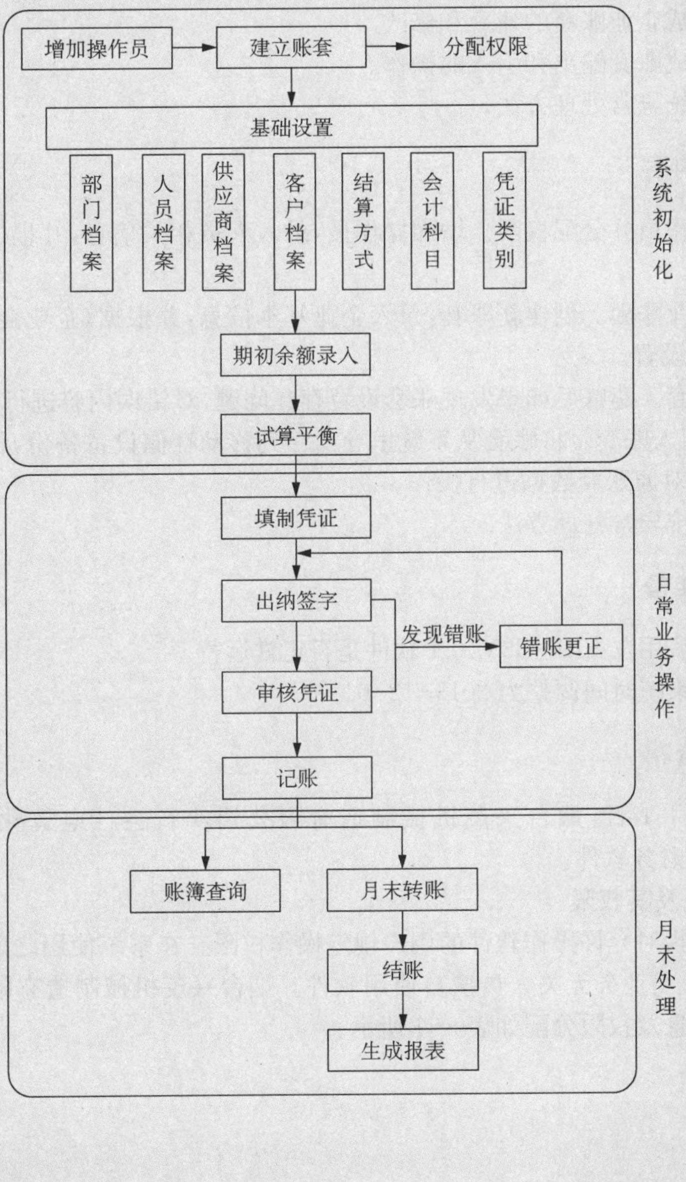

项目三　建　　账

一、实验目的

（1）熟悉用友 ERP-U8V10.1 系统管理模块的主要功能。

（2）能够完成操作员的增加和操作员权限分配。

（3）能够完成企业账套的建立和修改。

（4）能够完成账套输出和引入的操作。

（5）熟悉系统异常处理方法。

二、实验内容

（1）增加操作员并分配权限。增加操作员，录入人员相关信息，并根据岗位职责设置操作员的权限。

（2）建立企业账套。创建新账套，录入企业基本信息，并根据《企业会计准则》和企业财务政策进行账套设置。

（3）修改账套。建账后如果发现账套设置存在问题，对错误内容进行修改。

（4）输出、引入账套。将账套从系统里导出存到移动存储设备备份，将备份的账套引入财务软件系统可对原账套数据进行操作。

（5）常见系统异常处理方法。

三、实验准备

（1）检验确认用友 ERP-U8V10.1 软件是否正常运行。

（2）将电脑系统时间调整为 2019-12-01。

四、实验资料

2019 年 12 月 1 日，烟台兴茂机械制造有限公司实行会计电算化，使用用友 ERP-U8V10.1 作为其财务软件。

（一）操作员及其权限

财务分工是指对允许操作软件的用户规定操作权限。在系统使用之前需要对用户进行财务分工，来防止与业务无关人员擅自使用软件。烟台兴茂机械制造有限公司财务电算化系统操作人员信息及权限分配如表 3-1 所示。

表 3-1　操作人员及其权限设置

部门	编号	姓名	口令	权限设置
财务部	001	张丽	1	账套主管,负责系统日常运行管理,拥有全部权限
财务部	002	孙娜	2	拥有"基本信息""总账"(审核凭证、出纳签字、出纳除外)子系统的相关权限
财务部	003	王强	3	拥有"总账"—"凭证"—"出纳签字"和"总账"—"出纳"子系统的相关权限

(二) 账套信息

账套号:111

账套名称:烟台兴茂机械制造有限公司

账套路径:系统默认路径

启用会计期:2019 年 12 月

会计期间设置:12 月 1 日至 12 月 31 日

(三) 企业信息

单位名称:烟台兴茂机械制造有限公司

单位简称:烟台兴茂制造

单位地址:山东省烟台市莱山区港城东大街 100 号

法人代表:孔祥瑞

税号:913706129662088957

联系电话及传真:0531-6900119

电子邮箱:yantaixingmao@126.com

(四) 核算类型

本币名称:人民币(RMB)

企业类型:工业

行业性质:2007 年新会计制度科目

账套主管:张丽

按行业性质预置会计科目。

(五) 基础信息

对存货、客户、供应商不进行分类,有外币核算。

(六) 分类编码方案

科目编码级次:4222;其他编码级次采用系统默认值。

(七) 数据精度

采用系统默认值。

(八) 系统启用

启用"总账"子系统,启用日期为:2019 年 12 月 1 日。

五、实验操作指导

(一) 登录系统管理

(1) 执行"开始"—"程序"—"用友 ERP-U8V10.1"—"系统服务"—"系统管理"命令,进入“系统管理”窗口，如图 3-1 所示。

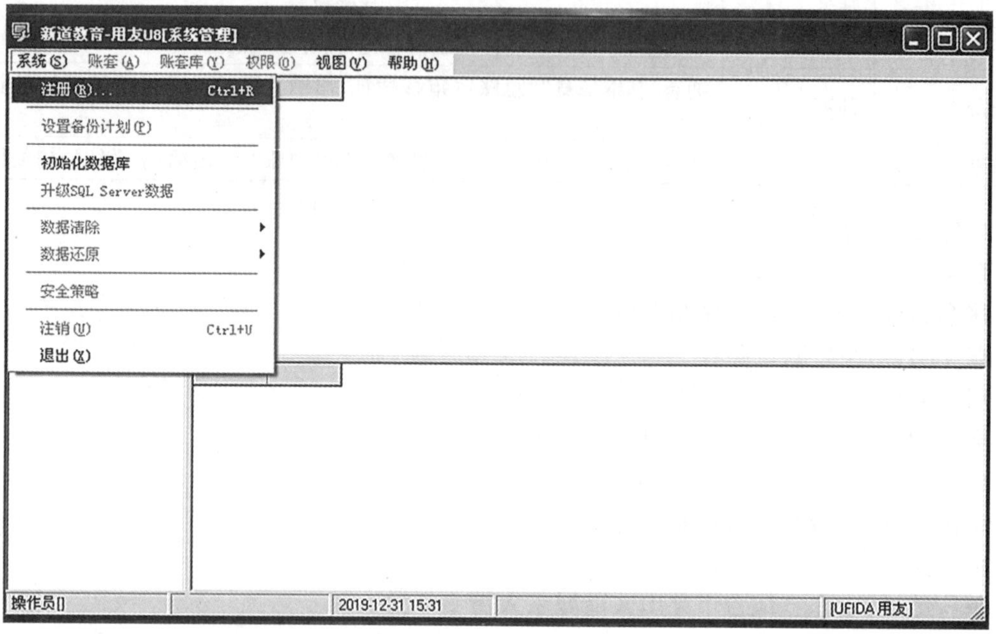

图 3-1 系统管理窗口

(2) 执行“系统”—“注册”命令，打开“登录”系统管理对话框。

(3) 系统中已预先设定系统管理员“admin”，密码为空，如图 3-2 所示。单击登录，以系统管理员的身份进入系统管理。

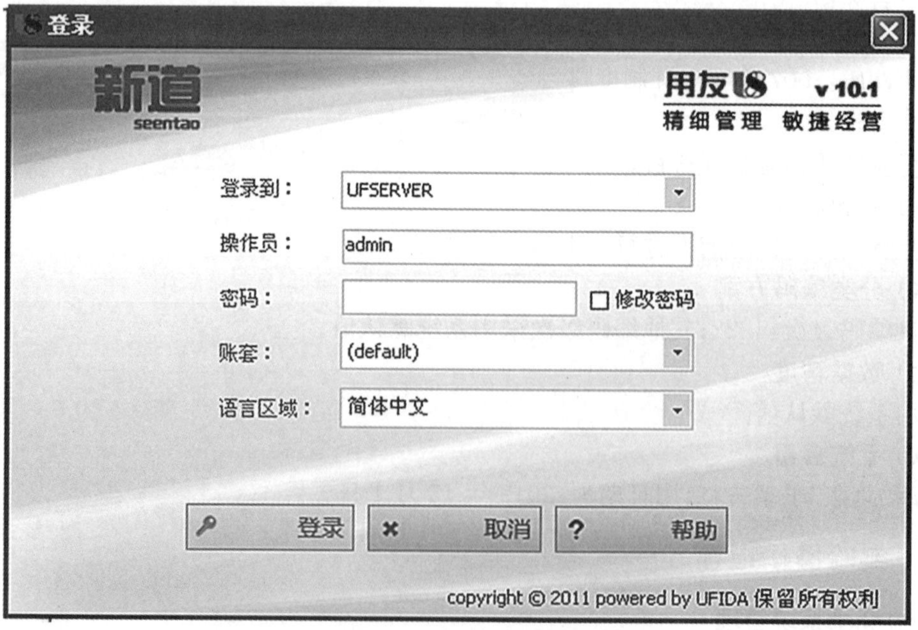

图 3-2 系统登录窗口

注意事项

系统管理员"admin"是系统管理权限最高的操作员。为保证系统数据的安全性，企业应及时更改系统管理员的密码，在登录界面勾选"修改密码"可设置新密码。在教学过程中，因多人共用一台电脑，不建议设置"admin"的密码。

（二）增加操作员

（1）在"系统管理"中，执行"权限"—"用户"命令，进入"用户管理"窗口。

（2）单击"增加"按钮，打开"增加用户"对话框，输入编号"001"，姓名"张丽"，口令和确认口令均为"1"，所属部门为"财务部"，角色名称勾选"账套主管"，如图 3-3 所示。

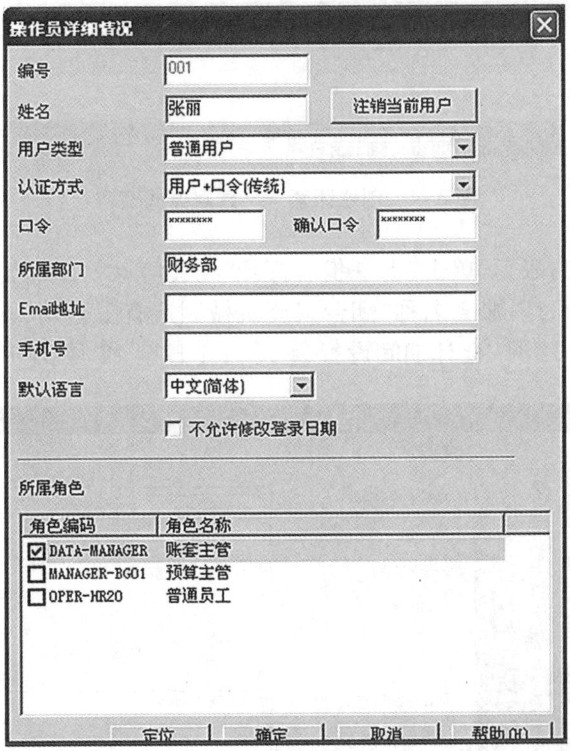

图 3-3　增加操作员窗口

（3）单击"增加"按钮，根据实验资料依次增加其他操作员，角色为"普通员工"。设置完成后单击"取消"按钮退出。

注意事项

只有系统管理员"admin"有权限设置操作员。

如果将操作员设置为"账套主管"，则该用户将是系统内所有账套的"账套主管"。

操作员使用后将不能被修改和删除，对于离职的员工可以在"用户管理"界面对该用户进行注销。

（三）建立账套

（1）在“系统管理”中，执行“账套”—“建立”命令，进入“创建账套”窗口，如图 3-4 所示。

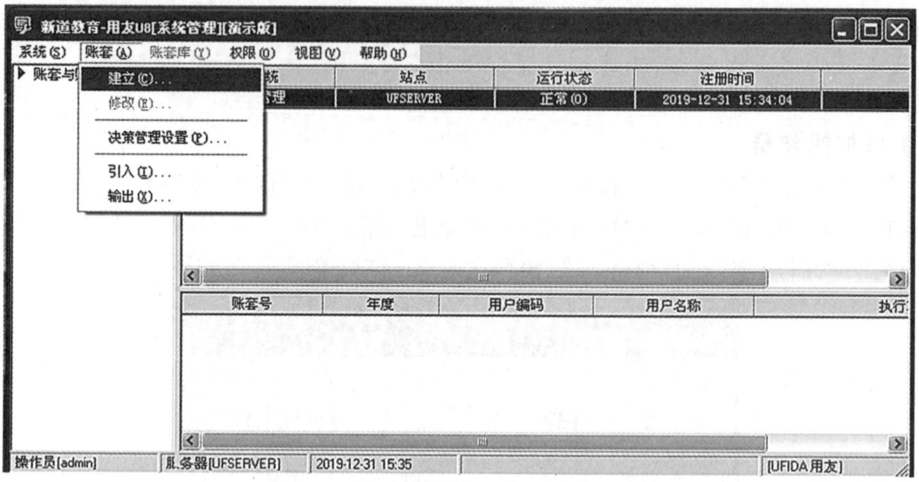

图 3-4 创建账套——建账方式窗口

（2）选择“新建空白账套”单击“下一步”，打开“账套信息”对话框。

（3）输入账套号“111”，账套名称“烟台兴茂机械制造有限公司”，账套路径为系统默认，启用会计期为 2019 年 12 月，会计期间设置为 12 月 1 日至 12 月 31 日，如图 3-5 所示。

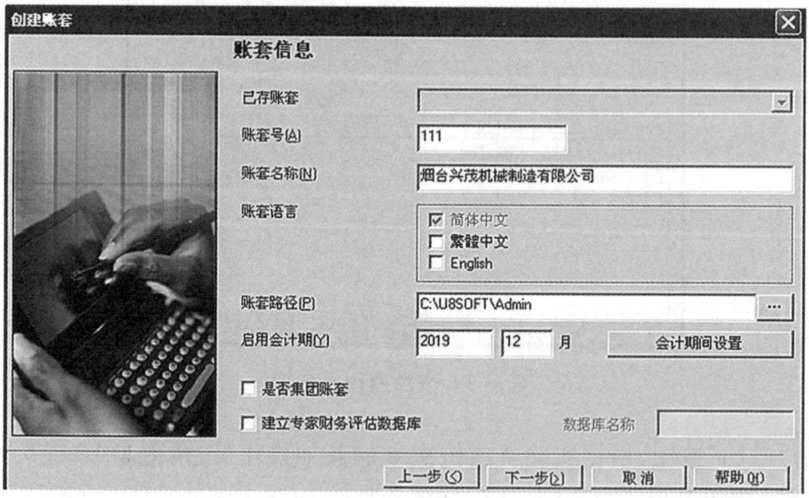

图 3-5 创建账套——账套信息窗口

注意事项

账套号是账套的唯一标识，不允许重复，账套号设置后不允许修改。

账套存储路径默认为用友 ERP-U8V10.1 的安装路径，安装时可以修改路径，但账套路径一经设定完成不允许再进行修改。

(4) 单击“下一步”,进入“单位信息”录入界面,录入单位信息,如图 3-6 所示。

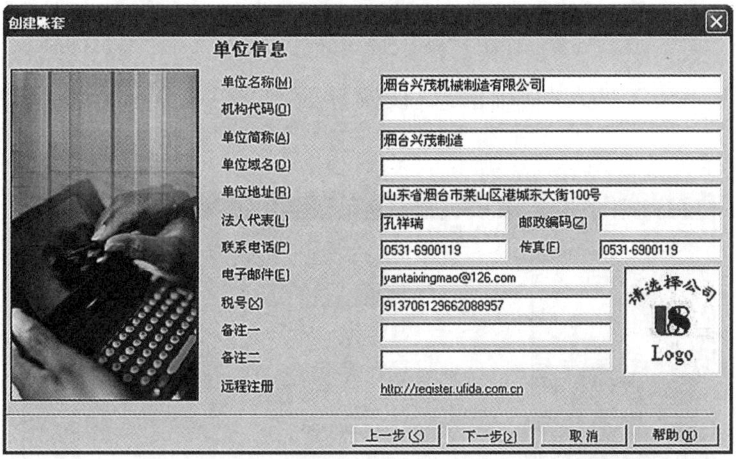

图 3-6 创建账套——单位信息窗口

注意事项

单位信息中只有“单位名称”是必须录入的。必须录入的信息以蓝色字体标识(下同)。打印发票时要用到单位名称,所以单位名称应录入企业的全称,并确保信息准确。

(5) 单击“下一步”,进入“核算类型”对话框。本币代码采用系统默认“RMB”,本币名称为“人民币”,企业类型选择“工业”,行业性质选择“2007 年新会计制度科目”,账套主管选择“[001]张丽”,勾选“按行业性质预置科目”,如图 3-7 所示。

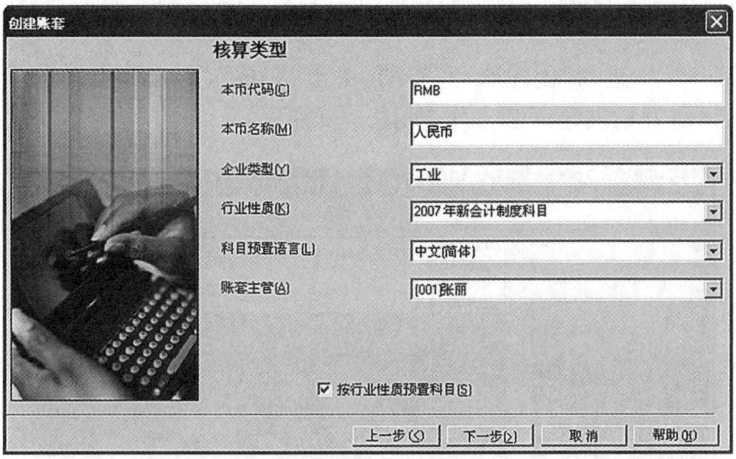

图 3-7 创建账套——核算类型窗口

注意事项

行业性质决定系统预置科目的内容,一定要根据操作要求正确选择。

选择了按行业性质预置科目，系统才会自动配置国家规定的一级科目和部分二级科目，否则系统会计科目库为空。

(6) 单击“下一步”，进入“基础信息”设置界面，勾选“有无外币核算”前的复选框，如图 3-8 所示。

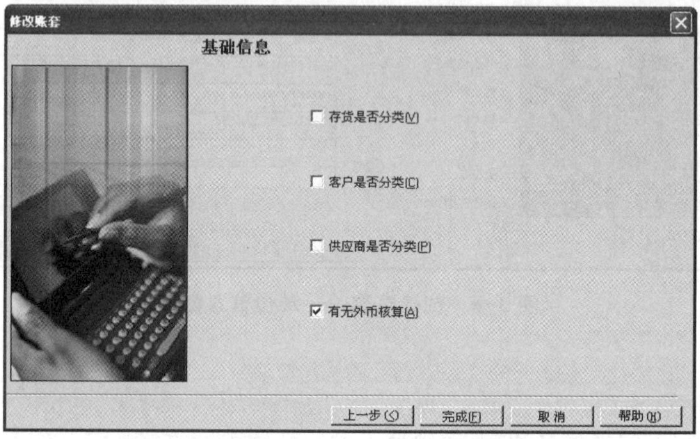

图 3-8　创建账套——基础信息窗口

注意事项

是否对存货、客户及供应商进行分类将会影响档案的设置，有无外币核算将会影响基础信息的设置以及能否处理外币业务。

如果基础信息设置错误，可以由账套主管在修改账套功能中进行修改。

(7) 单击“下一步”，进入“创建账套”界面，单击“完成”，系统弹出提示“可以创建账套了么?”，单击“是”，系统开始创建账套工作，如图 3-9 所示。

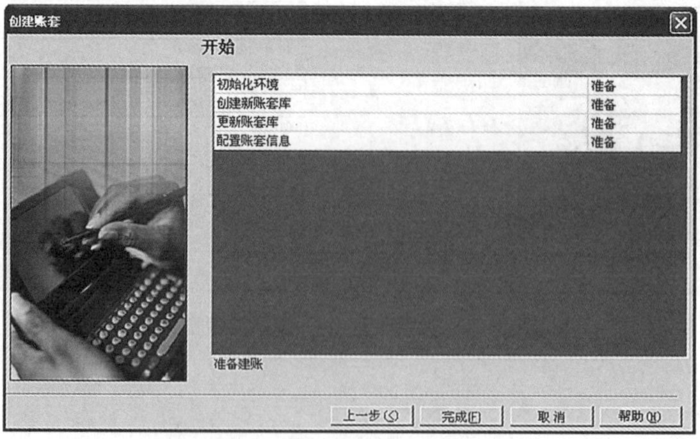

图 3-9　创建账套——开始窗口

(8) 在弹出的“编码方案”对话框中，输入科目编码级次“4222”，其他编码级次设置采用默认值，如图 3-10 所示。

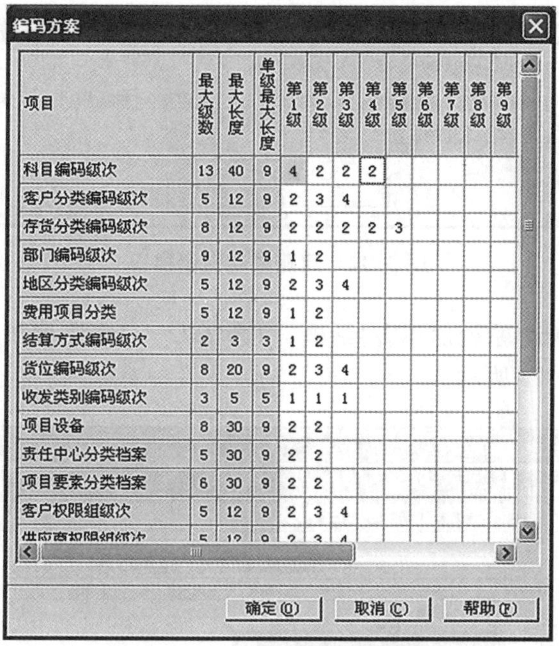

图 3-10　编码方案窗口

▶▶▶ 注意事项

编码方案的设置，会直接影响基础信息设置中相应内容的编码级次和每级编码的位长。

删除编码级次时，要从最后一级依次往前删。

(9) 单击“确定”，再单击“取消”，系统自动进入“数据精度”设置界面，全部采用系统默认值 2，如图 3-11 所示。

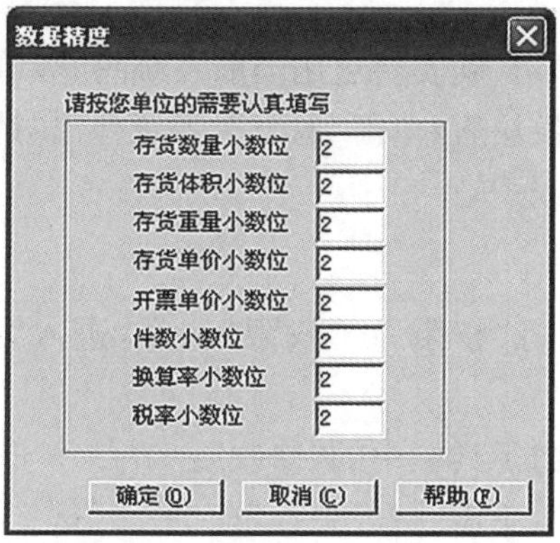

图 3-11　数据精度窗口

(10) 单击“确定”，弹出“建账成功”提示框，提示“现在进行系统启用的设置?”，如图 3-12 所示。

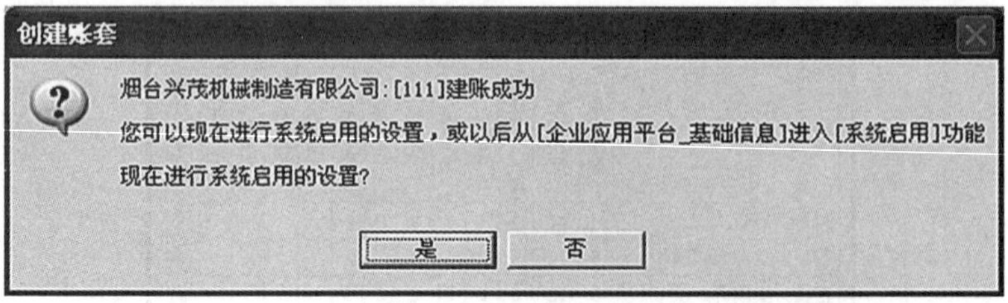

图 3-12　建账成功提示窗口

(11) 单击“是”，弹出“系统启用”对话框，勾选“GL—总账”，弹出“日历”，选择启用日期“2019-12-01”，如图 3-13 所示。

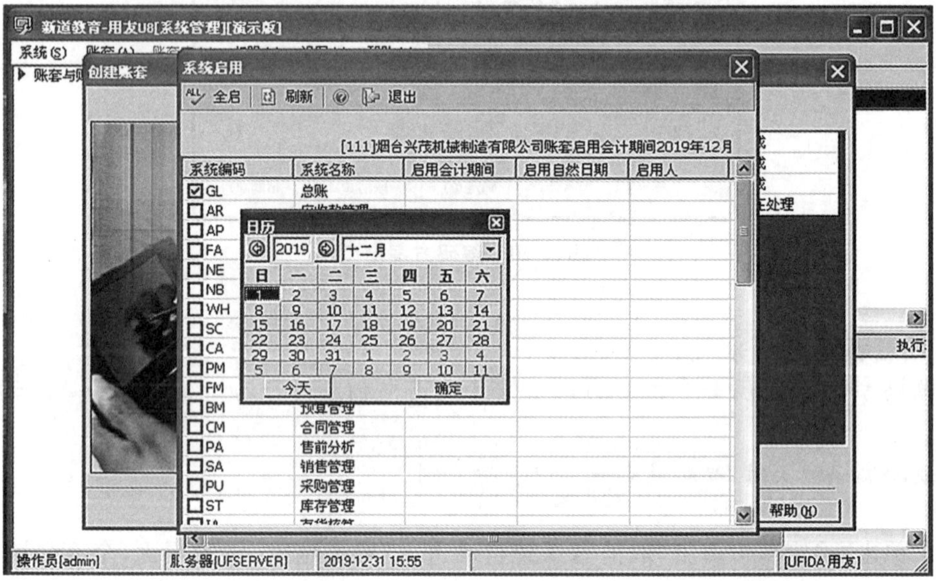

图 3-13　启用总账系统窗口

(12) 单击“确定”，系统弹出“确实要启用当前系统吗?”，单击“是”。

(13) 启用本企业所需的模块后，单击“退出”，系统弹出“请进入企业应用平台进行业务操作!”，单击“确定”返回，建账完成。

(四) 设置权限

(1) 在“系统管理”中，执行“权限”—“权限”命令，进入“操作员权限”设置界面，选择“111”账套。

(2) 单击选择“孙娜”，单击工具栏中的“修改”。

(3) 单击勾选“基本信息”，单击“财务会计”前的“+”标记，依次展开“总账”“凭证”前的“+”号标记，勾选除审核凭证和出纳签字之外的所有权限，如图 3-14 所示。

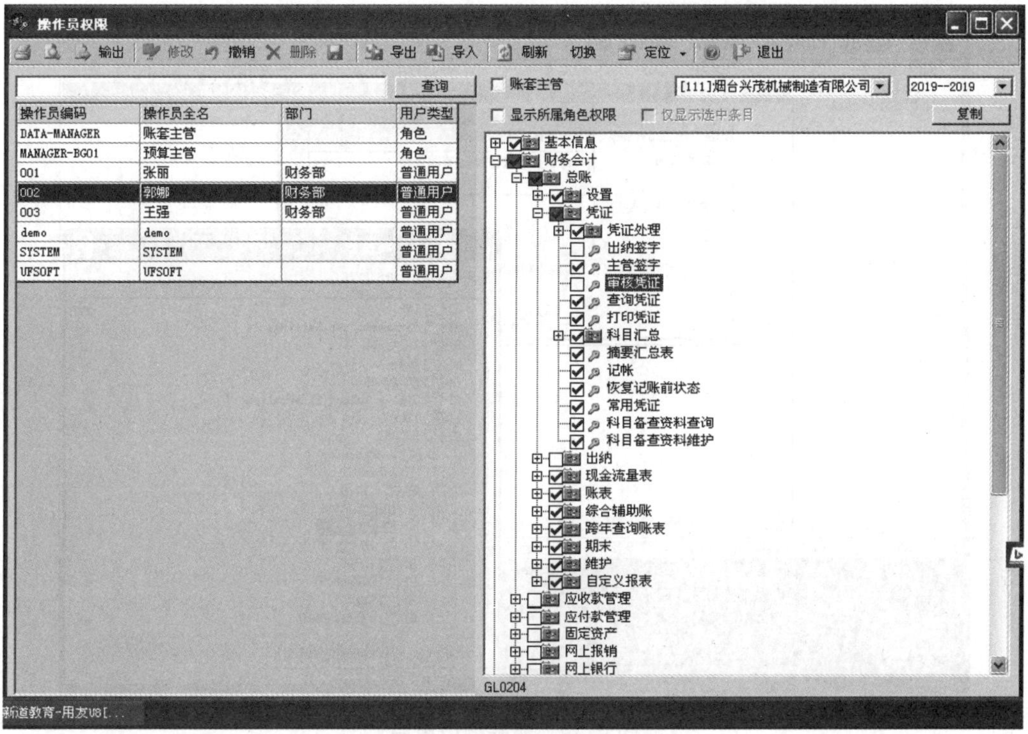

图 3-14　操作员设置权限

(4)单击“保存”。同理,可以依次增加其他操作人员的权限。

注意事项

只有系统管理员(admin)才有权设置或取消账套主管。账套主管只能对所管辖的账套进行操作员的权限设置。

账套主管拥有该账套的全部权限,无须为账套主管另外赋权。

(五) 输出账套

(1) 在“系统管理”界面,执行“账套”—“输出”命令,进入“账套输出”界面。

(2) 选择需要输出的账套“111 烟台兴茂机械制造有限公司”,选择账套输出路径,如图 3-15 所示。

(3) 单击“确认”,开始进行账套输出备份。

(4) 系统弹出“输出成功”提示框,单击“确定”。

注意事项

只有系统管理员(admin)才有权进行账套的输出。

利用账套输出功能还可以完成“删除账套”的操作。在“账套输出”对话框中勾选“删除当前输出账套”选项即可删除账套。

图 3-15 账套输出窗口

(六) 引入账套

(1) 在"系统管理"界面,执行"账套"—"引入"命令,进入"请选择账套备份文件"窗口。

(2) 打开相应的账套路径,选择需要引入账套的索引文件"UfErpAct.Lst",如图3-16所示。

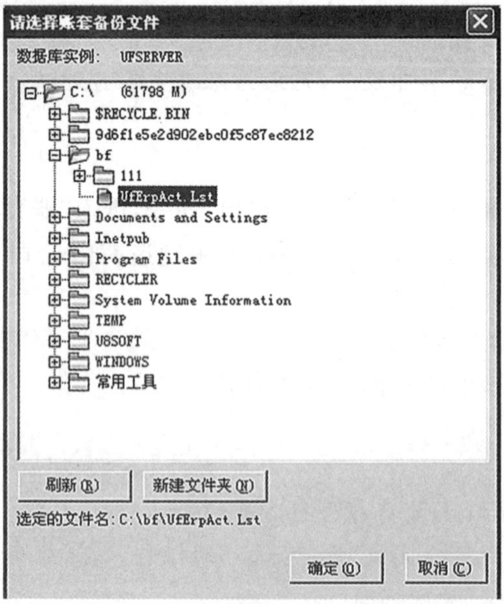

图 3-16 选择账套备份文件窗口

（3）单击“确定”，系统弹出“请选择账套引入的目录”提示框，如图 3-17 所示。

图 3-17　选择账套引入目录窗口

（4）单击“确定”，选择账套引入的目录，采用默认路径即可。

（5）单击“确定”，系统提示“正在引入 111 的 2019—2019 账套库，请等待……”

（6）最后提示“账套引入成功”，单击“确定”。

注意事项

只有系统管理员(admin)才有权完成账套的引入工作。

（七）修改账套

账套建成后，在未使用相关信息的基础上，如果需要对某些信息进行调整，可以以账套主管的身份登录系统管理进行修改。

（1）在“系统管理”界面，执行“系统”—“注册”命令，以账套主管“001 张丽”的身份注册，密码为“1”，选择账套“111 烟台兴茂机械制造有限公司”，操作日期为“2019-12-01”。

（2）单击“登录”，进入“系统管理”窗口，执行“账套”—“修改”命令，进入“修改账套”界面，如图 3-18 所示。

（3）单击“下一步”，进入“单位信息”修改界面，根据需要进行修改。

（4）单击“下一步”，进入“核算类型”修改界面，根据需要进行修改。

（5）单击“下一步”，进入“基础信息”修改界面，根据需要进行修改。

（6）单击“完成”，系统弹出“确认修改账套了吗?”提示框，单击“是”。

（7）系统依次弹出“分类编码方案”及“数据精度定义”两个对话框，完成修改后单击“确

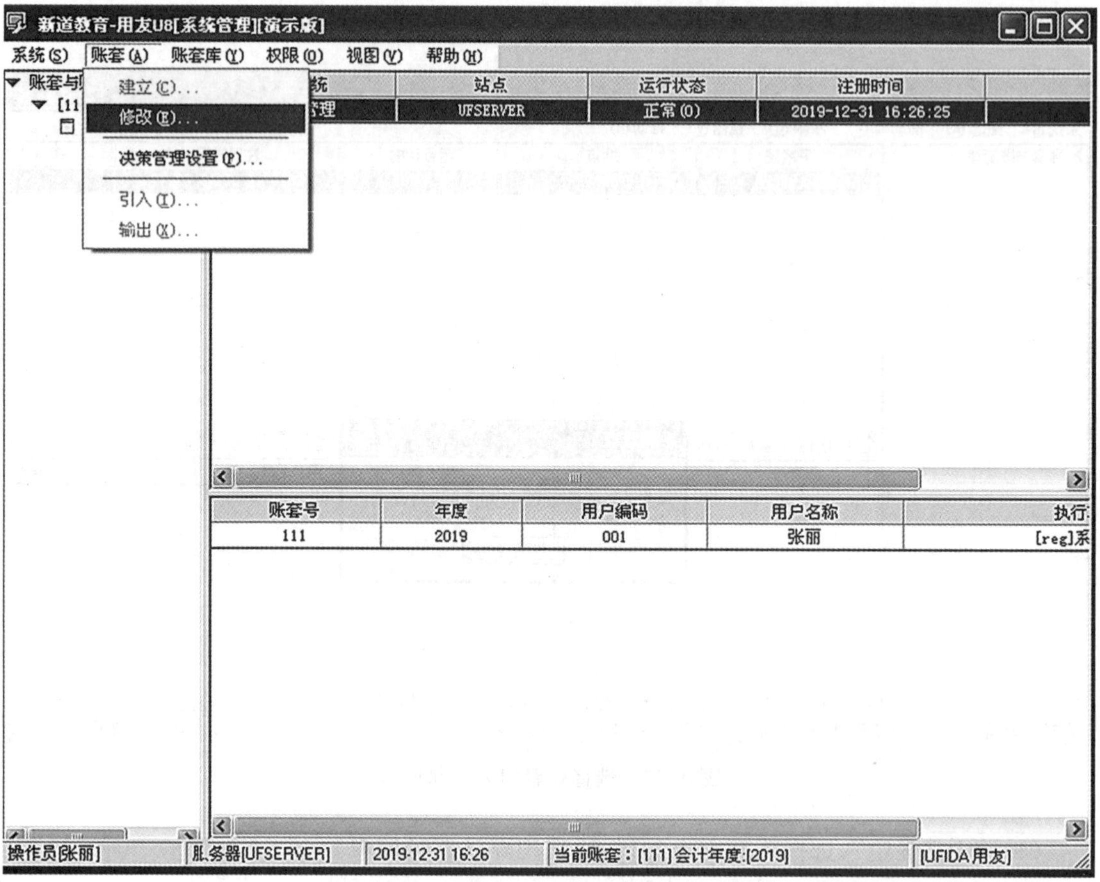

图 3-18　修改账套窗口

定”。如果不做修改，直接单击“取消”，系统弹出“修改账套成功”，单击“确定”，即可完成账套的修改。

注意事项

只有账套主管才能进行修改账套操作。

账套建成后，部分参数不能修改，若该部分出现错误，需要将原账套删除，重新建立新的账套。

（八）常见系统异常的处理方法

用友 ERP-U8V10.1 系统对于系统异常的用户端处理方式包括清除单据锁定、清除异常任务、清除选定任务和清除所有任务。

（1）以“admin”的身份登录系统管理，进入“系统管理”界面。

（2）单击“视图”，选择“清除异常任务”可将当前运行异常的任务结束。

（3）单击“视图”，选择“清除所有任务”可将当前运行的所有任务结束。

（4）单击“视图”，选择“清除单据锁定”进入“清除单据锁定”选中被锁定的单据，单击

"确定"便可解除对单据的锁定,如图 3-19 所示。

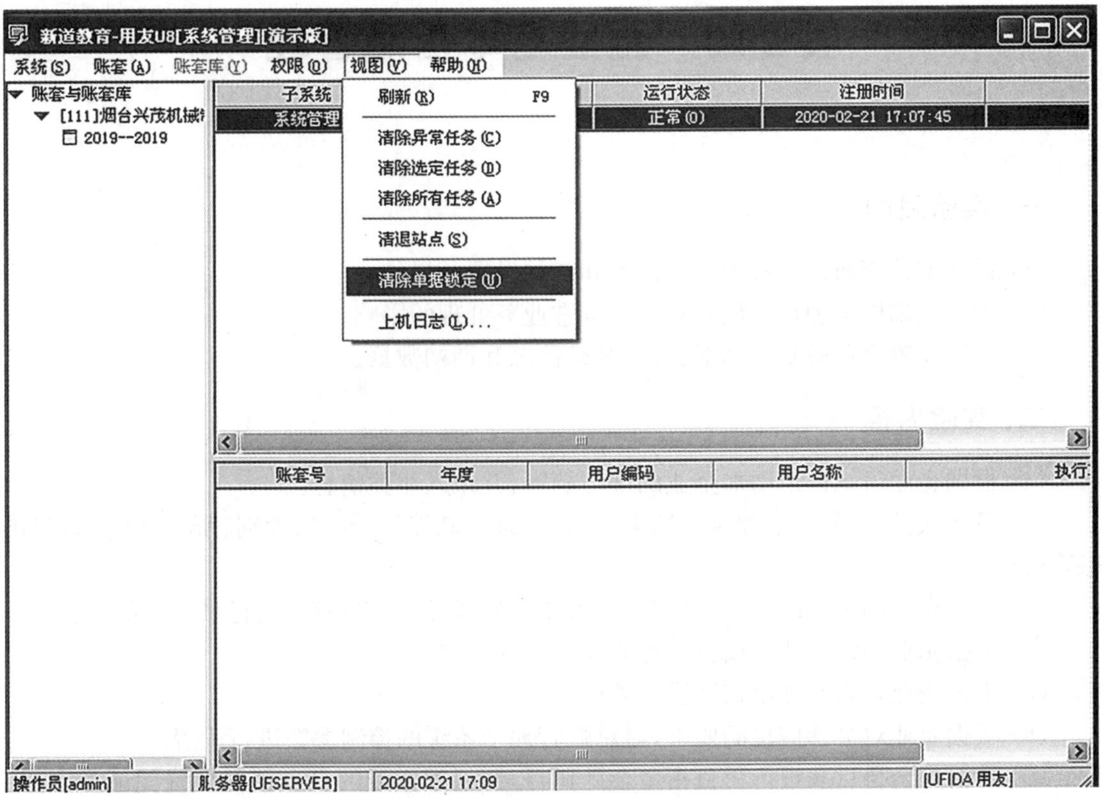

图 3-19　清除单据锁定窗口

注意事项

只有"admin"有权限操作"视图"功能。

系统异常清除后,需要重新登录原操作界面才能进行新的单据操作。

项目四　企业基本信息管理

一、实验目的

（1）根据实验资料完成各项基础档案和初始设置的操作。

（2）理解基础档案和初始设置对后续日常业务处理的影响。

（3）能够设置企业的基础档案、财务基础信息和期初数据。

二、实验内容

（1）根据企业组织框架增加企业的部门档案，并录入相关信息。

（2）录入人员类别，并增加企业的人员档案，录入其编号、姓名、性别、所属部门、雇佣状态等信息。

（3）增加企业的供应商和客户档案，录入相关的税号、开户银行、银行账号等信息。

（4）根据企业的结算情况设置结算方式。

（5）根据企业是否有外币核算设置外币信息。

（6）根据企业对会计信息的要求，对总账管理子系统的控制参数进行设置。

（7）针对现金科目和银行科目指定会计科目，并根据企业的自身情况设置凭证类别，并设置相应的限制条件。

（8）增加、修改、删除会计科目，并依据企业的财务信息进行期初余额录入。

三、实验准备

（1）引入项目三中的账套数据。

（2）电脑系统时间调整为 2019-12-01。

四、实验资料

（一）部门档案

企业的部门档案资料，如表 4-1 所示。

表 4-1　　部门档案资料

部门编号	所属部门	部门编号	所属部门
1	总经理办公室	302	仓库
2	财务部	303	生产管理部门
3	生产部	4	销售部
301	生产车间	5	采购部

（二）人员类别

企业的人员类别，如表 4-2 所示。

表 4-2　人员类别

人员类别编号	人员类别	人员类别编号	人员类别
1011	企业管理人员	1014	生产管理人员
1012	采购人员	1015	生产人员
1013	销售人员	1016	仓管人员

（三）人员档案

企业现有职工 14 人，其相关资料，如表 4-3 所示。

表 4-3　人员档案

人员编号	姓名	性别	雇佣状态	所属部门	人员类别	是否业务员
1001	孔祥瑞	男	在职	总经理办公室	企业管理人员	是
1002	宋成亮	男	在职	总经理办公室	企业管理人员	是
2001	张　丽	女	在职	财务部	企业管理人员	是
2002	孙　娜	女	在职	财务部	企业管理人员	是
2003	王　强	男	在职	财务部	企业管理人员	是
3001	孙思泽	男	在职	生产部——生产车间	生产人员	是
3002	徐　丽	女	在职	生产部——生产车间	生产人员	是
3003	于传强	男	在职	生产部——仓库	仓管人员	是
3004	赵小英	女	在职	生产部——仓库	仓管人员	是
3005	王加成	男	在职	生产部——生产管理部门	生产管理人员	是
4001	徐瑞诚	男	在职	销售部	销售人员	是
4002	赵　坤	女	在职	销售部	销售人员	是
5001	刘　星	男	在职	采购部	采购人员	是
5002	李　强	男	在职	采购部	采购人员	是

（四）供应商档案

企业的供应商资料，如表 4-4 所示。

表 4-4　供应商档案

编码	名称	简称	税号	开户银行	银行账号
001	重庆华宇机械有限公司	重庆华宇	123456789012341	中国农业银行重庆分行	6227043008477652031
002	济南曼华包装有限公司	济南曼华	123456789012342	中国农业银行济南分行	6227043008477652032

（续表）

编码	名称	简称	税号	开户银行	银行账号
003	中通工业集团	中通集团	123456789012343	中国农业银行聊城分行	6227043008477652033
004	烟台伟业有限公司	烟台伟业	123456789012344	中国农业银行烟台分行	6227043008477652034
005	青岛广源钢材有限公司	青岛广源	123456789012345	中国农业银行青岛分行	6227043008477652035
006	济南星光公司	济南星光	123456789012346	中国农业银行济南分行	6227043008477652036

（五）客户档案

企业的客户档案，如表 4-5 所示。

表 4-5　　客户档案

编号	名称	简称	税号	开户银行	账号
001	济南西城机械有限公司	济南西城	223456789012341	中国农业银行济南分行	6227043008479652031
002	济南信达汽车配件有限公司	济南信达	223456789012342	中国农业银行济南分行	6227043008479652032
003	青岛通达汽车配件公司	青岛通达	223456789012343	中国农业银行青岛分行	6227043008479652033
004	烟台三立有限公司	烟台三立	223456789012344	中国农业银行烟台分行	6227043008479652034
005	泰安银光电子公司	泰安银光	223456789012345	中国农业银行泰安分行	6227043008479652035
006	山东恒通汽车制造有限公司	山东恒通	223456789012346	中国农业银行济南分行	6227043008479652036
007	烟台神通电气有限公司	烟台神通	223456789012347	中国农业银行烟台分行	6227043008479652037
008	威海东恒公司	威海东恒	223456789012348	中国农业银行威海分行	6227043008479652038
009	青岛山海机械有限公司	青岛山海	223456789012349	中国农业银行青岛分行	6227043008479652039
010	烟台凯马汽车制造公司	烟台凯马	223456789012340	中国农业银行烟台分行	6227043008479652030

（六）结算方式

企业的结算方式，如表 4-6 所示。

表 4-6 结算方式

编码	结算方式	票据管理标识	编码	结算方式	票据管理标识
1	现金结算	否	4	汇兑	否
2	支票结算	是	401	信汇	否
201	现金支票	是	402	电汇	否
202	转账支票	是	5	委托收款	否
3	商业汇票	是	6	银行汇款	否
301	商业承兑汇票	是	7	托收承付	否
302	银行承兑汇票	是	8	其他	否

(七) 外币设置

企业会计信息的外币设置，如表 4-7 所示。

表 4-7 外币及汇率

币符	币名	汇率
USD	美元	1:7.0

(八) 总账控制参数

企业对总账的凭证、账簿、凭证打印、预算控制、权限、会计日历等进行设置，如表4-8所示。

表 4-8 总账控制参数

选项卡	参数设置
凭证	制单序时控制 赤字控制:资金往来科目 赤字控制方式:提示 可以使用应收、应付、存货受控科目 凭证编号方式采用系统编号
账簿	账簿打印位数按软件默认的标准设置 明细账(日记账、多栏账)打印方式按年排页
凭证打印	打印凭证的制单、出纳、审核、记账等人员姓名
预算控制	超出预算允许保存
权限	出纳凭证必须经由出纳签字 不允许修改、作废他人填制的凭证 可查询他人填制的凭证
小数位	数量小数位和单价小数位设置为 2 位
其他	外币核算采用固定汇率 部门、个人、项目按编码方式排序，日记账、序时账按“日期＋制单”顺序排序

（九）财务基础数据

（1）会计科目及2019年12月份期初余额，如表4-9所示。

表4-9　　会计科目及期初余额表

科目名称	辅助核算	方向	期初余额
库存现金（1001）	日记账	借	7 130.00
银行存款（1002）	银行账、日记账	借	1 979 307.72
中国农业银行（100201）	银行账、日记账	借	1 979 307.72
其他货币资金（1012）		借	140 000.00
银行本票存款（101201）		借	140 000.00
交易性金融资产（1101）		借	994 500.00
股票投资浪潮软件（110101）		借	994 500.00
成本（11010101）		借	900 000.00
公允价值变动（11010102）		借	94 500.00
应收票据（1121）		借	75 000.00
银行承兑汇票（112101）		借	75 000.00
烟台凯马汽车制造公司（11210101）		借	75 000.00
青岛通达汽车配件公司（11210102）		平	0
烟台三立有限公司（11210103）		平	0
泰安银光电子公司（11210104）		平	0
应收账款（1122）		借	1 522 264.71
威海东恒公司（112201）		借	331 233.00
青岛通达汽车配件公司（112202）		借	430 000.00
青岛山海机械有限公司（112203）		借	5 366.00
济南西城机械有限公司（112204）		平	0
烟台三立公司（112205）		借	755 665.71
预付账款（1123）		借	30 424.60
预付报刊订阅费（112301）		借	275.23
预付车辆保险费（112302）		借	149.37
青岛广源钢材有限公司（112303）		借	30 000.00
应收股利（1131）		平	0
应收利息（1132）		平	0
其他应收款（1221）		借	20 177.68
刘星（122101）		借	5 000.00

（续表）

科目名称	辅助核算	方向	期初余额
李强(122102)		平	0
重庆华宇机械有限公司(122103)		平	0
基本养老保险费(122104)		借	6 101.76
住房公积金(122105)		借	7 321.76
赵小英(122106)		平	0
济南曼华包装有限公司(122107)		平	0
失业保险费(122108)		借	228.72
基本医疗保险费(122109)		借	1 525.44
坏账准备(1231)		贷	50 000.00
应收账款(123101)		贷	50 000.00
材料采购(1401)		平	0
钢板(140101)		平	0
铝合金(140102)		平	0
包装盒(140103)		平	0
原材料(1403)		借	411 250.00
钢板(140301)		借	245 000.00
铝合金(140302)		借	166 250.00
材料成本差异(1404)		借	1 450.00
钢板(140401)		借	−1 050.00
铝合金(140402)		借	2 500.00
包装盒(140403)		平	0
库存商品(1405)		借	1 289 039.80
抗性消音器(140501)		借	843 094.00
铝合金油箱(140502)		借	445 945.80
有源消音器(140503)		平	0
委托加工物资(1408)		平	0
有源消音器(140801)		平	0
低值易耗品(1411)		借	11 380.00
包装盒(141101)		借	11 380.00
债权投资(1501)		借	206 000.00
债券投资(150101)		借	206 000.00

（续表）

科目名称	辅助核算	方向	期初余额
成本（15010101）		借	200 000.00
利息调整（15010102）		借	6 000.00
长期股权投资（1511）		借	600 000.00
烟台天明机械装备有限公司（151101）		借	600 000.00
成本（15110101）		借	600 000.00
损益调整（15110102）		平	0
固定资产（1601）		借	7 805 822.00
建筑物（160101）		借	2 660 000.00
机器设备（160102）		借	4 858 272.00
办公设备（160103）		借	287 550.00
累计折旧（1602）		贷	1 685 168.33
建筑物（160201）		贷	665 000.00
机器设备（160202）		贷	931 168.33
办公设备（160203）		贷	89 000.00
固定资产减值准备（1603）		平	0
固定资产清理（1606）		平	0
无形资产（1701）		借	480 000.00
专利（170101）		借	480 000.00
累计摊销（1702）		贷	60 000.00
专利（170201）		贷	60 000.00
递延所得税资产（1811）		借	5 000.00
待处理财产损溢（1901）		平	0
待处理流动资产损溢（190101）		平	0
短期借款（2001）		贷	980 000.00
中国农业银行（200101）		贷	980 000.00
应付票据（2201）		贷	140 000.00
烟台伟业有限公司（220101）		贷	90 000.00
青岛广源钢材有限公司（220102）		贷	50 000.00
应付账款（2202）		贷	665 875.00
烟台伟业有限公司（220201）		贷	210 000.00
济南星光公司（220202）		贷	262 000.00

（续表）

科目名称	辅助核算	方向	期初余额
中通工业集团(220203)		贷	193 875.00
烟台自来水公司(220204)		平	0
烟台供电局(220205)		平	0
预收账款(2203)		贷	10 683.67
山东恒通汽车制造有限公司(220301)		贷	6 096.53
烟台神通电气有限公司(220302)		贷	4 587.14
济南信达汽车配件有限公司(220303)		平	0
应付职工薪酬(2211)		贷	91 522.00
工资(221101)		贷	91 522.00
社会保险金(221102)		平	0
工会会费(221103)		平	0
住房公积金(221104)		平	0
应交税费(2221)		贷	77 072.33
应交增值税(222101)		平	0
进项税额(22210101)		平	0
销项税额(22210102)		平	0
转出未交增值税(22210103)		平	0
减免税额(22210104)		平	0
未交增值税(222102)		贷	62 565.00
应交个人所得税(222103)		平	0
应交城市维护建设税(222104)		贷	4 379.55
应交印花税(222105)		贷	376.48
应交企业所得税(222106)		贷	8 500.00
应交房产税(222107)		平	0
应交土地使用税(222108)		平	0
应交教育费附加(222109)		贷	1 251.30
应付利息(2231)		贷	33 825.00
长期借款利息(223101)		贷	33 825.00
应付股利(2232)		平	0
其他应付款(2241)		贷	50 550.00
保证金(224101)		贷	50 550.00

（续表）

科目名称	辅助核算	方向	期初余额
长期借款(2501)		贷	820 000.00
中国工商银行(250101)		贷	820 000.00
递延所得税负债(2901)		贷	9 450.00
实收资本(4001)		贷	7 850 000.00
烟台兴鲁机械制造有限公司(400101)		贷	7 000 000.00
烟台飞达机械设备有限公司(400102)		贷	850 000.00
烟台海德专用车有限公司(400103)		平	0
资本公积(4002)		贷	280 000.00
其他资本公积(400201)		贷	280 000.00
资本溢价(400202)		平	0
盈余公积(4101)		贷	470 104.70
法定盈余公积(410101)		贷	235 052.35
任意盈余公积(410102)		贷	235 052.35
本年利润(4103)		贷	1 810 000.00
利润分配(4104)		贷	922 629.54
提取法定盈余公积(410401)		平	0
提取任意盈余公积(410402)		平	0
应付股利(410403)		平	0
未分配利润(410404)		贷	922 629.54
生产成本(5001)		借	428 134.06
抗性消音器(500101)		借	256 777.27
铝合金油箱(500102)		借	171 356.79
制造费用(5101)		平	0
办公用品(510101)		平	0
职工薪酬(510102)		平	0
水电费(510103)		平	0
折旧费(510104)		平	0
主营业务收入(6001)		平	0
抗性消音器(600101)		平	0
铝合金油箱(600102)		平	0
有源消音器(600103)		平	0

（续表）

科目名称	辅助核算	方向	期初余额
其他业务收入(6051)		平	0
固定资产出租(605101)		平	0
公允价值变动损益(6101)		平	0
投资收益(6111)		平	0
主营业务成本(6401)		平	0
抗性消音器(640101)		平	0
铝合金油箱(640102)		平	0
有源消音器(640103)		平	0
其他业务成本(6402)		平	0
销售费用(6601)		平	0
广告费(660101)		平	0
展览会费用(660102)		平	0
职工薪酬(660103)		平	0
水电费(660104)		平	0
包装盒(660105)		平	0
管理费用(6602)		平	0
差旅费(660201)		平	0
报刊订阅费(660202)		平	0
办公用品(660203)		平	0
业务招待费(660204)		平	0
维修费(660205)		平	0
培训费(660206)		平	0
职工薪酬(660207)		平	0
水电费(660208)		平	0
折旧(660209)		平	0
其他(660210)		平	0
摊销(660211)		平	0
财务费用(6603)		平	0
利息支出(660301)		平	0
现金折扣(660302)		平	0
存款利息收入(660303)		平	0

（续表）

科目名称	辅助核算	方向	期初余额
其他(660304)		平	0
资产减值损失(6701)		平	0
信用减值损失(6702)		平	0
营业外支出(6711)		平	0
捐赠支出(671101)		平	0
处置固定资产净损失(671102)		平	0
所得税费用(6801)		平	0
当期所得税费用(680101)		平	0
递延所得税费用(680102)		平	0

（2）企业指定会计科目，如表 4-10 所示。

表 4-10　　指定会计科目

项目	会计科目	项目	会计科目
现金科目	库存现金(1001)	银行科目	银行存款(1002)

（3）企业的凭证类别和限制情况，如表 4-11 所示。

表 4-11　　凭证类别

凭证类别	限制类型	限制科目
银行收款凭证	借方必有	1002
银行付款凭证	借方必有	1001
银行付款凭证	贷方必有	1002
现金付款凭证	贷方必有	1001
转账凭证	凭证必无	1001,1002

五、实验操作指导

（一）登录用友企业应用平台

（1）双击桌面快捷方式“企业应用平台”，进入“登录”窗口。

（2）输入登录到“127.0.0.1”，操作员“001”，密码“1”，选择账套“[111]default 烟台兴茂机械制造有限公司”，选择操作日期“2019-12-01”，如图 4-1 所示。

（3）单击“登录”，进入企业应用平台。

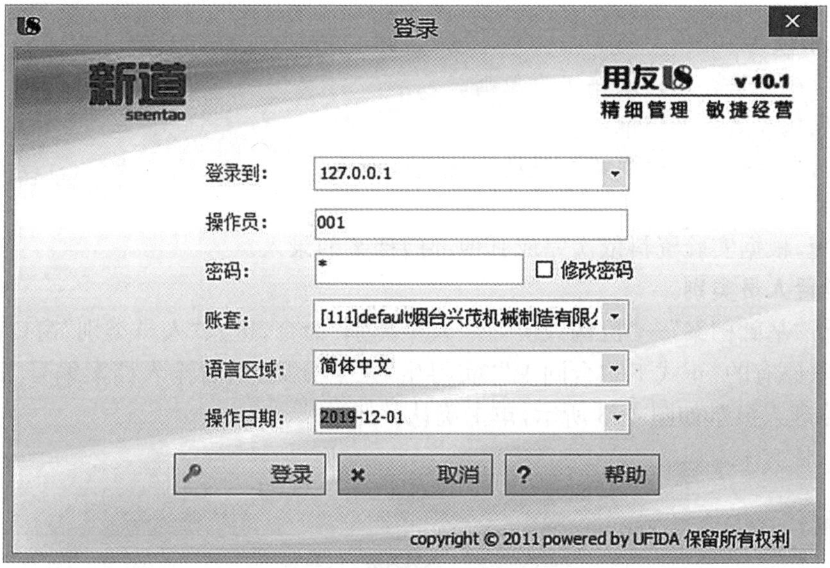

图 4-1 登录企业应用平台

（二）设置部门档案

（1）单击“基础设置”菜单项，执行“基础档案”—“机构人员”—“部门档案”命令，进入“部门档案”窗口。

（2）单击“增加”，进入“部门档案”窗口。

（3）输入部门编号“1”，部门名称“总经理办公室”，如图 4-2 所示，单击工具栏“保存”。

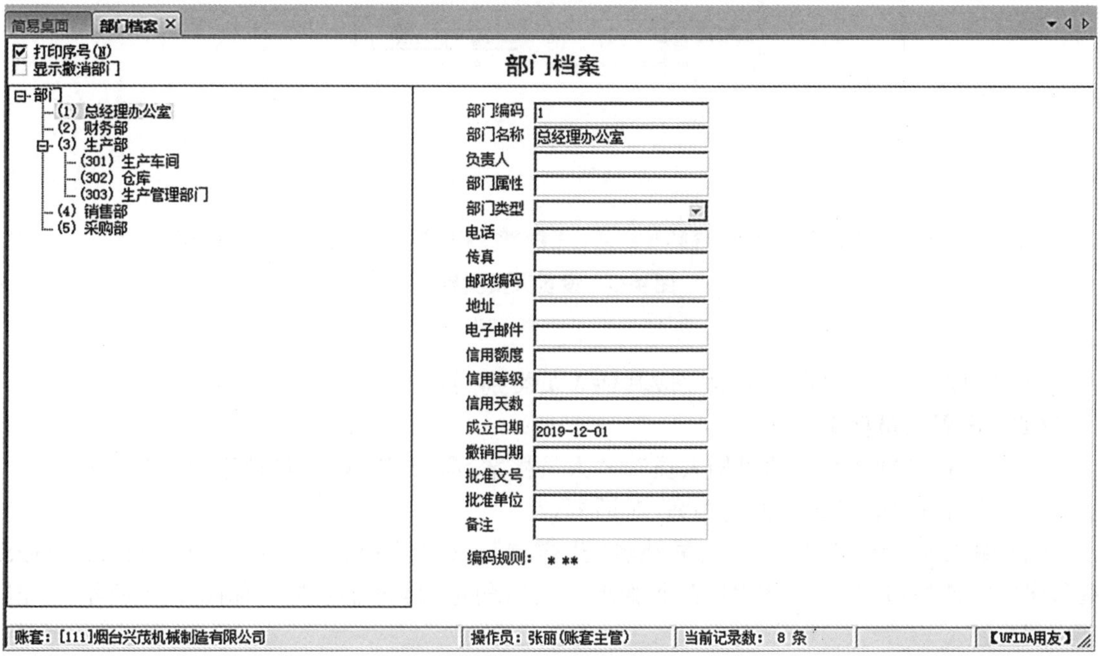

图 4-2 设置部门档案

注意事项

部门编码应符合部门编码级次原则。
部门编码和名称必须唯一。
部门档案资料一经使用将不能被修改或者删除。

（4）同理，根据实验资料依次完成其他部门档案的录入。

（三）设置人员类别

（1）执行"基础档案"—"机构人员"—"人员类别"命令，进入"人员类别"窗口。

（2）删除原有的"正式工""合同工""实习生"三个分类，然后输入档案编号"1011"、档案名称"企业管理人员"，如图 4-3 所示，单击确认。

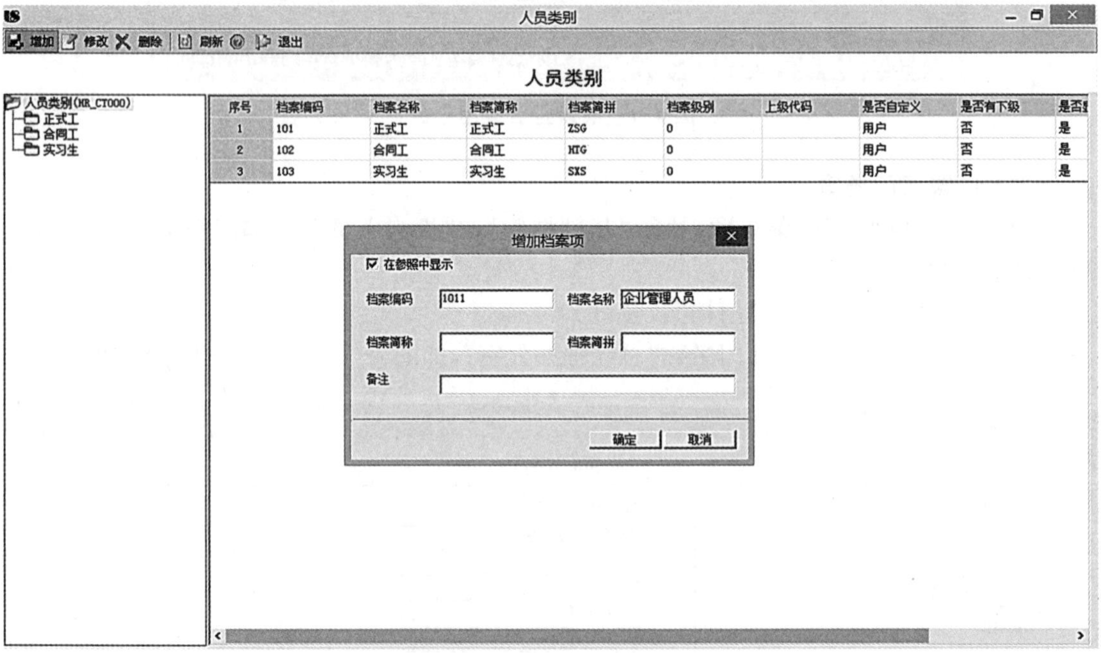

图 4-3　设置人员类别

（3）同理，根据实验资料依次完成其他人员类别的录入。

（四）设置人员档案

（1）执行"基础档案"—"机构人员"—"人员档案"命令，进入"人员档案"窗口。

（2）单击"增加"，进入"人员档案"对话框。

（3）输入人员编码"1001"，人员姓名"孔祥瑞"，选择性别"男"，行政部门"总经理办公室"，雇佣状态"在职"，人员类别"企业管理人员"，勾选"是否业务员"，如图 4-4 所示，单击"保存"按钮。

（4）同理，根据实验资料依次完成其他人员档案的录入。

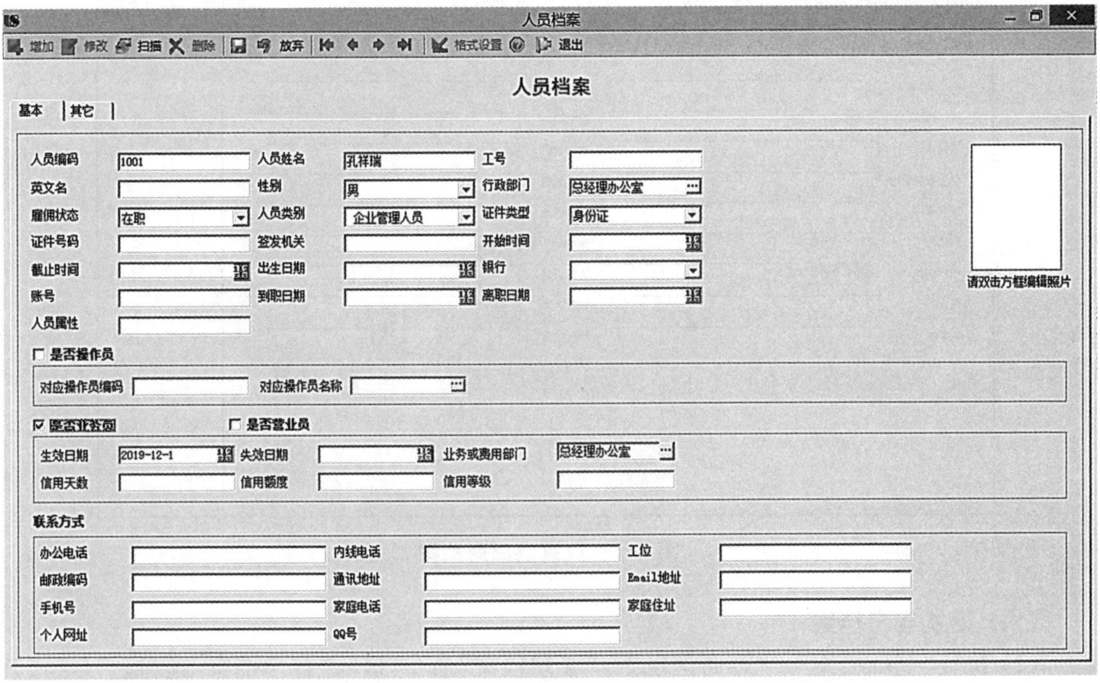

图 4-4 设置人员档案

▶▶▶ 注意事项

行政部门自动默认之前的选择项，后续再增加其他部门人员时要先删除再选择。

勾选“是否业务员”，下面的选项自动变成可编辑状态，业务或费用部门自动默认上面选择的行政部门。

（五）设置供应商档案

（1）执行“基础档案”—“客商信息”—“供应商档案”命令，进入“供应商档案”窗口。

（2）单击“增加”，进入“增加供应商档案”窗口。

（3）在“基本”选项卡中，输入供应商编码“001”、供应商名称“重庆华宇机械有限公司”、供应商简称“重庆华宇”、税号“123456789012341”、开户银行“中国农业银行重庆分行”、银行账号“622704300847765231”，如图 4-5 所示，单击“保存”。

▶▶▶ 注意事项

增加银行信息有两种方式：在基本信息页面直接输入或点击左上方“银行”。

在第一个供应商档案信息输入完毕后，继续增加供应商档案有两种方式：单击“保存”后单击“增加”，或者直接单击“保存并增加”。

（4）同理，根据实验资料依次完成其他供应商档案的录入。

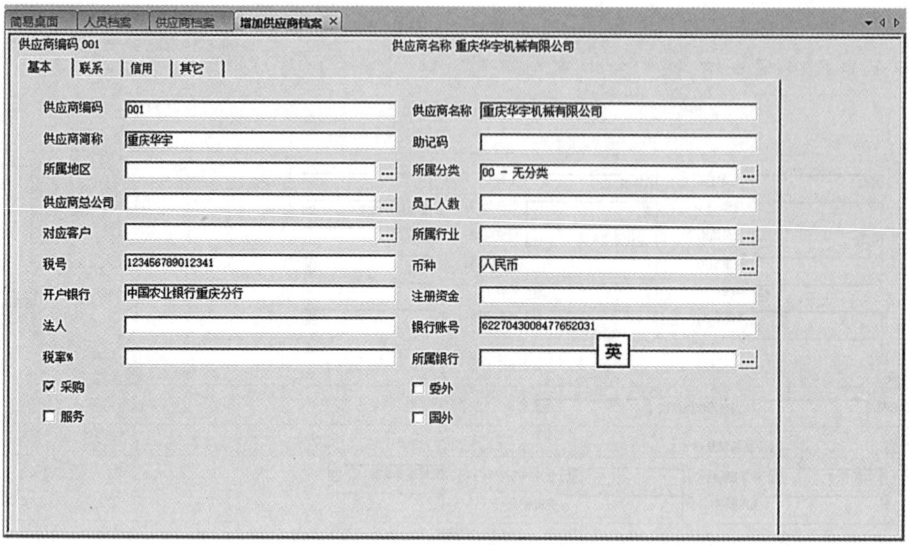

图 4-5　设置供应商档案

（六）设置客户档案

(1) 执行“基础档案”—“客商信息”—“客户档案”命令，进入“客户档案”窗口。

(2) 单击“增加”，进入“增加客户档案”窗口。

(3) 在“基本”选项卡中，输入客户编码“001”、客户名称“济南西城机械有限公司”、客户简称“济南西城”、税号“23456789012341”，如图 4-6 所示。

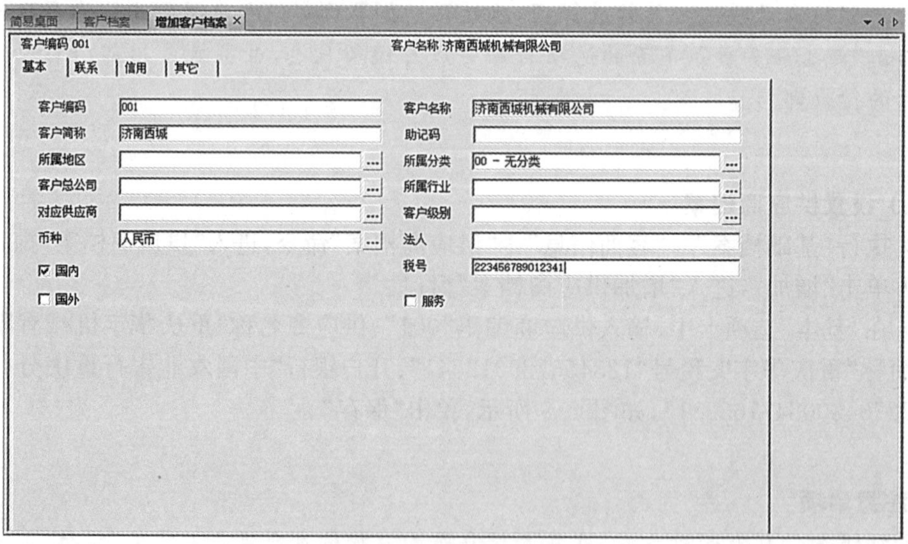

图 4-6　设置客户档案

(4) 单击工具栏“银行”，进入“客户银行档案”窗口，单击“增加”按钮，选择所属银行“中国农业银行”，输入开户银行、银行账号，默认值选择“是”，如图 4-7 所示。单击“保存”后退出，回到“增加客户档案”窗口，单击“保存”。

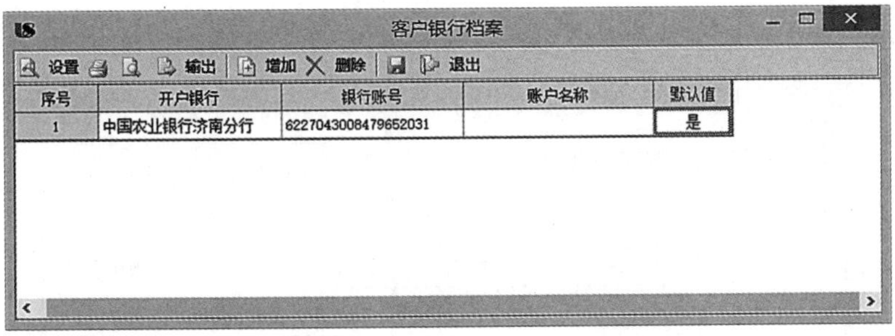

图 4-7 设置客户银行档案

(5)同理，根据实验资料依次完成其他客户档案的录入。

注意事项

增加供应商档案和客户档案在操作流程上有许多类似之处，两者最大的区别在于对增加银行信息的处理不一致，“增加供应商档案”的“基本”选项卡里有银行信息，而在“增加客户档案”的“基本”选项卡中没有银行信息，必须在工具栏内“银行”功能里输入。

“增加供应商档案”和“增加客户档案”都具有四个选项卡，输入时应注意信息的完整性。

(七) 设置结算方式

(1) 执行“基础档案”—“收付结算”—“结算方式”命令，进入“结算方式”窗口。

(2) 单击“增加”，输入结算方式编码“1”、结算方式名称“现金结算”、不勾选“是否票据管理”，如图 4-8 所示，单击“保存”。

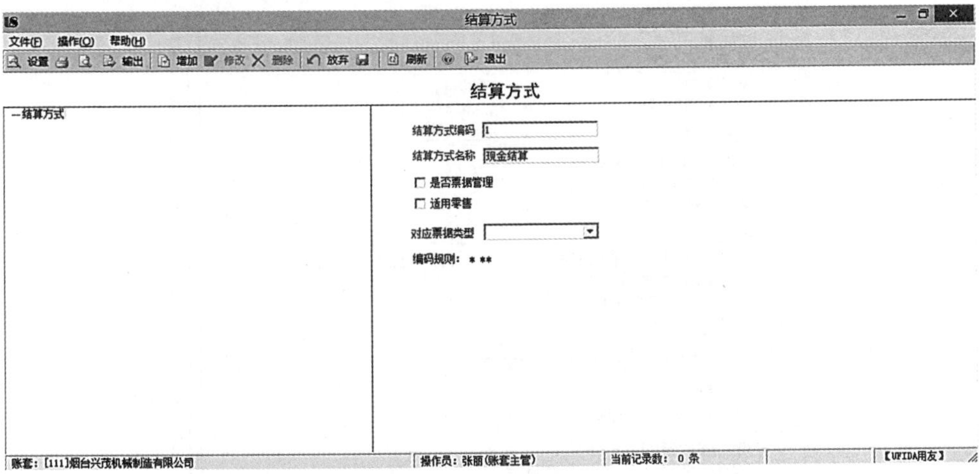

图 4-8 设置结算方式

(3) 同理，根据实验资料依次完成其他结算方式的录入。

(八) 设置外币信息

(1) 执行“基础档案”—“财务”—“外币设置”命令，进入“外币设置”窗口。

(2) 输入币符“USD”、币名“美元”后单击“确认”。

（3）在2019年12月的“记账汇率”中输入“7.00”，按回车键，如图4-9所示。

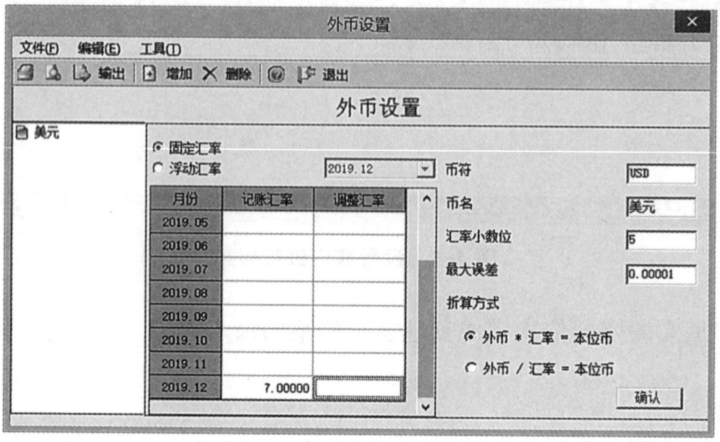

图4-9 外币设置

（九）总账控制参数设置

（1）单击“业务工作”菜单，执行“财务会计”—“总账”—“设置”—“选项”命令，进入“选项”对话框。

（2）单击“编辑”按钮，分别单击“凭证”“账簿”“凭证打印”“预算控制”“权限”“会计日历”和“其他”选项卡，按照资料选择控制参数，如图4-10所示。

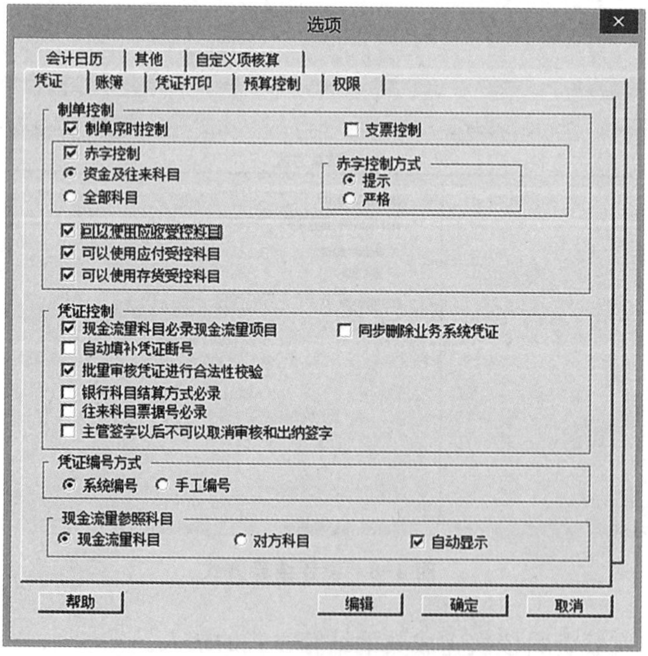

图4-10 设置总账控制参数

（3）设置完成后，单击“确定”。

（十）会计科目设置

1. 增加会计科目

(1) 单击“基础设置”菜单，执行“基础档案”—“财务”—“会计科目”命令，进入“会计科目”窗口，如图 4-11 所示。

图 4-11　会计科目

(2) 单击“增加”，进入“新增会计科目”对话框。

(3) 输入科目编码“100201”、科目名称“中国农业银行”，勾选“日记账”“银行账”，其他的采用默认值，如图 4-12 所示。

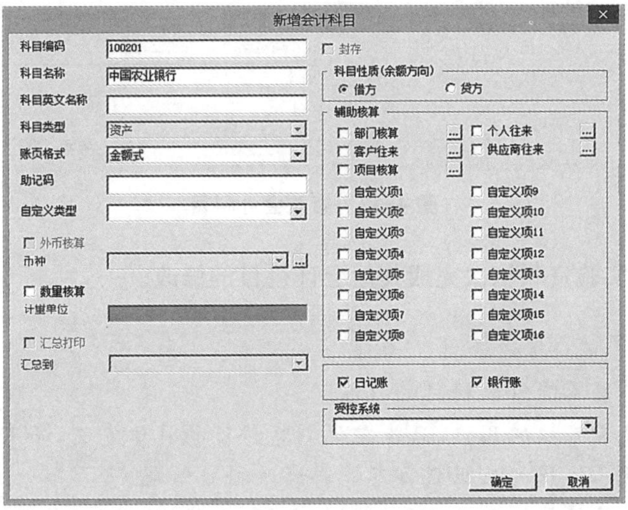

图 4-12　新增会计科目

(4) 单击“确定”。

注意事项

如果一级科目的辅助核算设置不合适，需要通过“修改”功能完成修改。

增加会计科目时，应遵循自上而下的原则，即先设上级再设下级会计科目。

新增加的下级科目所有科目属性与原上级科目一致。

科目一经使用，只能增加同级科目，不能在该科目下增设下级科目。

（5）同理，按照实验资料依次增加其他的明细科目。

2. 修改会计科目

（1）在“会计科目”窗口，单击要修改的会计科目“1001 库存现金”。

（2）单击“修改”按钮或者双击该科目，进入“会计科目_修改”对话框。

（3）单击“修改”，勾选“日记账”，单击“确定”，如图 4-13 所示。

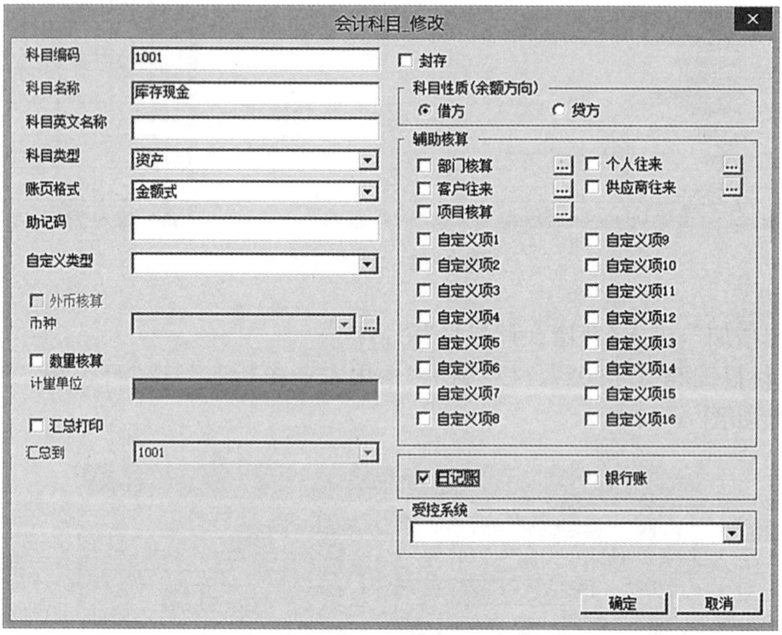

图 4-13 修改会计科目

（4）同理，根据实验资料依次完成其他会计科目的修改。

注意事项

已有数据的科目不能修改科目的性质。

没有会计科目设置权的用户，只能在此浏览科目的具体定义，而不能进行修改。

非末级科目及已使用的末级科目不能再修改科目编码。

如果会计科目已被制过单或已录入期初余额，则不能被删除或修改。如要修改该科目必须先删除有该科目的凭证，并将该科目及其下级科目余额清零后再修改，修改完毕后应将余额及凭证补充完整。

3. 删除会计科目

(1) 在“会计科目”窗口，单击要删除的会计科目“1003 存放中央银行款项”。

(2) 单击“删除”，弹出“记录删除后不能修复！真的删除此记录吗?”对话框，单击“确定”，如图 4-14 所示。

图 4-14　删除会计科目

注意事项

已使用的会计科目(如已录入期初余额或已制单)不能删除。

非末级科目不能删除。

删除会计科目时应遵循自下而上的原则，即先删除下级科目再删除上级科目。

被指定的会计科目不能删除，如要删除，应先取消指定。

4. 指定会计科目

(1) 在“会计科目”窗口，执行“编辑”—“指定科目”命令，进入“指定科目”对话框，单击“现金科目”。

(2) 选中待选科目“1001 库存现金”，单击“＞”按钮，系统将“1001 库存现金”由待选科目移入已选科目，如图 4-15 所示。

(3) 同理，设置指定银行科目。

注意事项

指定的现金、银行存款科目供出纳管理使用，所以在出纳签字、查询现金、银行存款日记账前，需要指定现金、银行存款总账科目。

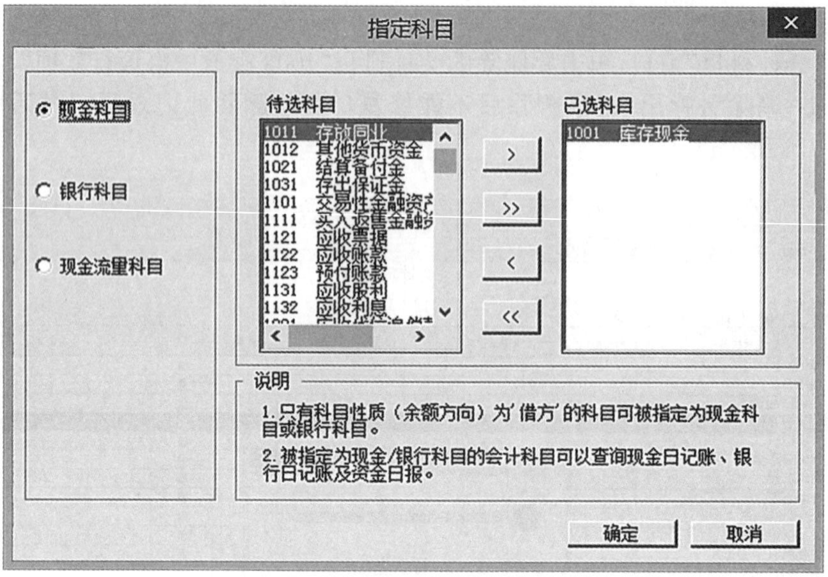

图 4-15　指定会计科目

(十一) 凭证类别设置

(1) 执行“基础档案”—“财务”—“凭证类别命令”，弹出“凭证类别预置”对话框。

(2) 单击“现金收款凭证 现金付款凭证 银行收款凭证 银行付款凭证 转账凭证”单选按钮，如图 4-16 所示。

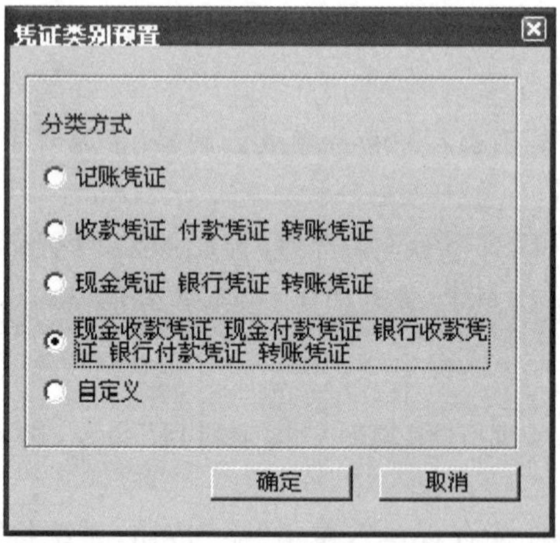

图 4-16　凭证类别预置

(3) 单击“确认”，进入“凭证类别”窗口。

(4) 单击“修改”，双击收款凭证的限制类型，选中限制类型下拉列表框中的“借方必有”。单击限制科目文本框，输入限制科目“1001,1002”

(5) 同理，设置付款凭证和转账凭证的限制类型、限制科目，如图 4-17 所示。

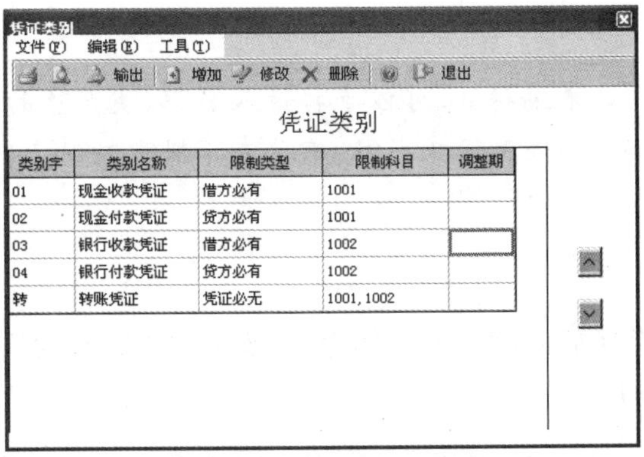

类别字	类别名称	限制类型	限制科目	调整期
01	现金收款凭证	借方必有	1001	
02	现金付款凭证	贷方必有	1001	
03	银行收款凭证	借方必有	1002	
04	银行付款凭证	贷方必有	1002	
转	转账凭证	凭证必无	1001, 1002	

图 4-17　设置凭证类别

（6）单击“退出”。

注意事项

限制科目的数量不限，但是科目之间需要用英文状态下的逗号分隔。

填制凭证时，如果凭证不满足这些限制条件，则系统不允许保存凭证。

（十二）录入期初余额

（1）单击“业务工作”菜单，执行“财务会计”—“总账”—“设置”—“选项”命令，进入“期初余额录入”窗口。

（2）单击“库存现金”的期初余额，输入金额“7 130.00”，按回车键确认。

（3）同理，按照实验资料录入其他末级科目期初余额，如图 4-18 所示。

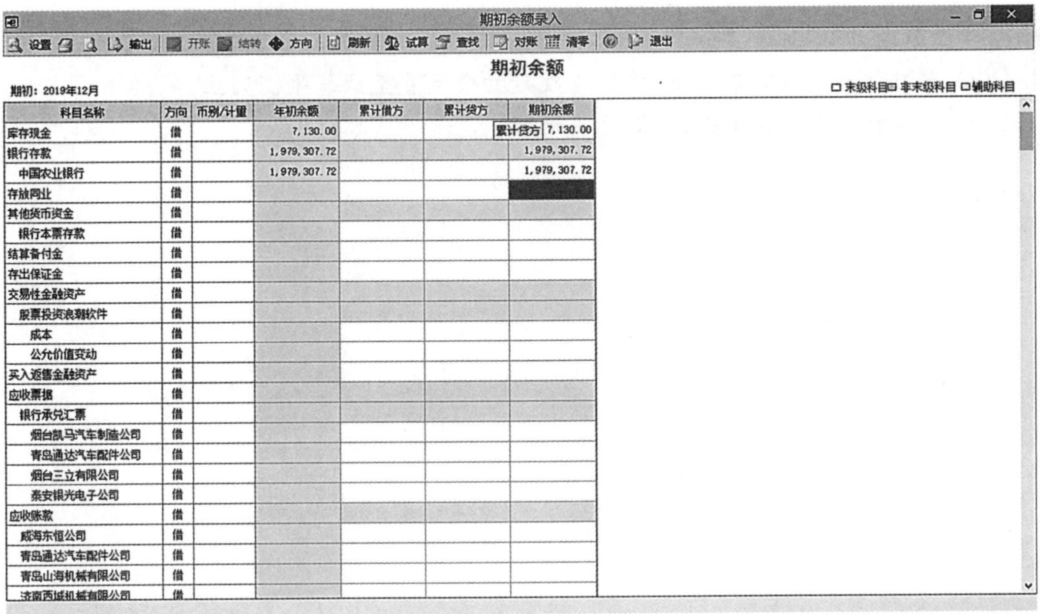

科目名称	方向	币别/计量	年初余额	累计借方	累计贷方	期初余额
库存现金	借		7,130.00		累计贷方	7,130.00
银行存款	借		1,979,307.72			1,979,307.72
中国农业银行	借		1,979,307.72			1,979,307.72
存放同业	借					
其他货币资金	借					
银行本票存款	借					
结算备付金	借					
存出保证金	借					
交易性金融资产	借					
股票投资浪潮软件	借					
成本	借					
公允价值变动	借					
买入返售金融资产	借					
应收票据	借					
银行承兑汇票	借					
烟台凯马汽车制造公司	借					
青岛通达汽车配件公司	借					
烟台三立有限公司	借					
泰安银光电子公司	借					
应收账款	借					
威海东恒公司	借					
青岛通达汽车配件公司	借					
青岛山海机械有限公司	借					
济南西城机械有限公司	借					

图 4-18　期初余额录入

▶▶▶ 注意事项

底色为白色的表格是末级科目，可以直接录入数据，淡蓝色的表格不能直接录入数据。因为淡蓝色的表格表示还有下级科目，需要在下级科目对应的表格录入数据，下级科目录入完毕，上级科目自动汇总。

（十三）试算平衡

（1）录完所有科目余额后，在“期初余额录入”窗口，单击“试算”按钮，弹出“期初试算平衡表”对话框，如图 4-19 所示。

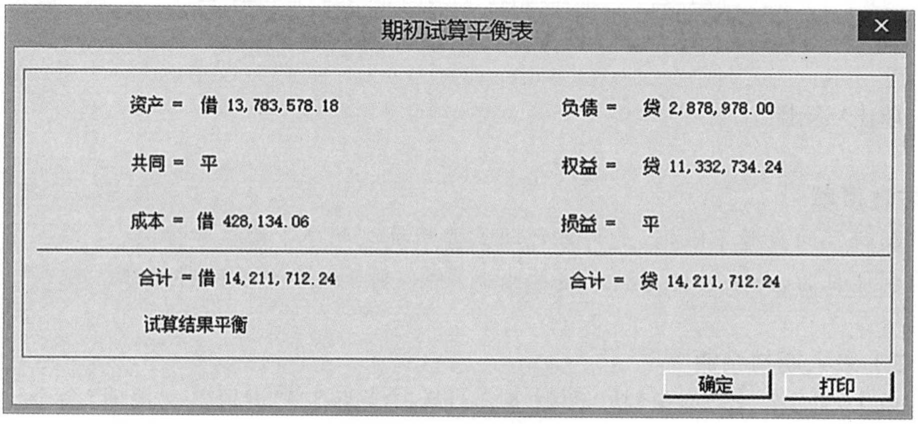

图 4-19 期初试算平衡表

（2）单击“确定”。

▶▶▶ 注意事项

（1）若期初余额试算不平衡，需要修改期初余额直至试算平衡为止。

（2）若期初余额试算不平衡，则无法记账。

项目五　记账凭证的填制与审核

一、实验目的

（1）能够熟练运用软件完成企业日常记账凭证的填制。
（2）能够熟练运用软件完成记账凭证的出纳签字与凭证审核。

二、实验内容

（1）企业日常记账凭证的填制。
（2）企业凭证出纳签字与凭证审核。

三、实验准备

（1）正确引入项目四账套数据。
（2）电脑系统时间调整为 2019-12-31。

四、实验资料

2019 年 12 月，烟台兴茂机械制造有限公司发生经济业务内容请参考本书“项目十 综合实验”。

五、实验操作指导

（一）取消制单序时控制

（1）为方便记账凭证的录入，可取消系统制单序时控制。在导航菜单栏底部选择“业务工作”项目，进入“财务会计”—“总账”—“设置”—“选项”操作界面。
（2）在“凭证”选项卡，单击“编辑”。
（3）去掉“制单控制”中“制单序时控制”前的勾选，如图 5-1 所示。

注意事项

在勾选“制单序时控制”之前必须点击底部“编辑”，否则无法进行勾选。

如果不去掉“制单序时控制”填制凭证中途出现凭证时间错误，修改凭证日期会很麻烦，可能涉及错误凭证之后所有记账凭证。

（4）完成后，单击“确定”。

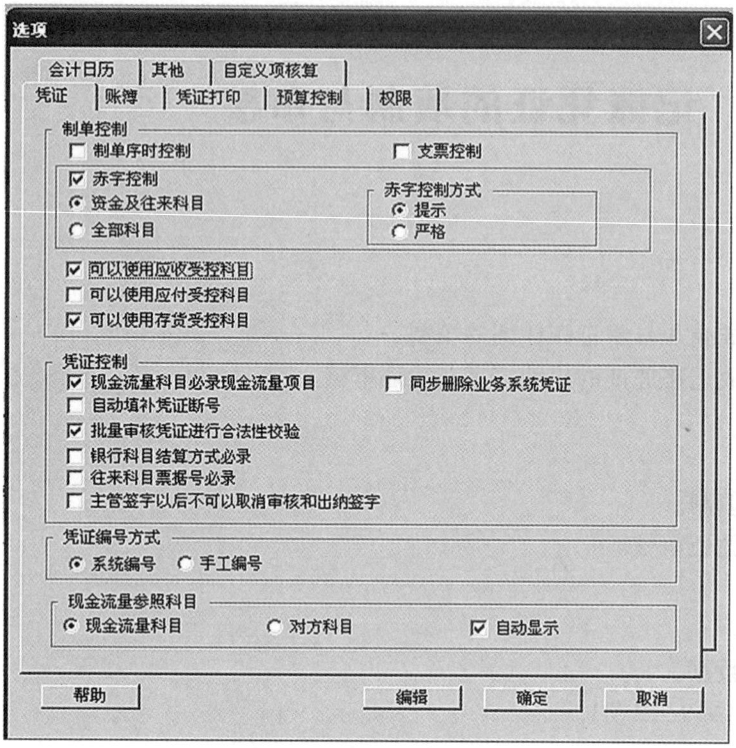

图 5-1　取消制单序时控制

(二) 填制记账凭证

1. 填制一张银行存款收款凭证(项目十 12 月份经济业务,业务 4)

(1) 以“002 孙娜”登录“企业应用平台”,执行“财务会计”—“总账”—“凭证”—“填制凭证”命令,进入“填制凭证”窗口。

(2) 单击“增加”,出现一张空白凭证。

(3) 选择凭证类型为“银行收款凭证”,输入制单日期“2019.12.02”。

(4) 输入摘要“收回多余材料款”、科目名称“银行存款/中国农业银行”、借方金额“2 168.25”,按回车键后,系统自动将摘要带入下一行,输入科目名称“其他应收款/重庆华宇机械有限公司”、贷方金额“2 168.25”,如图 5-2 所示。

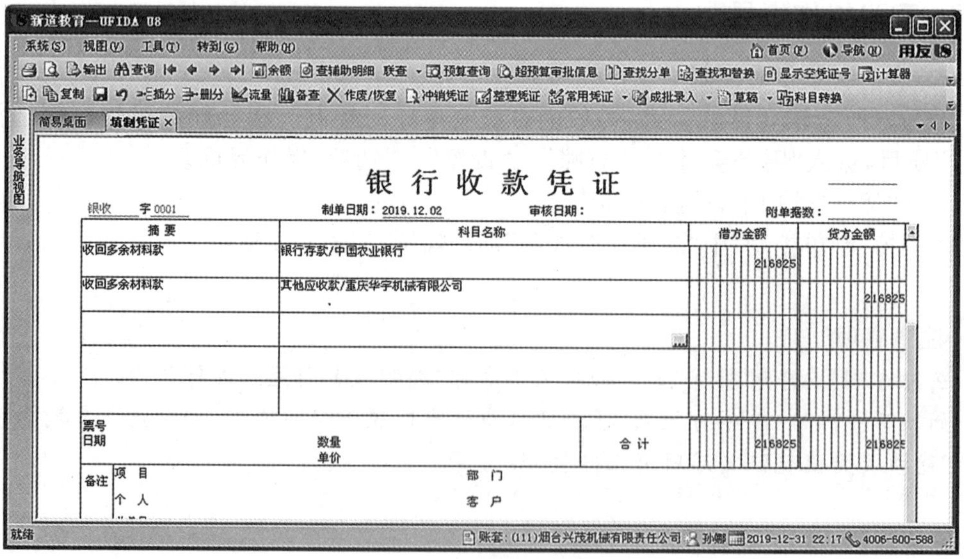

图 5-2　填制银行收款凭证

注意事项

填制凭证时应选择企业账套角色中“会计”人员登录企业应用平台。

如果无法进入填制凭证界面，请检查用户是否具有“填制凭证”权限。

建议录入凭证按照时间顺序录入，如果按照凭证种类录入，请先录入收款凭证，否则库存现金及银行存款账户将出现赤字提醒。

银行收款凭证借方必有科目：1002 银行存款，否则凭证无法保存。

如果使用科目编码录入凭证，请使用末级科目编码。

使用“=”可以凭证借贷自动平衡。

使用“-”可以生成红字分录。

使用“F2”可以查询明细项目。

使用“F5”可以新增凭证。

使用“F6”可以保存凭证。

(5) 单击“保存”，弹出“凭证已成功保存!”提示框。

(6) 单击“确定”，凭证保存成功。

2. 填制一张银行存款付款凭证(项目十 12 月份经济业务，业务 1)

(1) 以“002 孙娜”登录“企业应用平台”，执行“财务会计”—“总账”—“凭证”—“填制凭证”命令，进入“填制凭证”窗口。

(2) 单击“增加”，出现一张空白凭证。

(3) 选择凭证类型“银行付款凭证”，输入制单日期“2019.12.01”。

(4) 输入摘要“提取备用金”、科目名称“库存现金”、借方金额“2 500.00”，按回车键后，系统自动将摘要带入下一行，输入科目名称“银行存款/中国农业银行”、贷方金额“2 500.00”，如图 5-3 所示。

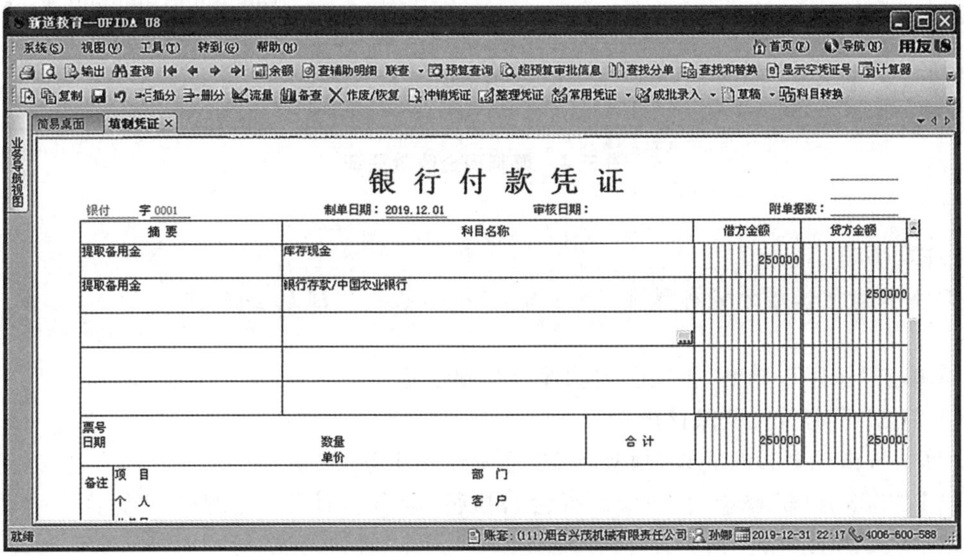

图 5-3 填制银行付款凭证

▶▶▶ 注意事项

银行付款凭证贷方必有科目:1002 银行存款,否则凭证无法保存。

(5) 单击“保存”,弹出“凭证已成功保存!”提示框。

(6) 单击“确定”,凭证保存成功。

3. 填制一张现金收款凭证(项目十 12 月份经济业务,业务 16)

(1) 以“002 孙娜”登录“企业应用平台”,执行“财务会计”—“总账”—“凭证”—“填制凭证”命令,进入“填制凭证”窗口。

(2) 单击“增加”按钮,出现一张空白凭证。

(3) 选择凭证类型“现金收款凭证”,输入制单日期“2019.12.10”。

(4) 输入摘要“收回多余差旅费”、科目名称“库存现金”、借方金额“450.00”,按回车键后,系统自动将摘要带入下一行,输入科目名称“其他应收款/李强”、贷方金额“450.00”,如图 5-4 所示。

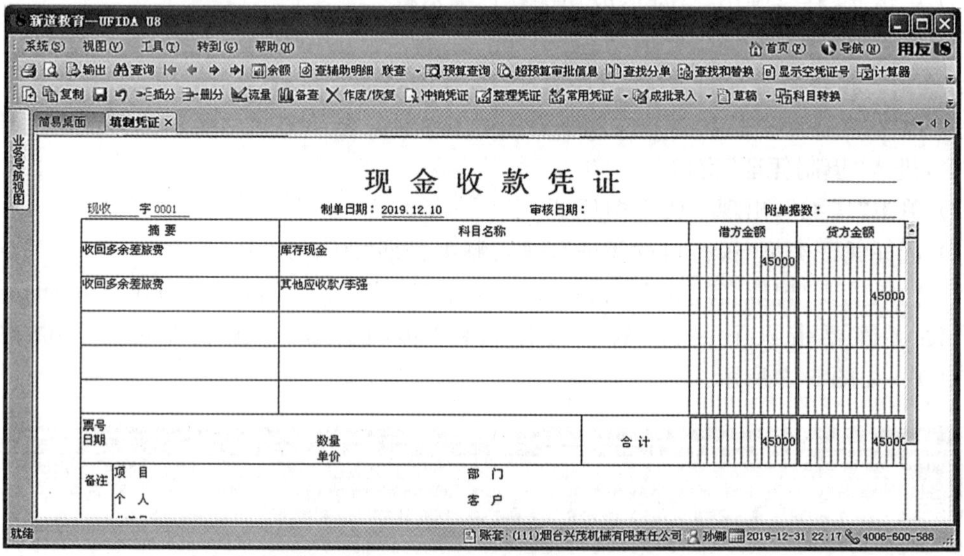

图 5-4 填制现金收款凭证

▶▶▶ 注意事项

现金收款凭证借方必有科目:1001 库存现金,否则凭证无法保存。

(5) 单击“保存”,弹出“凭证已成功保存!”提示框。

(6) 单击“确定”,凭证保存成功。

4. 填制一张现金付款凭证(项目十 12 月份经济业务,业务 3)

(1) 以“002 孙娜”登录“企业应用平台”,执行“财务会计”—“总账”—“凭证”—“填制凭证”命令,进入“填制凭证”窗口。

（2）单击“增加”按钮，出现一张空白凭证。

（3）选择凭证类型“现金付款凭证”，输入制单日期“2019.12.02”。

（4）输入摘要“补发差旅费”、科目名称“管理费用/差旅费”、借方金额“1 900.00”，按回车键后，系统自动将摘要带入下一行，输入科目名称“库存现金”、贷方金额“1 900.00”，如图 5-5 所示。

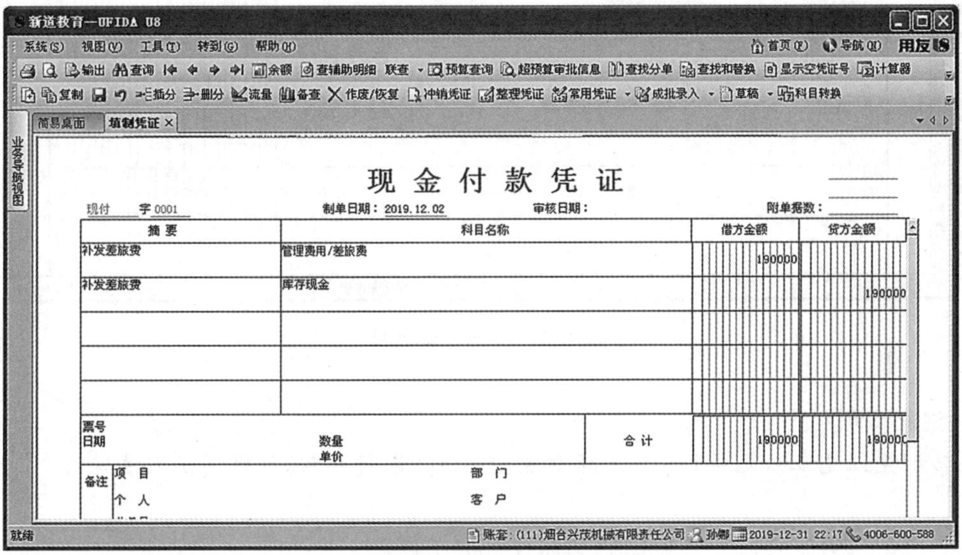

图 5-5 填制现金付款凭证

▶▶▶ 注意事项

现金付款凭证贷方必有科目：1001 库存现金，否则凭证无法保存。

（5）单击“保存”，弹出“凭证已成功保存！”提示框。

（6）单击“确定”，凭证保存成功。

5. 填制一张转账凭证（项目十 12 月份经济业务，业务 2）

（1）以“002 孙娜”登录“企业应用平台”，执行“财务会计”—“总账”—“凭证”—“填制凭证”命令，进入“填制凭证”窗口。

（2）单击“增加”，出现一张空白凭证。

（3）选择凭证类型“转账凭证”，输入制单日期“2019.12.01”。

（4）输入摘要“支付华宇工程款”、科目名称“材料采购/钢板”、借方金额“121 975.00”；按回车键后，系统自动将摘要带入下一行，输入科目名称“应交税费/应交增值税/进项税额”、借方金额“15 856.75”；按回车键后，系统自动将摘要带入下一行，输入科目名称“其他应收款/重庆华宇机械有限公司”、借方金额“2 168.25”；按回车键后，系统自动将摘要带入下一行，输入科目名称“其他货币资金/银行本票存款”、贷方金额“140 000.00”，如图 5-6 所示。

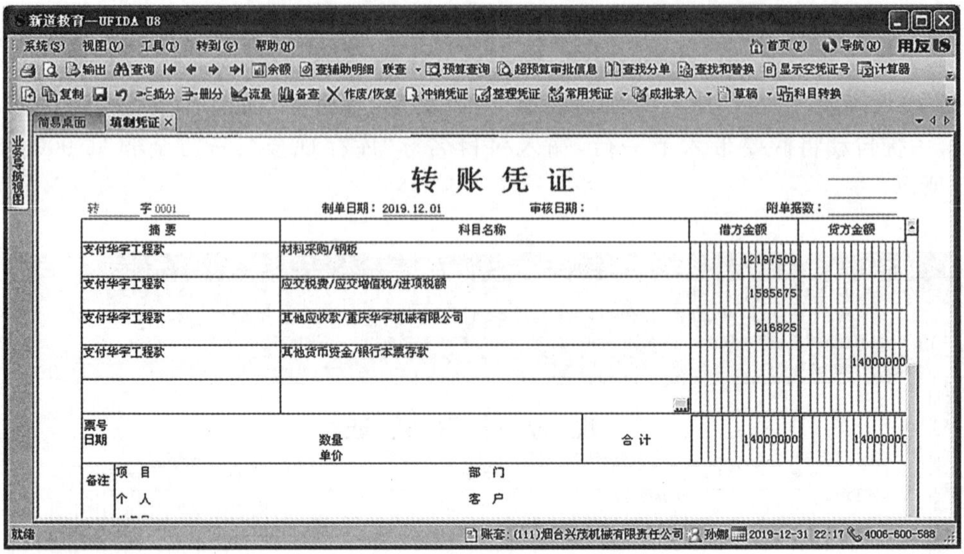

图 5-6 填制转账凭证

▶▶▶ 注意事项

转账凭证凭证必无科目：1001 库存现金、1002 银行存款，否则凭证无法保存。

(5) 单击"保存"，弹出"凭证已成功保存！"提示框。

(6) 单击"确定"，凭证保存成功。

(三) 修改未经审核的凭证

(1) 以"002 孙娜"登录企业应用平台，在"业务工作"—"财务会计"菜单下，执行"总账"—"凭证"—"填制凭证"命令，进入"填制凭证"窗口。

(2) 单击"单箭头"按钮，找到要修改的凭证，对凭证进行修改，如图 5-7 所示。

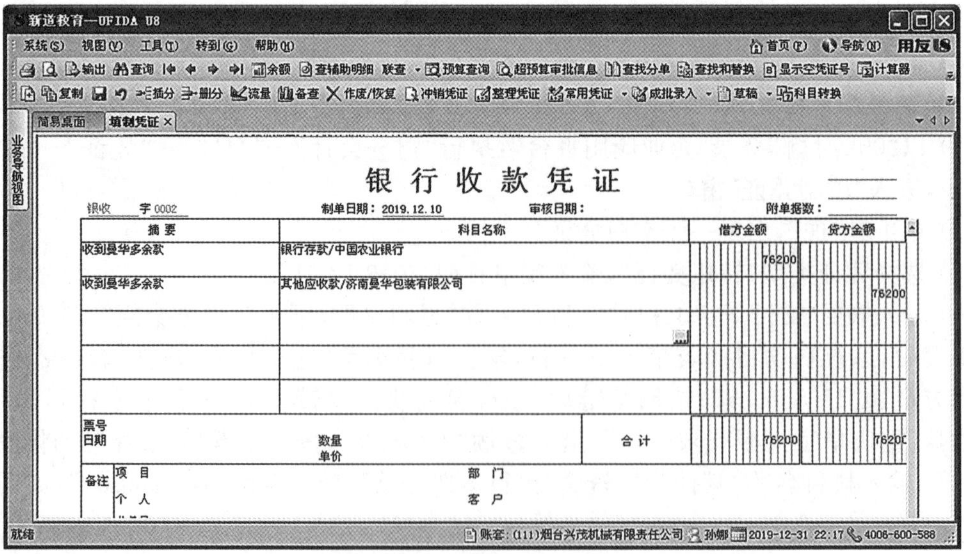

图 5-7 修改凭证

（四）作废凭证

（1）单击“作废/恢复”按钮，凭证左上角出现“作废”印章，如图 5-8 所示。

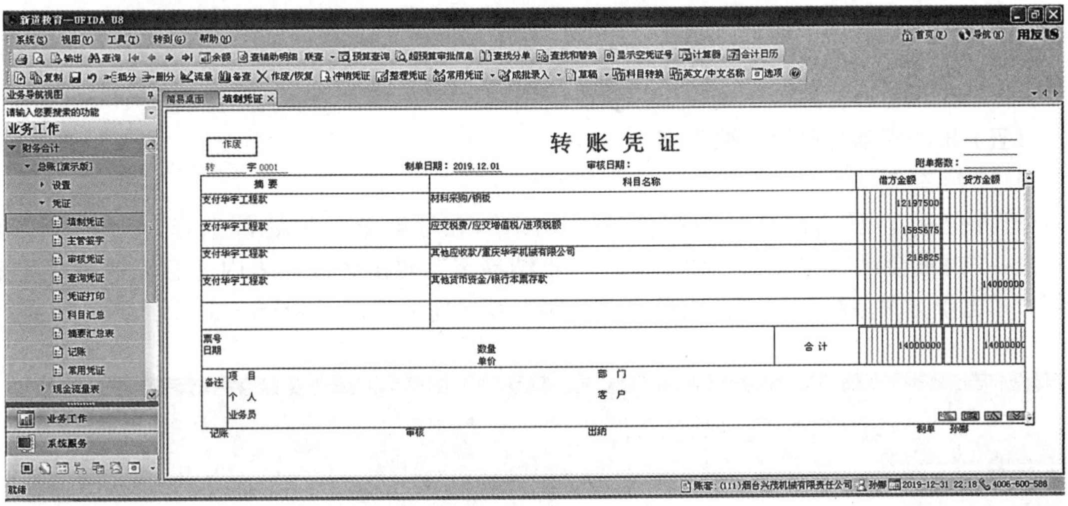

图 5-8　作废凭证

▶▶▶ 注意事项

若要作废已经审核或签字的凭证，应当先取消审核或签字，再进行作废处理。

作废凭证仍保留凭证内容及凭证编号，但会显示“作废”字样。

作废凭证不能修改、审核，但参与记账。

作废的凭证，通过单击“作废/恢复”按钮，可恢复为一张正常的凭证。

（2）单击“整理凭证”，弹出“凭证期间选择”对话框，凭证期间选择“2019.12”。

（3）单击“确定”，弹出“作废凭证表”对话框，如图 5-9 所示。

（4）单击“确定”，弹出“是否还需要整理凭证断号”提示框，如图 5-10 所示。

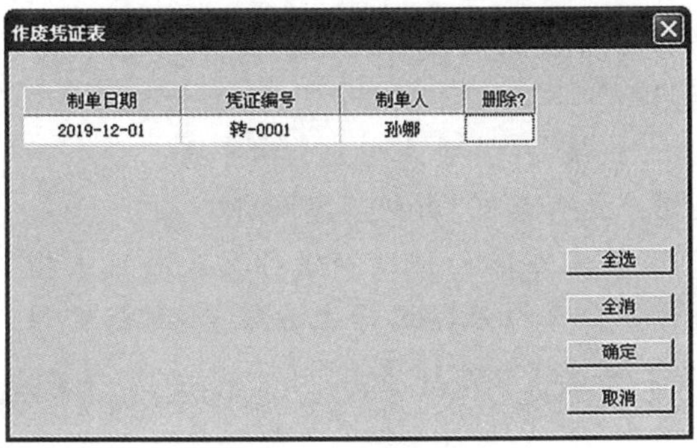

图 5-9　作废凭证表

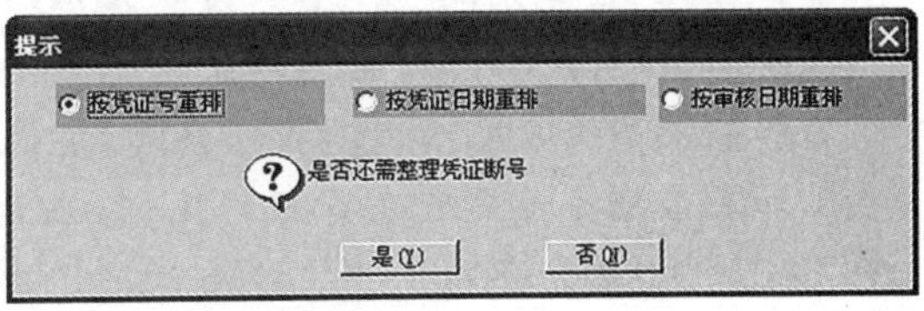

图 5-10　整理凭证断号提示

（5）选中“按凭证号重排”，单击“是”。

>>> **注意事项**

已经作废的凭证不想保留时，可单击“整理凭证”，将其彻底删除。

只能对未记账的作废凭证执行“整理凭证”工作。

整理凭证时，可以对未记账的凭证重新编号。

（五）出纳签字与取消出纳签字

1. 出纳签字

打开企业应用平台，登录操作员“003 出纳”，在导航菜单栏底部选择“业务工作”项目，选择“财务会计”—“总账”—“凭证”—“出纳签字”，双击凭证列表内任意凭证进入凭证界面，单击上方菜单栏“批处理/成批出纳签字”，开始凭证处理，如图 5-11 所示。

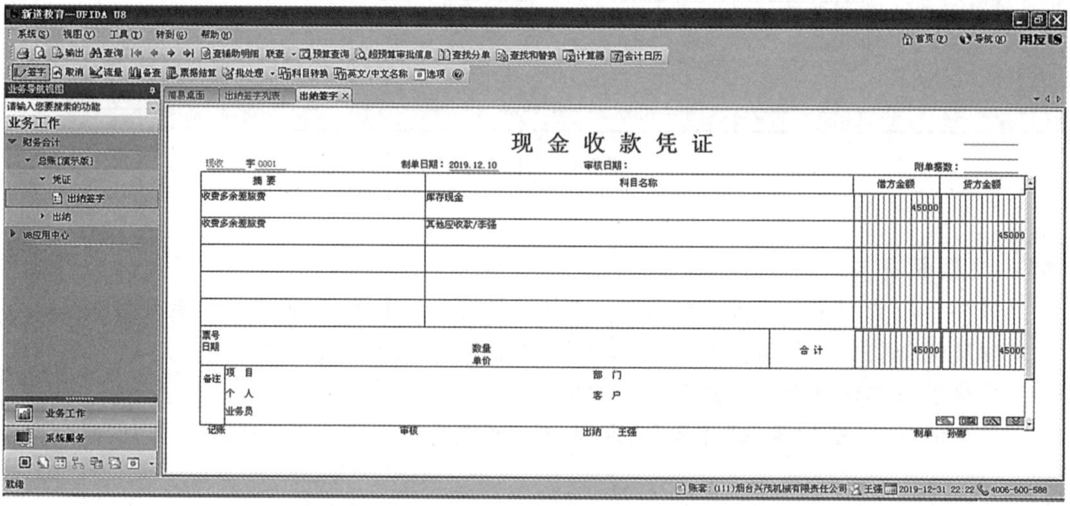

图 5-11　出纳签字

>>> **注意事项**

出纳签字前请检查是否有作废凭证，如果存在作废凭证，请在“填制凭证”界面上方菜单栏勾选“整理凭证”，防止收付款凭证出现问题。

凭证出纳签字时，应先选择企业账套角色中“出纳”人员登录企业应用平台。

如果无法进入凭证出纳签字界面，请检查用户是否具有“出纳签字”权限。

如果系统提示没有可签字的凭证，则为之前的操作现金科目和银行存款科目未指定。请打开“基础设置”—“基础档案”—“财务”—“会计科目”，选择上方菜单栏“指定科目”选项。

2. 取消出纳签字

以“003 王强”登录企业应用平台，在“出纳签字”窗口，单击“取消”，凭证底部“出纳”处的签字自动取消，如图 5-12 所示。

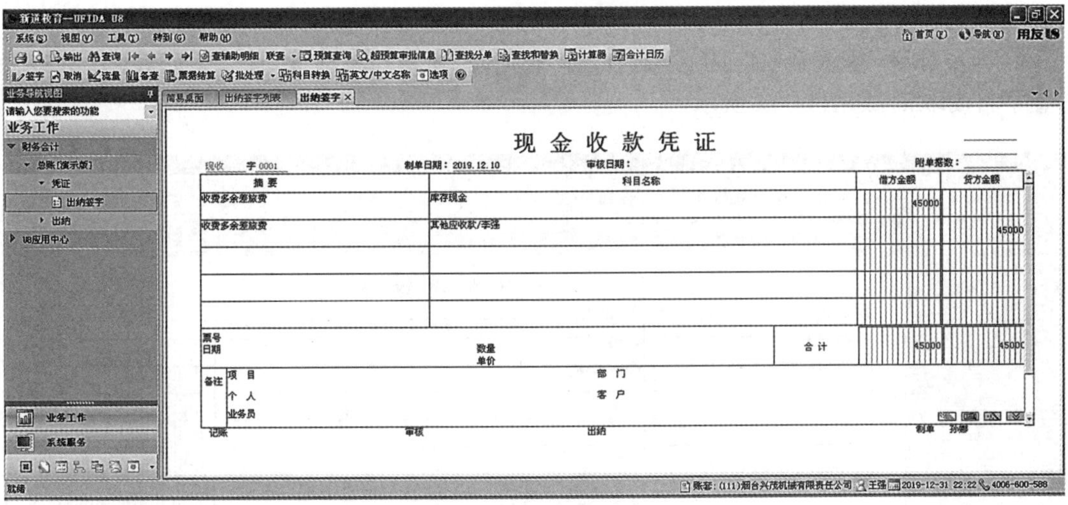

图 5-12　取消出纳签字

（六）审核凭证与取消审核凭证

1. 审核凭证

打开企业应用平台，以“001 账套主管”登录，在导航菜单栏底部选择“业务工作”项目，选择“财务会计”—“总账”—“凭证”—“审核凭证”，双击凭证栏进入凭证界面，单击上方菜单栏“批处理”或“审核”按钮，如图 5-13 所示。

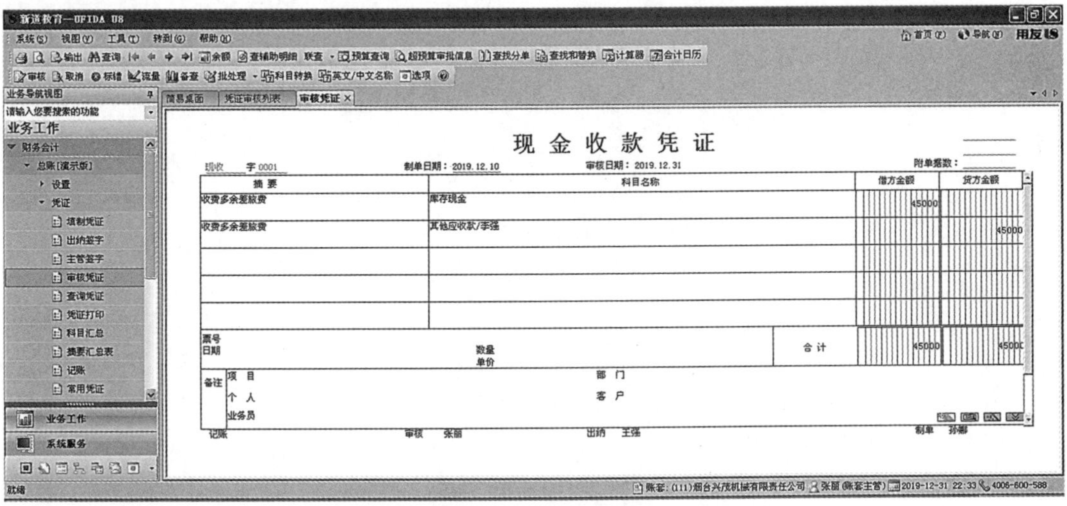

图 5-13　审核凭证

注意事项

审核凭证前请检查是否有作废凭证，如果存在作废凭证，请在“填制凭证”界面上方菜单栏勾选“整理凭证”，防止转账凭证出现问题。

审核凭证角色一定与填制凭证角色不一致，否则无法进行审核凭证。

2. 取消审核凭证

以“001 张丽”登录企业应用平台，在“审核凭证”窗口，单击“取消”，凭证底部“审核”处的签字自动取消，如图 5-14 所示。

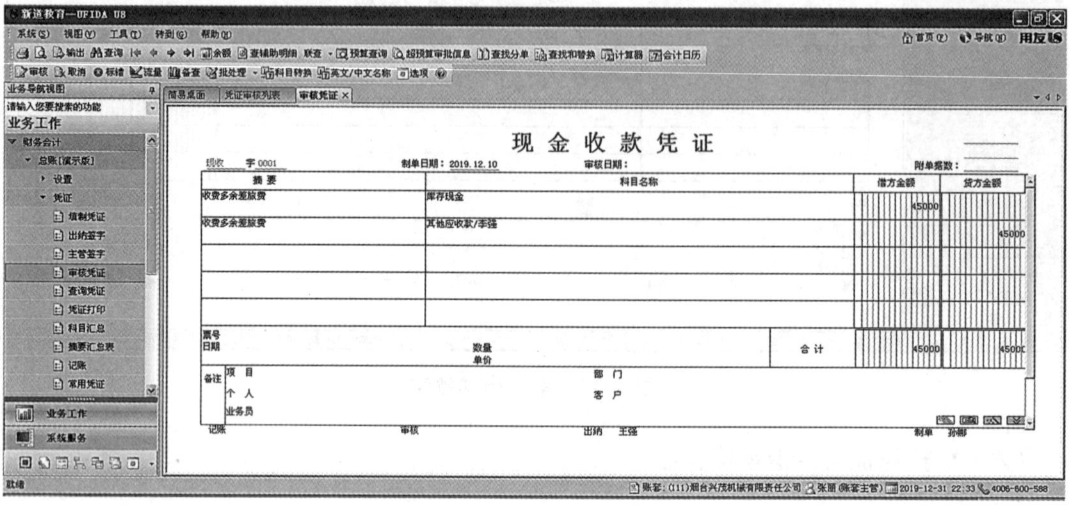

图 5-14　取消审核凭证

项目六　登 记 账 簿

一、实验目的

(1) 了解用友 ERP-U8V10.1 系统账簿和手工账务处理中账簿的区别。

(2) 掌握现金日记账及银行存款日记账的查询方法。

(3) 掌握总账及明细账的查询方法。

(4) 熟悉辅助账的查询位置。

二、实验内容

(1) 使用“出纳”角色登录企业应用平台，了解出纳管理的各种功能，完成现金日记账和银行存款日记账的查询以及银行对账的查询。

(2) 当完成制单、审核及记账活动后，日常核算需要得到的信息资料已全部形成，并以“账簿”(现金日记账、银行存款日记账、明细分类账、总分类账、辅助账)的构架形式进行储存时，通过“账簿管理”的方法来查询、分析会计信息。

三、实验准备

(1) 正确引入项目五账套数据。

(2) 电脑系统时间调整为“2019-12-31”。

四、实验资料

(1) 12 月 31 日，完成烟台兴茂机械制造有限公司 12 月份发生的所有经济业务的记账工作。

(2) 完成现金日记账和银行存款日记账的查询工作。

(3) 完成总账、明细账、余额表等科目账和辅助账的查询工作。

五、实验操作指导

(一) 了解电算化中的账簿

《会计法》第三条规定，各单位必须依法设置会计账簿，并保证其真实、完整。会计账簿是同会计科目相结合而存在并发挥作用的，账簿是科目的载体，科目是经济业务的整理、归纳和分类，由此形成可供利用的会计信息。

在手工账务处理中，可以说有会计必有账簿。电算化环境下系统能够自动完成账簿的登记工作，只要期初余额的录入、记账凭证的填制等基础业务操作正确，系统生成的账簿就一定是正确的，极大地缩短了登记账簿的时间，并提高了准确性。

手工环境下的账务处理程序，如图 6-1 所示。

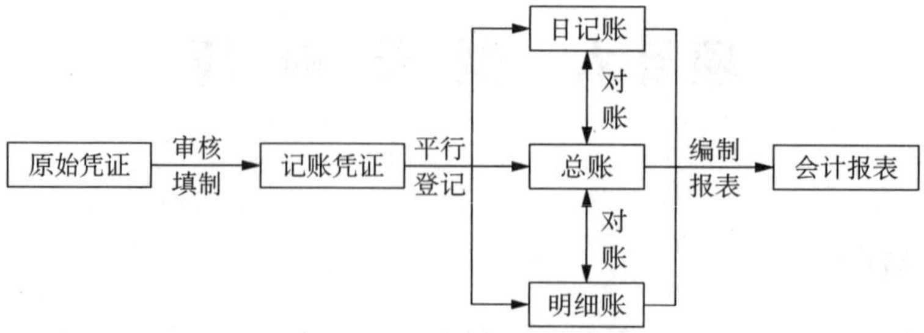

图 6-1　手工账务处理程序

会计电算化环境下的账务处理程序，如图 6-2 所示。

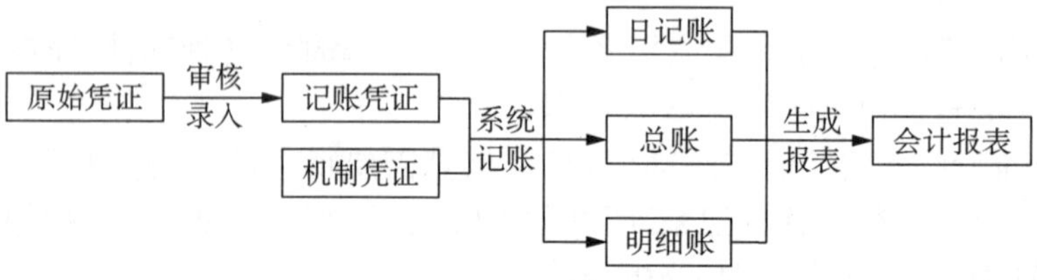

图 6-2　电算化账务处理程序

（二）期初余额试算平衡

系统期初余额的录入必须正确，否则本期经济业务生成的记账凭证将无法记账。因此，录入期初余额后，一定要进行试算平衡检查，如若期初余额不平，则对照项目的背景资料中的期初资料仔细核对检查，直到调平为止。

以"002 孙娜"登录企业应用平台，执行"财务会计"—"总账"—"设置"—"期初余额"，进入"期初余额录入"界面，单击"试算"，若出现试算平衡的窗口，则期初录入无误，如图 6-3 所示。

注意事项

虽然本期记账凭证的录入也会影响本期账簿的数据，但是通过记账操作弹出的"记账平衡"窗口，并不能证明记账凭证没有错误，只能说明借方发生额等于贷方发生额。所以在录入本期凭证时应认真仔细。

（三）凭证记账与取消凭证记账

1. 凭证记账

（1）执行"总账"—"凭证"—"记账"，进入"记账"窗口。

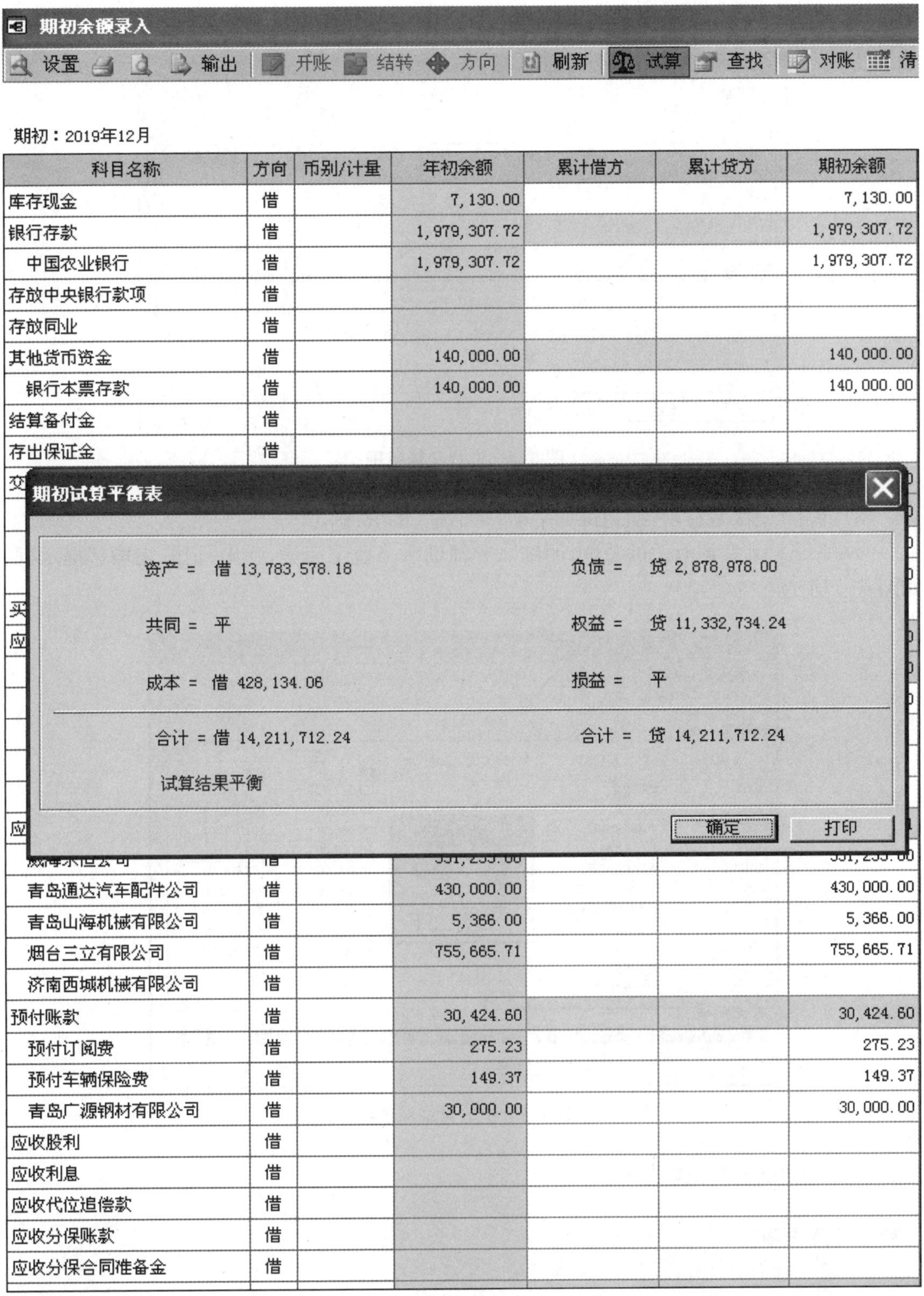
期初余额录入
设置
输出
开账
结转
方向
刷新
试算
查找
对账
清
期初：2019年12月
科目名称 方向 币别/计量 年初余额 累计借方 累计贷方 期初余额
库存现金 借 7,130.00 7,130.00
银行存款 借 1,979,307.72 1,979,307.72
中国农业银行 借 1,979,307.72 1,979,307.72
存放中央银行款项 借
存放同业 借
其他货币资金 借 140,000.00 140,000.00
银行本票存款 借 140,000.00 140,000.00
结算备付金 借
存出保证金 借
期初试算平衡表
资产 = 借 13,783,578.18
负债 = 贷 2,878,978.00
共同 = 平
权益 = 贷 11,332,734.24
成本 = 借 428,134.06
损益 = 平
合计 = 借 14,211,712.24
合计 = 贷 14,211,712.24
试算结果平衡
确定
打印
青岛通达汽车配件公司 借 430,000.00 430,000.00
青岛山海机械有限公司 借 5,366.00 5,366.00
烟台三立有限公司 借 755,665.71 755,665.71
济南西城机械有限公司 借
预付账款 借 30,424.60 30,424.60
预付订阅费 借 275.23 275.23
预付车辆保险费 借 149.37 149.37
青岛广源钢材有限公司 借 30,000.00 30,000.00
应收股利 借
应收利息 借
应收代位追偿款 借
应收分保账款 借
应收分保合同准备金 借

图 6-3 期初试算平衡

(2) 单击“全选”，选择所有要记账的凭证，如图 6-4 所示。

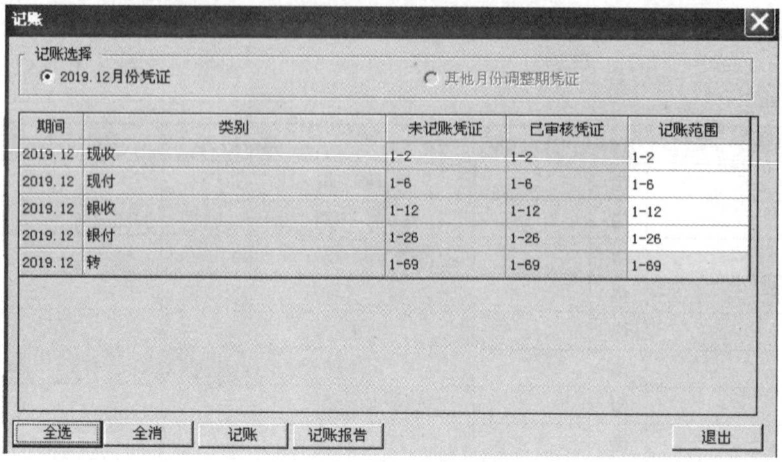

图 6-4　选择记账范围

(3) 单击“记账”，显示“期初试算平衡”对话框，单击“确定”。

(4) 系统自动登记有关的总账、明细账和辅助账。登记完毕，弹出“记账完毕!”提示框，如图 6-5 所示。

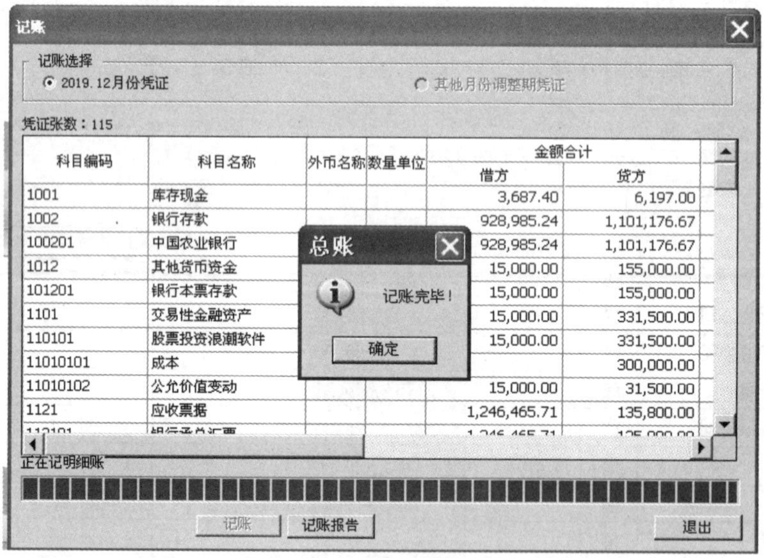

图 6-5　记账完毕提示框

(5) 单击“确定”，记账完毕。

▶▶▶ 注意事项

在第一次记账时，若期初余额不平衡，系统将不允许记账。

未经审核的凭证不能记账，但是作废的凭证不需要审核可以直接记账。

2. 取消凭证记账

(1) 执行“财务会计”—“总账”—“期末”—“对账”,进入“对账”窗口。

(2) 按“Ctrl+H”组合键,弹出“恢复记账前状态功能已被激活”,如图 6-6 所示。

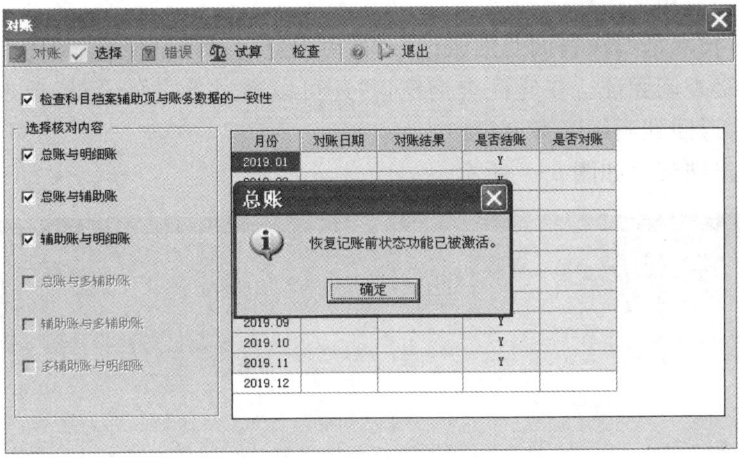

图 6-6 恢复记账前状态功能激活窗口

(3) 单击“确定”。执行“总账”—“凭证”—“恢复记账前状态”,弹出“恢复记账前状态”窗口,点击“确定”,不用输入口令,直接点击“确定”,如图 6-7 所示。

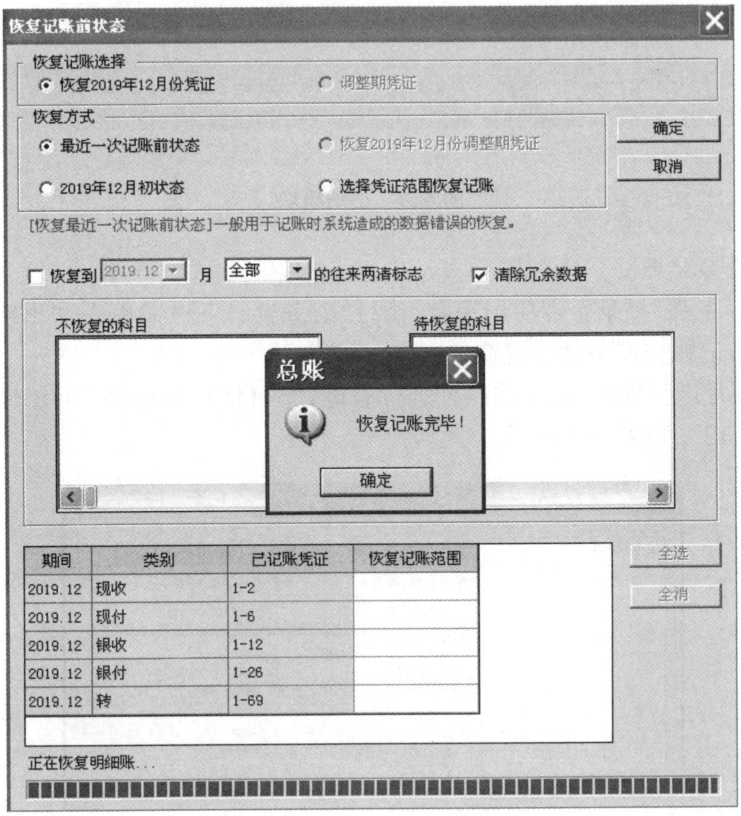

图 6-7 恢复记账前状态

(4) 将全部凭证再次记账。

(四) 查询现金日记账、银行存款日记账

出纳账簿管理是指查询与输出现金日记账、银行存款日记账、资金日报及支票登记簿等,由出纳人员完成相关操作。

"账证联查"技术是指在查询明细账记录时,可以通过单击记录行、单击"凭证"跳到相应的凭证窗口,直接查询凭证。在凭证查询窗口,还可以通过单击分录行、单击"明细"或者直接单击"退出"再返回到明细账查询窗口。

在系统中,出纳模块如图 6-8 所示。

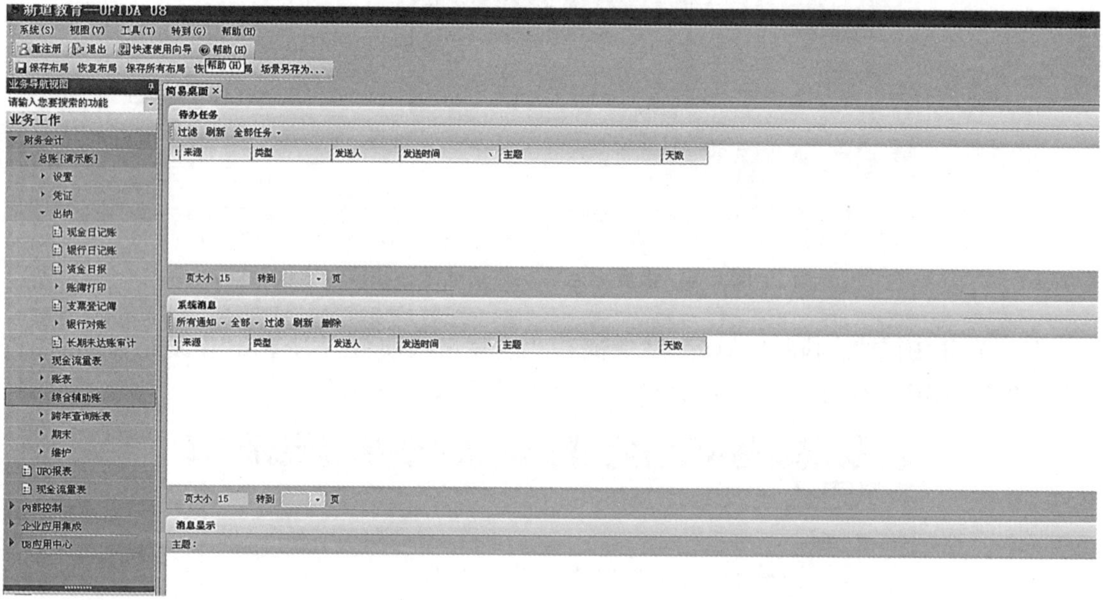

图 6-8　出纳模块

1. 查询现金日记账

(1) 以"003 王强"登录企业应用平台,执行"财务会计"—"总账"—"出纳"—"现金日记账",进入现金日记账查询条件设置窗口。

(2) 可以按月进行查询,也可按照日进行查询,"科目"只能选择"1001 库存现金",输入查询月份"2019.12",如图 6-9 所示。

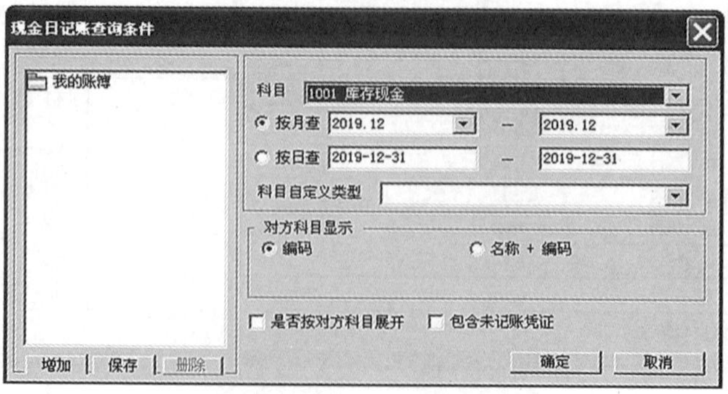

图 6-9　现金日记账查询条件

（3）单击“确定”，系统显示查询期间发生关于库存现金的业务，如图 6-10 所示。

2019年 月	日	凭证号数	摘要	对方科目	借方	贷方	方向	余额
			月初余额				借	7,130.00
12	01	银付-0001	提取备用金	100201	2,500.00		借	9,630.00
12	01		本日合计		2,500.00		借	9,630.00
12	02	现付-0001	补发差旅费	660201		1,900.00	借	7,730.00
12	02		本日合计			1,900.00	借	7,730.00
12	08	现付-0002	预付差旅费	122102		2,000.00	借	5,730.00
12	08		本日合计			2,000.00	借	5,730.00
12	10	现收-0001	收费多余差旅费	122102	450.00		借	6,180.00
12	10		本日合计		450.00		借	6,180.00
12	14	现付-0003	支付业务招待费	660204		490.00	借	5,690.00
12	14		本日合计			490.00	借	5,690.00
12	20	现付-0004	支付培训费	660206		1,200.00	借	4,490.00
12	20		本日合计			1,200.00	借	4,490.00
12	27	现付-0005	支付税控盘系统维护费	660210		280.00	借	4,210.00
12	27		本日合计			280.00	借	4,210.00
12	28	现付-0006	支付运费	140102, 22210101		327.00	借	3,883.00
12	28		本日合计			327.00	借	3,883.00
12	29	现收-0002	收到赔款	122108	737.40		借	4,620.40
12	29		本日合计		737.40		借	4,620.40
12			当前合计		3,687.40	6,197.00	借	4,620.40
12			当前累计		3,687.40	6,197.00	借	4,620.40
			结转下年				借	4,620.40

图 6-10　现金日记账

2. 查询银行存款日记账

（1）以“003 王强”登录企业应用平台，执行“财务会计”—“总账”—“出纳”—“银行日记账”。

（2）表中首行是“期(月)初余额”，下方是本期发生的与“银行存款”有关的业务。

（3）单击“确定”，系统显示当期发生的关于银行存款的业务，如图 6-11 所示。

2019年 月	日	凭证号数	摘要	结算号	对方科目	借方	贷方	方向	余额
			月初余额					借	1,979,307.72
12	01	银付-0001	提取备用金_2019.12.01		1001		2,500.00	借	1,976,807.72
12	01		本日合计				2,500.00	借	1,976,807.72
12	02	银收-0001	收回多余材料款_2019.12.02		122103	2,168.25		借	1,978,975.97
12	02		本日合计			2,168.25		借	1,978,975.97
12	03	银付-0002	支付财务费用（网银）_2019.12.03		660304		1,210.00	借	1,977,765.97
12	03		本日合计				1,210.00	借	1,977,765.97
12	04	银付-0003	缴纳税费_2019.12.04		222102, 222104, 2		77,072.33	借	1,900,693.64
12	04		本日合计				77,072.33	借	1,900,693.64
12	05	银付-0004	预付明年杂志费_2019.12.05		112301, 22210101		3,600.00	借	1,897,093.64
12	05		本日合计				3,600.00	借	1,897,093.64
12	08	银付-0005	开具银行本票_2019.12.08		101201		15,000.00	借	1,882,093.64
12	08		本日合计				15,000.00	借	1,882,093.64
12	10	银收-0002	收到晏华多余款_2019.12.10		122109	762.00		借	1,882,855.64
12	10		本日合计			762.00		借	1,882,855.64
12	11	银付-0006	支付长期借款利息_2019.12.11		660301, 223101		36,900.00	借	1,845,955.64
12	11	银付-0007	支付短期借款利息_2019.12.11		660301		2,250.00	借	1,843,705.64
12	11		本日合计				39,150.00	借	1,843,705.64
12	12	银收-0003	收到济南西城欠款_2019.12.12		112205	326,666.34		借	2,170,371.98
12	12	银收-0004	收到信达预付款		220303	20,000.00		借	2,190,371.98
12	12	银付-0008	偿还短期借款_2019.12.12		200101		200,000.00	借	1,990,371.98
12	12		本日合计			346,666.34	200,000.00	借	1,990,371.98
12	13	银付-0009	支付到期商业承兑汇票_2019.12.13		220101		90,000.00	借	1,900,371.98
12	13	银付-0010	支付社会保险_2019.12.13		221102, 122104, 1		29,044.32	借	1,871,327.66
12	13	银付-0011	缴纳支付公积金_2019.12.13		221104, 122107		15,328.00	借	1,855,999.66
12	13	银付-0012	缴纳工会经费_2019.12.13		221103		1,916.00	借	1,854,083.66
12	13		本日合计				136,288.32	借	1,854,083.66
12	14	银付-0013	支付材料款_2019.12.14		140102, 22210101		76,275.00	借	1,777,808.66
12	14	银付-0014	购买办公用品_2019.12.14		510104, 660203, 2		1,050.00	借	1,776,758.66
12	14		本日合计				77,325.00	借	1,776,758.66
12	15	银收-0005	收到神通预付租金_2019.12.15		220302, 22210102	30,000.00		借	1,806,758.66

图 6-11　银行存款日记账

注意事项

可以注意到表中首行是“期(月)初余额”,以及下方本期发生的与“库存现金”“银行存款”有关的业务。这就要求在录入期初余额以及本期业务时要认真细心。

账簿的另一大作用是,当处理资产负债表时,如果“货币资金”项目出现错误,则首先想到的是在日记账中寻找错误,在日记账中可以清楚明了地看出具体哪笔分录出现错误。

(五) 科目汇总表

(1) 在手工账务处理中,科目汇总表编制工作量比较大,各个科目都必须逐一核算。但是在电算化中,编制科目汇总表就显得尤为简单,只要保证基础设置、期初余额和本期发生的凭证录入无误,便可以轻松生成。

(2) 以“002 孙娜”登录企业应用平台,执行“财务会计”—“总账”—“凭证”—“科目汇总”,如图 6-12 所示。

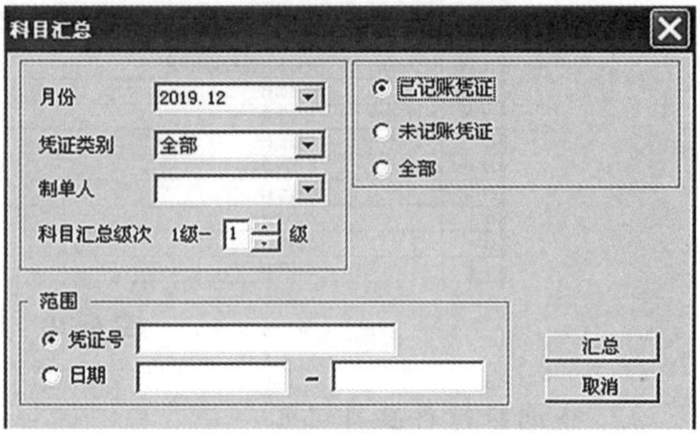

图 6-12 科目汇总条件

(3) 录入科目汇总条件,如“月份”选择查询月份,点选“已记账凭证”“凭证类别”,最后点击“汇总”,系统将自动计算并列出科目汇总表,如图 6-13 所示。

科目编码	科目名称	外币名称	计量单位	金额合计		外币合计		数量合计	
				借方	贷方	借方	贷方	借方	贷方
1001	库存现金			3,687.40	6,197.00				
1002	银行存款			928,985.24	1,101,176.67				
1012	其他货币资金			15,000.00	155,000.00				
1101	交易性金融资产			15,000.00	331,500.00				
1121	应收票据			1,246,465.71	135,800.00				
1122	应收账款			1,056,433.80	1,525,965.51				
1123	预付账款			48,188.90	73,518.30				
1131	应收股利			9,000.00					
1132	应收利息			12,000.00					
1221	其他应收款			21,187.57	25,845.33				
1231	坏账准备			5,366.00	3,962.20				
1401	材料采购			361,365.00	396,365.00				
1403	原材料			347,900.00	346,430.00				
1404	材料成本差异			3,587.50	3,104.99				
1405	库存商品			537,973.26	825,217.65				
1408	委托加工物资			43,257.08	43,257.08				
1411	低值易耗品			12,000.00	370.00				
1501	债权投资				1,906.00				
1511	长期股权投资			28,800.00	9,000.00				
1601	固定资产			327,433.63	35,600.00				
1602	累计折旧			27,056.00	53,591.29				
1603	固定资产减值准备				5,154.00				
1606	固定资产清理			8,594.04	8,594.04				
1702	累计摊销				3,800.00				

图 6-13 科目汇总表

(六) 银行对账

银行对账是银行进行货币资金管理的重要内容,也是出纳人员的基本工作之一。企业的结算业务大部分是通过银行完成的,由于企业与银行的账务处理和入账时间不一致,往往会发生账面不一致的情况，即形成“未达账项”。为了能够准确掌握银行存款的实际余额，了解可以动用货币资金的数额，判断银行记账记录是否正确，企业必须定期进行银行对账处理。

银行对账处理是指企业定期将银行存款日记账与银行对账单进行核对(勾对)，并编制银行余额调节表，以检查银行存款收付及结存情况是否一致。勾对的依据是“结算方＋结算号＋方向＋金额”。

银行对账处理的操作由出纳完成。首次进行银行对账时，需要执行银行对账期初功能模块，即初始化工作。日常使用时，每月月末结账前，需要先录入银行对账单，自动勾对并辅以人工勾对，最后输出银行存款余额调节表，如图 6-14 所示。

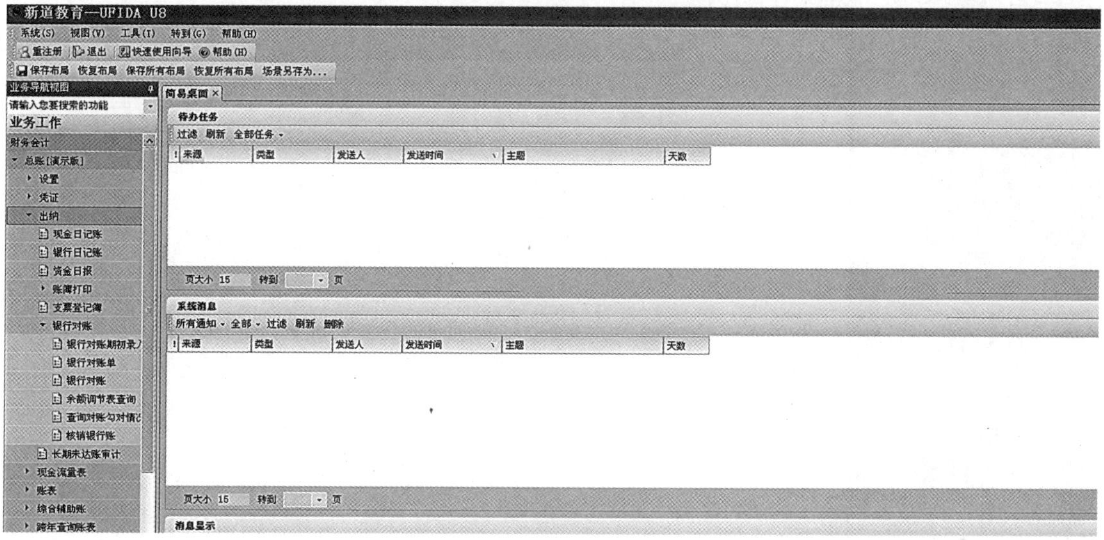

图 6-14 银行对账

(七) 科目账查询

1. 总账查询

总账查询不仅可以查询各总账科目的年初余额、各月发生额合计和月末余额，而且还可以查询明细账的年初余额、各月发生额合计和月末余额。

(1) 以“002 孙娜”登录企业应用平台，执行“财务会计”—“总账”—“账表”—“科目账”，选择“总账”，如图 6-15 所示。

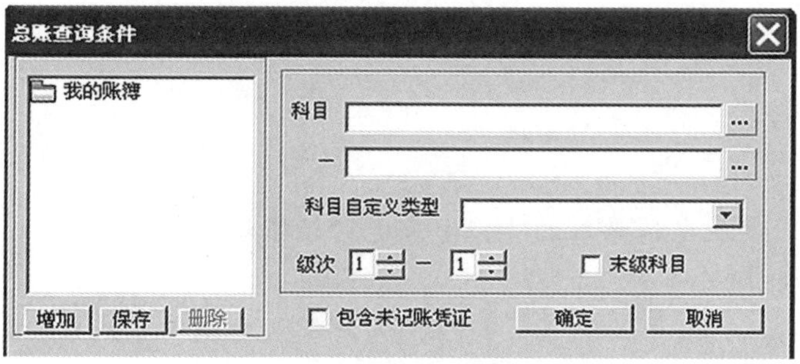

图 6-15 总账查询条件

（2）“科目”输入要查询的科目，如“6001 主营业务收入”，注意不要输入“600101”，因为是总账查询，所以应输入一级科目。在确定科目范围后，可以按该范围内的某级科目，如将科目级次输入为“1-1”，则只查一级科目；如将科目级别输入为“1-3”，则只查一至三级科目。如果需要查询所有末级科目，选择“末级科目”即可。

（3）单击“确定”，系统显示当期关于“6001 主营业务收入”本期的总账信息，如图 6-16 所示。

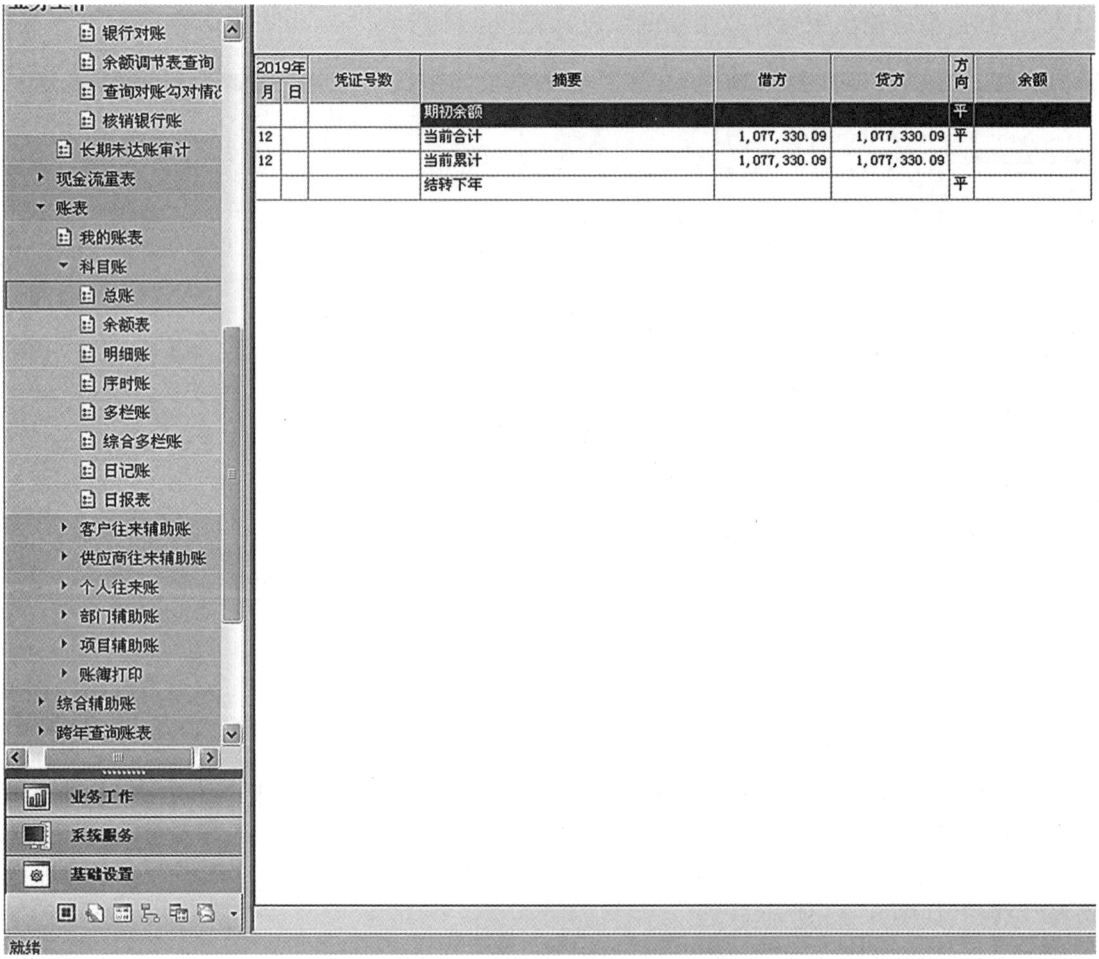

图 6-16 “主营业务收入”总账查询

注意事项

在查询账表时要把之前录入的凭证全部进行记账处理。

损益类科目期末方向一定为“平”。

科目范围可输入起止科目范围，为空时，系统默认为是所有科目。

2. 明细账查询

（1）“002 孙娜”登录企业应用平台，执行“财务会计”—“总账”—“账表”—“科目账”，选择“明细账”，如图 6-17 所示。

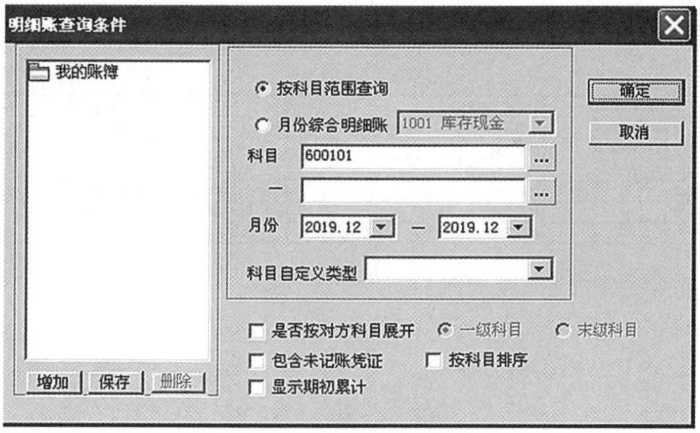

图 6-17 明细账查询条件

注意事项

科目范围：可输入起止科目范围，为空时，系统默认为是所有科目。

月份范围：选择起止月份，当只查询某个月时，应将起止月都选择为同一月份，如查 2019 年 12 月，则月份范围应选择为“2019.12—2019.12”。若要查询包含未记账凭证的明细账可选择“包含未记账凭证”。查询结果中的未记账业务将用颜色加以区别。若希望在查询未分级科目明细账时，能看到该科目的明细账分别按其下末级科目分别列示，则可选择“按科目排序”。若同时查看某月份末级科目的明细账及其上级科目的总账数据，则可选择“月份综合明细账”。具体操作步骤为在总账系统中，单击“账簿”—“明细账”，弹出“明细账查询条件”窗口。手工或参照输入需要查询的明细科目，单击“确认”即可查询。

（2）科目范围为空时，系统默认查询所有科目。“科目”中输入“600101”，单击确定，查询主营业务收入的第一个二级明细，如图 6-18 所示。

（3）单击“确定”按钮，系统显示当期关于“600101 主营业务收入”本期的明细账的详细信息。双击明细账的某一行，可以查看凭证。

注意事项

明细账是检查报表的重要方式，若资产负债表中的“应收账款”项目出现错误导致不平衡，最简单的发现错误的方法是查询明细账，因为“应收账款”项目是根据“应收账款借方余额＋预收账款借方余额－坏账准备”，涉及“应收账款”的二级明细，所以应该把每一个应收账款的二级明细查出来，核对“应收账款”的多个二级科目的借方和贷方，以选择放入“应收账款”项目还是“预收款项”项目。

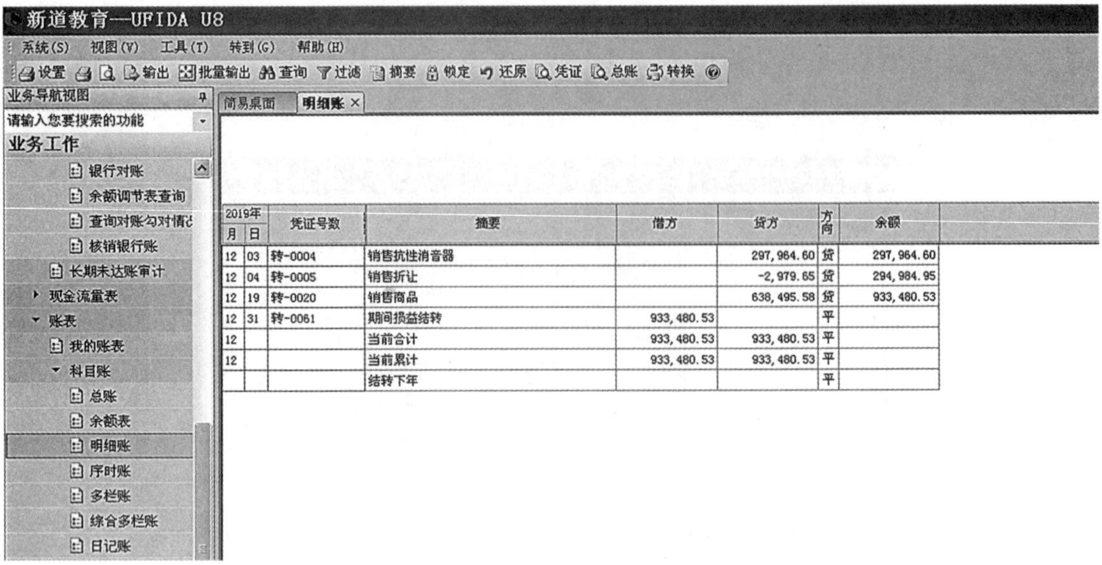

图 6-18 “主营业务收入”明细账查询

3. 余额表查询

（1）以“002 孙娜”登录企业应用平台，执行“财务会计”—“总账”—“账表”—“科目账”，选择“余额表”，如图 6-19 所示。

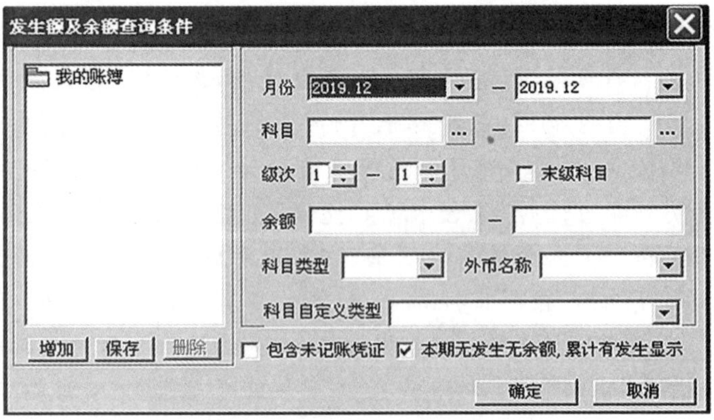

图 6-19 发生额及余额查询条件

（2）“科目”输入“6601”，即查询“销售费用”发生额，系统显示当期关于销售费用发生额有关信息，如图 6-20 所示。

（3）若继续查询“6602”管理费用的发生额，可点击发生额表格上方的“查询”，可以调出“发生额及余额查询条件”的窗口，如图 6-21 所示。

科目编码	科目名称	期初余额		本期发生		期末余额	
		借方	贷方	借方	贷方	借方	贷方
6601	销售费用			31,714.56	31,714.56		
6602	管理费用			39,767.26	39,767.26		
6603	财务费用			12,090.31	12,090.31		
6701	资产减值损失			5,154.00	5,154.00		
6702	信用减值损失			2,361.40	2,361.40		
6711	营业外支出			14,744.48	14,744.48		
6801	所得税费用			20,517.35	20,517.35		
损益小计				126,349.36	126,349.36		
合计				126,349.36	126,349.36		

图 6-20 “销售费用”发生额查询

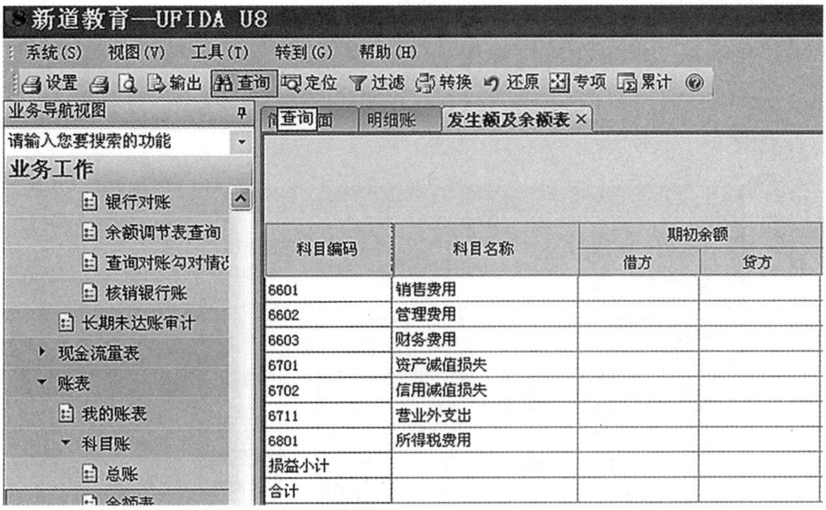

图 6-21 查询图标

4. 多栏式明细账簿查询

多栏式明细账簿是指在账户的借、贷双方分设若干专栏进行明细核算的账簿格式，其账页格式相对于一般三栏式账页而言比较特殊，一般需要会计人员根据需要先进行设置或定义多栏式账页格式后才能查询。

(1) 以“002 孙娜”登录企业应用平台，执行“财务会计”—“总账”—“账表”—“科目账”。

(2) 选择“多栏账”，点击“增加”，如图 6-22 所示。

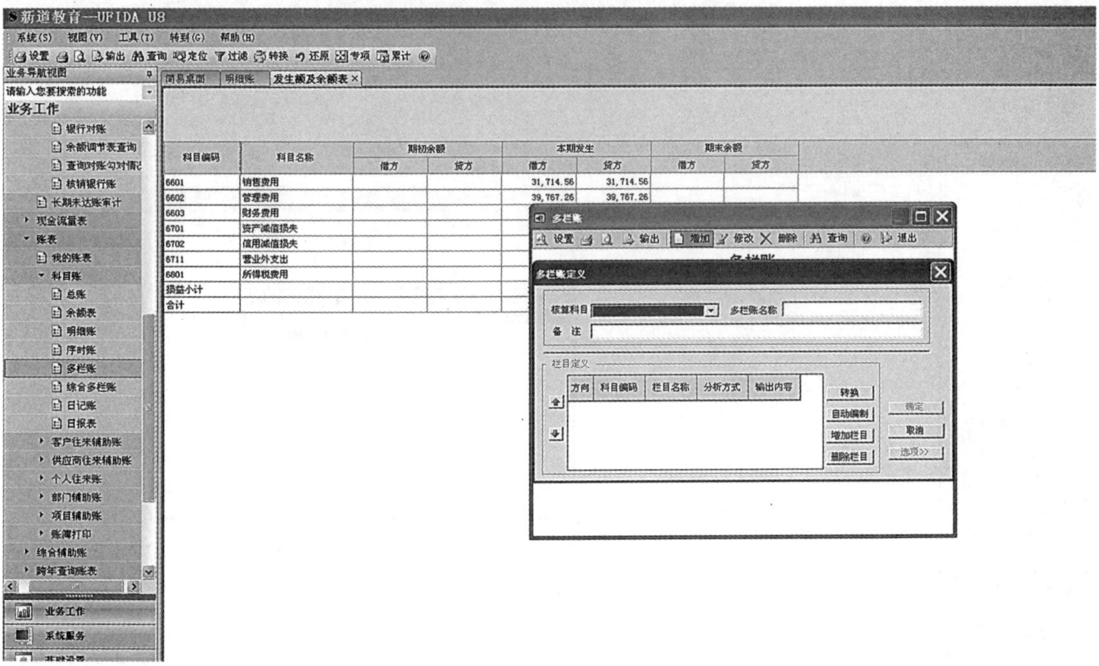

图 6-22 多栏式明细账定义

（3）以应交增值税为例，“核算科目”选择“应交增值税”，点击“自动编制”，以便自动指定“核算科目”所属的下一级明细科目都作为其栏目。

（4）执行“选项”—“分析栏目设置”，进入方向调整状态，选择“分析栏目前置”选项，最后选择“确定”，如图 6-23 所示。

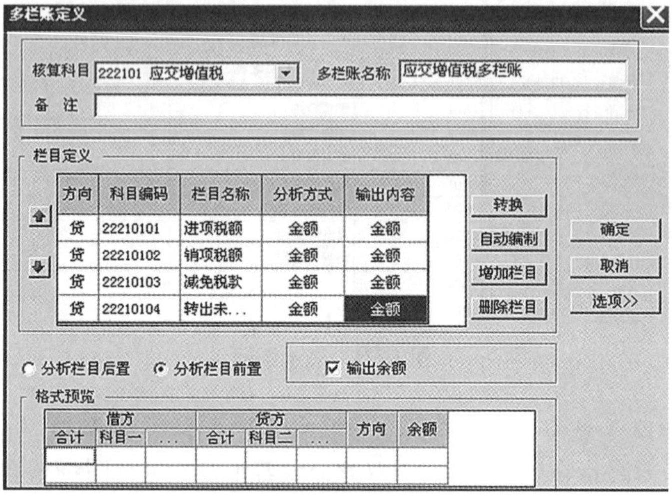

图 6-23　多栏式明细账设置

（5）完成多栏式账页设置后，如需进一步查询，可以再次进入“账表”—“科目账”，选择“多栏账”，如图 6-24 所示。

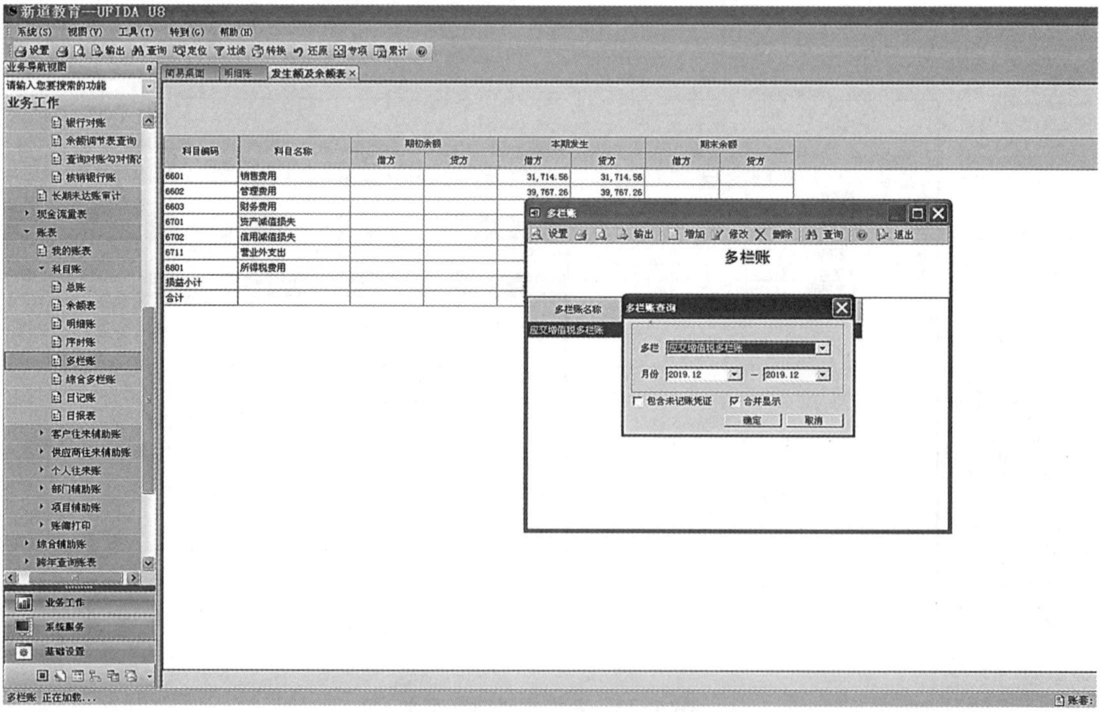

图 6-24　多栏式明细账查询

（八）辅助账簿查询

辅助账簿是指在正常账户之外，根据部门、客户、供应商、个人和项目等而设立的用于进行相应辅助核算的“账簿”。如果某科目设置时选择了相应“辅助核算”复选框，系统则在进行科目核算的同时自动按部门、客户、供应商、个人和项目等“辅助核算”账户进行核算，即提供横向、纵向的查询统计功能，为企业管理者提供各种辅助管理方面的会计信息，真正体现管理为决策服务的功能。

注意事项

部门辅助账、客户往来辅助账、供应商辅助账、个人辅助账和项目辅助账，都属于辅助账，在查询前要提前设置“辅助核算”，否则不能查询该辅助账簿。

项目七　期 末 结 账

一、实验目的

(1) 能够熟练运用软件完成期末自定义转账凭证处理。

(2) 能够完成期间损益的期末自动结转。

(3) 能完成期末对账和试算平衡。

(4) 能够完成结账操作。

二、实验内容

(1) 利用会计公式进行期末自定义转账凭证会计处理。通过转账定义功能对自定义转账科目和计算公式进行设置,再通过转账生成功能生成记账凭证。

(2) 期间损益结转。通过对软件系统的设置将月末损益类科目的余额由软件系统自动结转到“本年利润”科目,并生成记账凭证。

(3) 期末对账及试算平衡。月末将总账与总账、总账与明细账进行核对,检验账簿记录的准确性。

(4) 期末结账和取消结账。期末完成结账操作后,所有业务和单据将不允许再进行操作。如果发现凭证或单据存在错误则需要先取消结账,再进行修改。

三、实验准备

(1) 引入项目六账套数据。

(2) 电脑系统时间调整为“2019-12-31”。

四、实验资料

烟台兴茂机械制造有限公司 2019 年 12 月期末资料如下。

(一) 自定义转账

12 月 31 日,完成增值税、城市维护建设税及教育费附加、法定盈余公积、本年利润和利润分配期末结转。

(二) 期间损益结转

12 月 31 日,完成期间损益期末结转。

(三) 期末对账

12 月 31 日,完成期末对账工作,检查是否账账相符。

(四) 期末结账

12 月 31 日,检查本月业务是否处理完毕,完成总账管理子系统期末结账处理。

五、实验操作指导

(一) 自定义转账设置

(1) 以“002 孙娜”身份登录企业应用平台，执行“财务会计”—“总账”—“期末”—“转账定义”—“自定义转账”，进入“自定义结转设置”对话框，如图 7-1 所示。

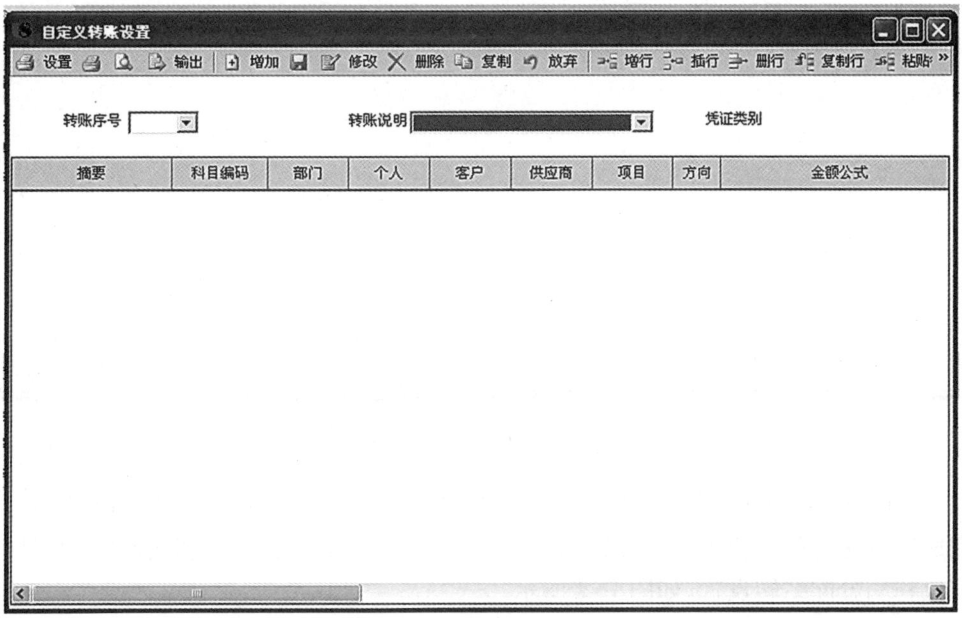

图 7-1 自定义转账设置

(2) 单击上方菜单栏“增加”，在弹窗中输入转账序号、转账说明以及凭证类别，如图 7-2 所示。

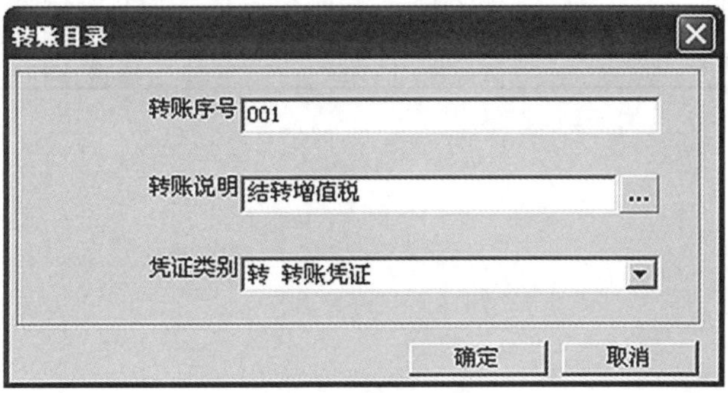

图 7-2 转账目录

(3) 单击“确定”，选择上方菜单栏“增行”后输入公式，如图 7-3 所示。

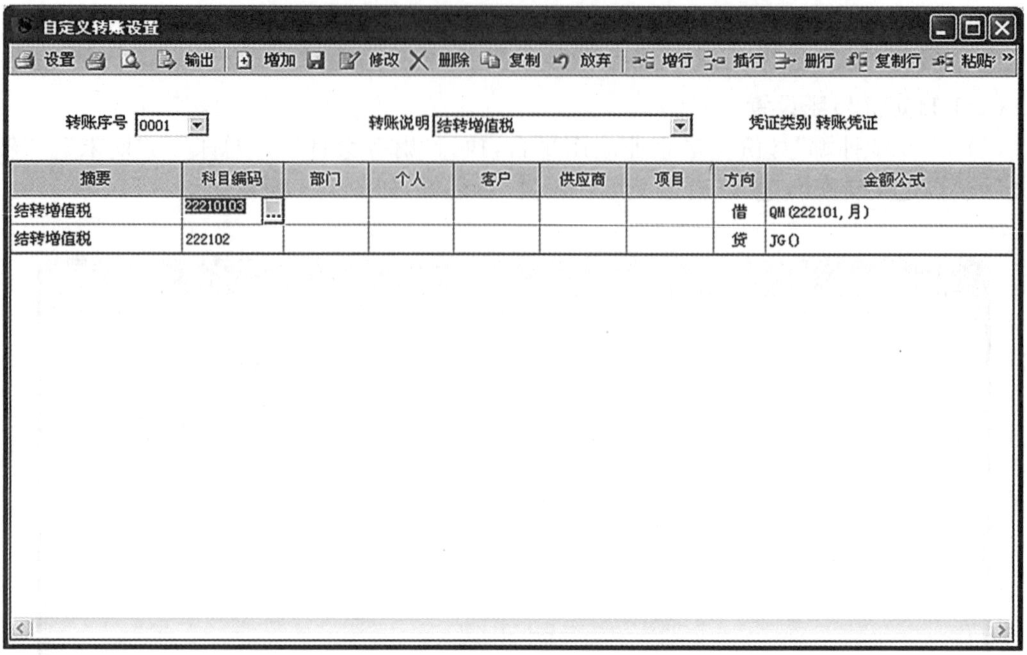

图 7-3　增值税自定义转账设置

(4) 重复以上操作步骤,完成计提城市维护建设税及教育费附加结转设置,如图 7-4 所示。完成提取法定盈余公积结转设置,如图 7-5 所示。完成结转本年利润设置,如图 7-6 所示。完成利润分配结转设置,如图 7-7 所示。

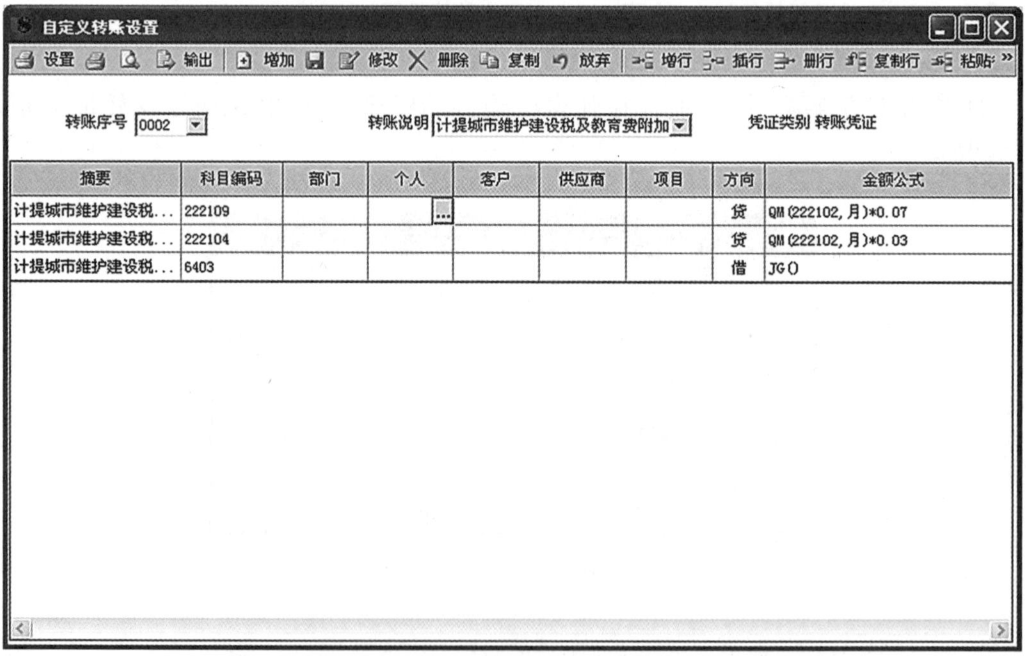

图 7-4　城市维护建设税及教育费附加自定义转账设置

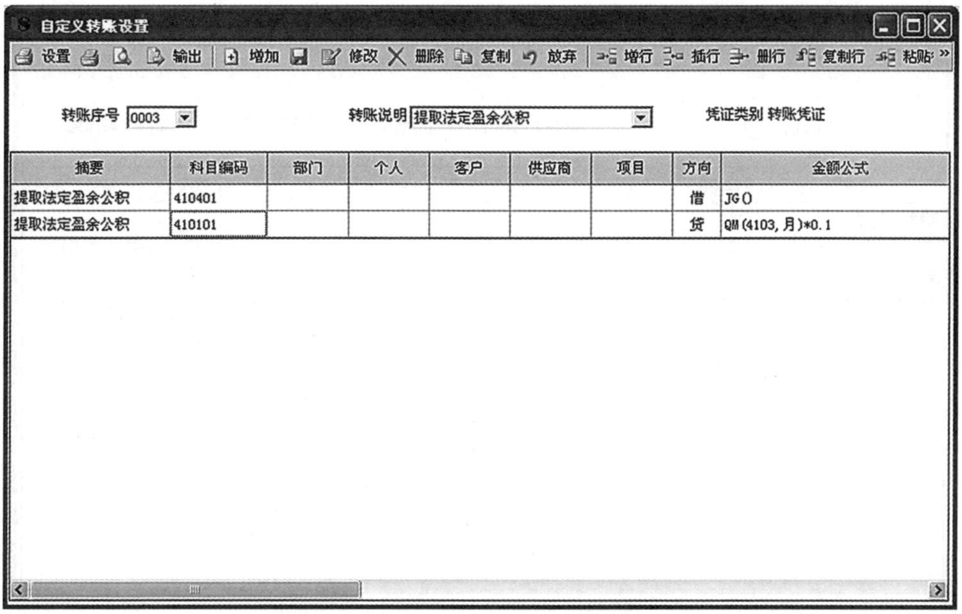

图 7-5　提取法定盈余公积结转设置

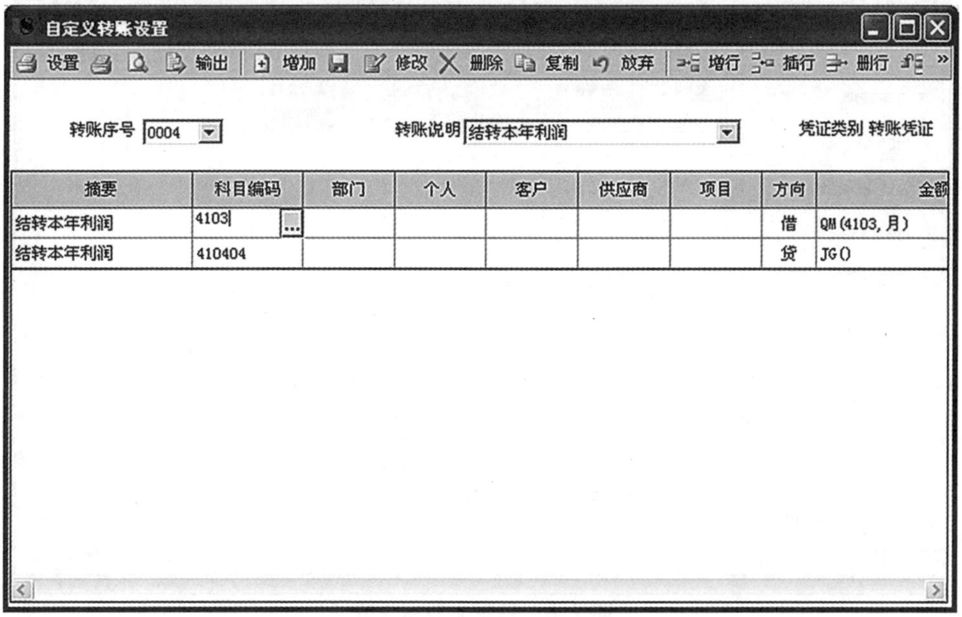

图 7-6　本年利润结转设置

(二) 自定义转账生成

(1) 执行“财务会计”—“总账”—“期末”—“转账生成”命令，进入“转账生成”对话框。

(2) 单击左侧“自定义转账”。

(3) 单击“全选”，系统自动在“是否结转”栏目输入“Y”标志，如图 7-8 所示。

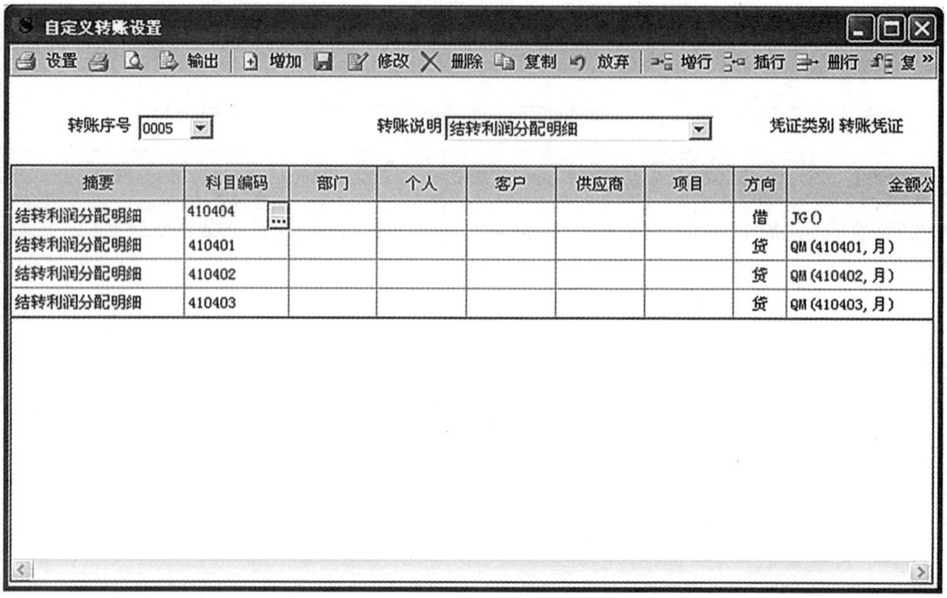

图 7-7　利润分配结转设置

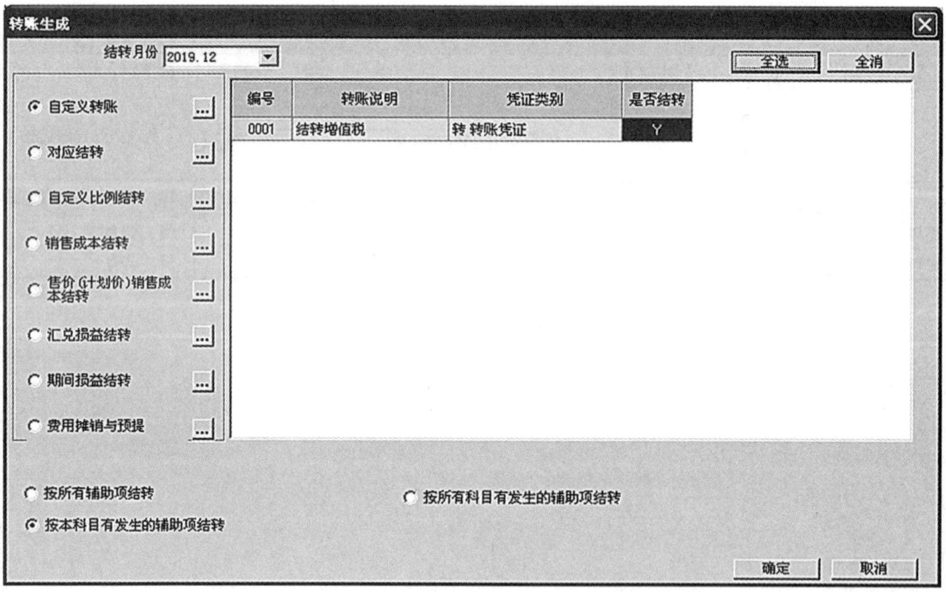

图 7-8　自定义转账生成

(4) 单击“确定”,系统自动生成增值税结转的转账凭证。单击“保存”,凭证左上角自动生成“已生成”标志,如图 7-9 所示。

(5) 同理,可以完成其余自定义转账凭证的生成。

(6) 以“001 张丽”的身份登录企业应用平台,对凭证进行审核。以“002 孙娜”的身份登录企业应用平台,对凭证进行记账。

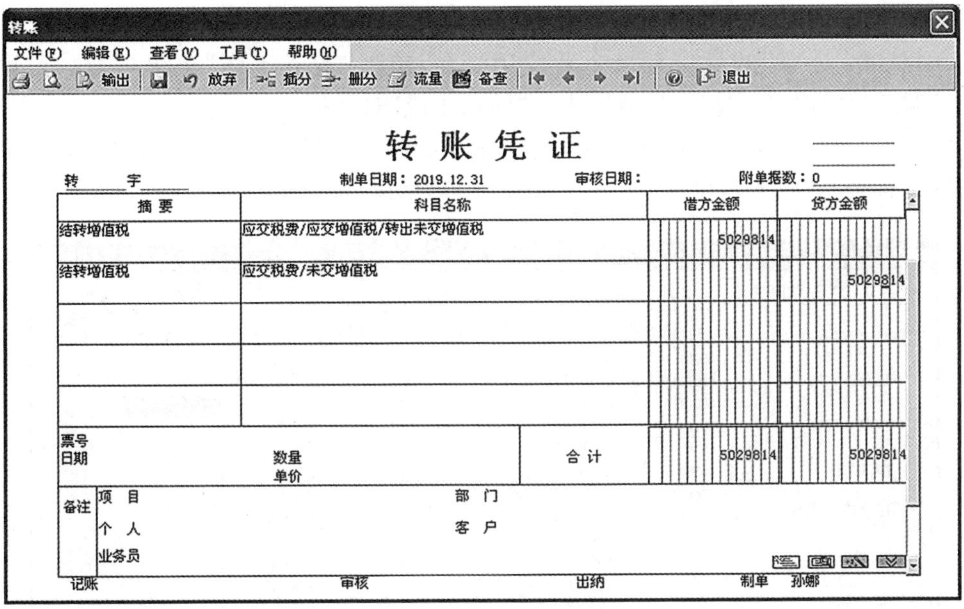

图 7-9 自定义转账生成凭证

(三) 期间损益转账定义

(1) 执行“财务会计”—“总账”—“期末”—“转账定义”—“期间损益”，进入“期间损益结转设置”对话框。

(2) 选择凭证类别“转账凭证”，输入“本年利润”科目“4103”，单击“确定”，如图7-10所示。

图 7-10 期间损益结转设置

（四）期间损益转账生成

(1) 以“002 孙娜”的身份登录企业应用平台，单击“业务工作”菜单项，执行“财务会计”—“总账”—“期末”—“转账生成”，进入“转账生成”对话框。

(2) 单击左侧“期间损益结转”选项，此时右侧会显示所有损益类科目和对应的结转科目。

(3) 选择类型“收入”，单击“全选”，如图 7-11 所示。

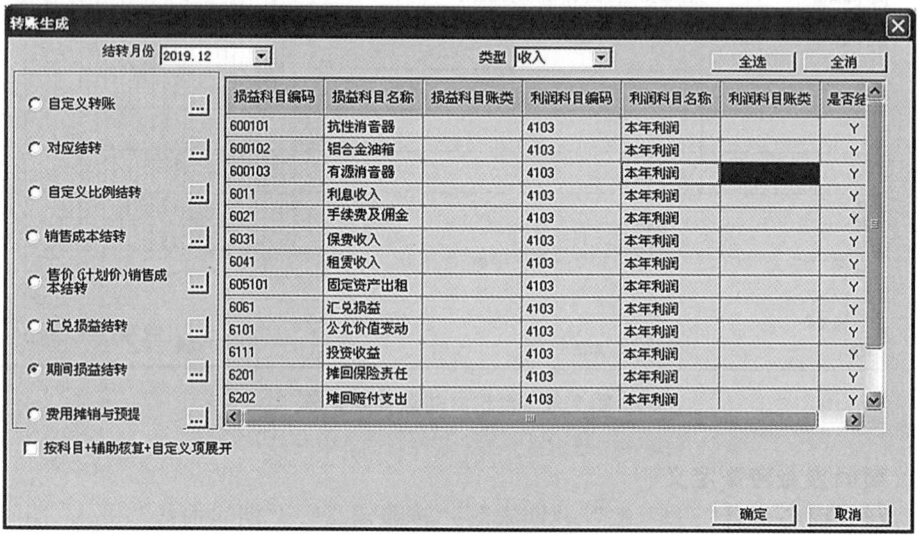

图 7-11　期间损益转账生成

(4) 单击“确定”，将收入结转到本年利润，系统生成一张转账凭证。单击“保存”，凭证左上角出现“已生成”标记，如图 7-12 所示。

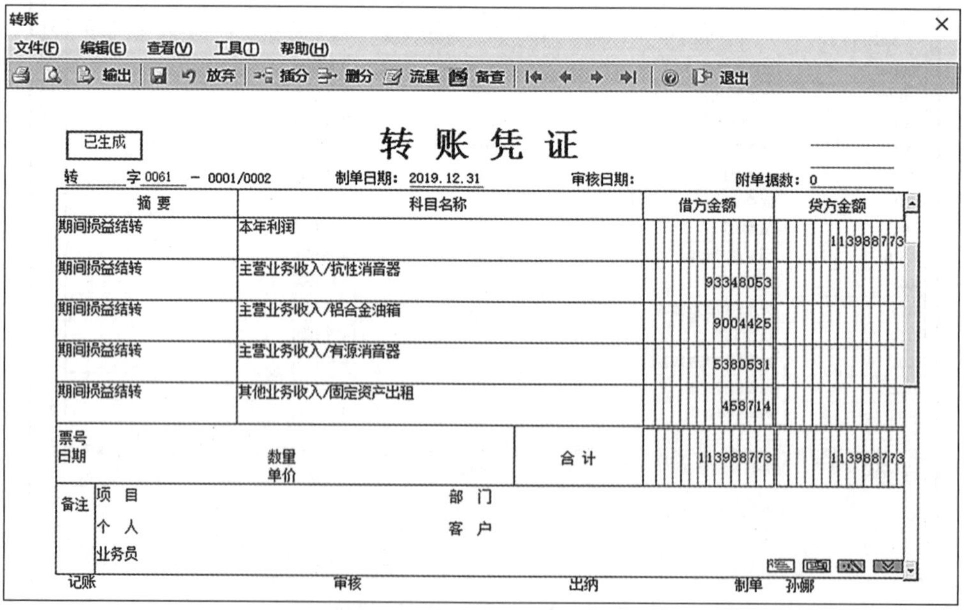

图 7-12　收入转账凭证

（5）单击“退出”，返回“转账生成”窗口。

（6）同理，选择类型“支出”，单击“全选”，再单击“确定”，弹出“2019.12 月或之前有未记账凭证，是否继续结转”提示框，单击“是”，系统生成一张转账凭证，将支出结转到本年利润，如图 7-13 所示。

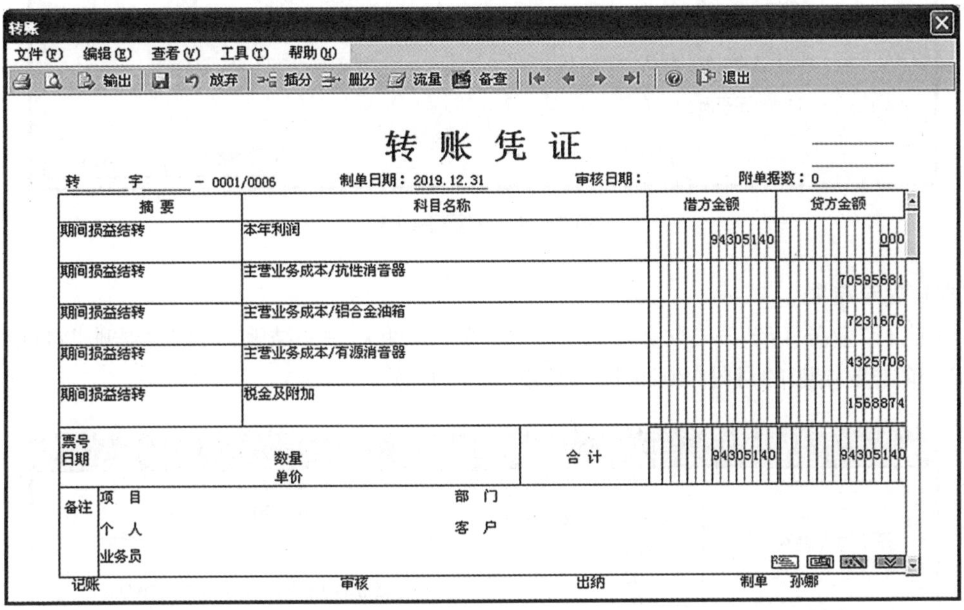

图 7-13　费用结转凭证

▶▶▶ 注意事项

必须先进行转账定义，才能进行转账生成操作。

期间损益结转之前需要将相关经济业务的记账凭证完成记账操作。

“转账生成”形成的记账凭证仍需要审核和记账。

（7）以“001 张丽”的身份登录企业应用平台，对凭证进行审核。以“002 孙娜”的身份登录企业应用平台，对凭证进行记账。

（五）期末对账及试算平衡

（1）以“001 张丽”的身份登录企业应用平台，执行“业务工作”—“财务会计”—“总账”—“期末”—“对账”，打开“对账”对话框。

（2）单击要对账的月份“2019.12”。

（3）单击“选择”，再单击“对账”，系统开始自动对账，并显示对账结果。

（4）单击“试算”，弹出试算平衡的结果，如图 7-14 所示。

（5）单击“确定”后“退出”。

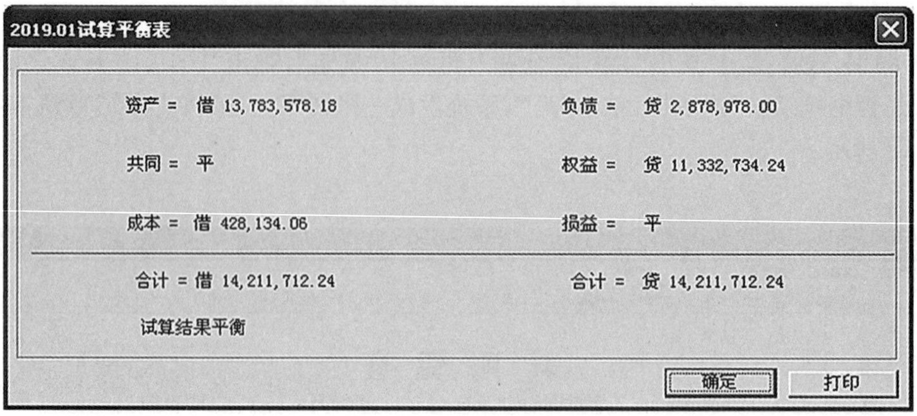

图 7-14　试算平衡表

(六) 期末结账

(1) 执行“业务工作”—“财务会计”—“总账”—“期末”—“结账”,打开“结账”对话框。

(2) 单击要结账的月份“2019.12”,如图 7-15 所示。

图 7-15　结账

(3) 依次单击“下一步”“对账”按钮,系统完成需要结账的月份进行总账、明细账、辅助账之间的账账核对。

(4) 单击“下一步”,系统显示“2019 年 12 月工作报告”,不符合结账要求的信息会在该工作报告中显示,如图 7-16 所示。

(5) 查看工作报告后,单击“下一步”。

注意事项

本月有未记账凭证时,不能结账。

本月损益类科目有余额时,不能结账。

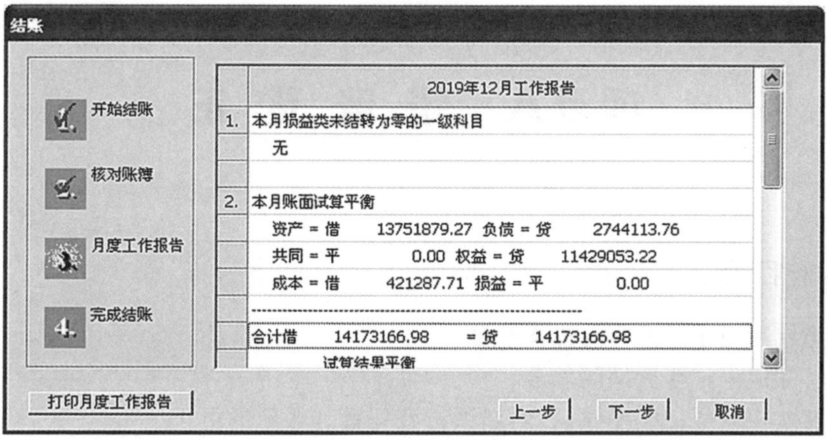

图 7-16 结账工作报告

(6) 单击“结账”,若符合结账要求,系统将进行结账,否则不允许结账。

(七) 取消结账

(1) 执行“总账”—“期末”—“结账”,进入“结账”对话框。

(2) 单击要取消结账的月份“2019.12”,如图 7-17 所示。

图 7-17 取消结账

(3) 按下激活“取消结账功能”的组合健“Ctrl+Shift+F6”。

(4) 弹出“确认口令”的对话框,输入口令“1”,如图 7-18 所示。

(5) 单击“确定”按钮,“是否结账”栏的标志“Y”取消。

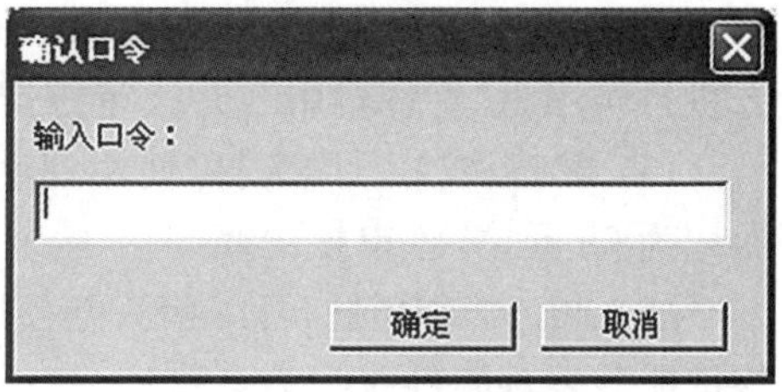

图 7-18 取消结账口令

项目八　错 账 更 正

一、实验目的

（1）熟悉错账更正的内容与操作步骤。

（2）能够完成未记账凭证的修改。

（3）能够实现完成记账操作后，对错误记账凭证和账簿的更正。

（4）能够实现完成结账操作后，对错误记账凭证和账簿的更正。

二、实验内容

（1）取消记账。将已完成记账操作的凭证，恢复到记账前状态，或者恢复到月初的状态。

（2）取消结账。将已经完成月末结账操作的账套，恢复到未结账前状态，以便于对账套进行修改。

（3）修改记账凭证。将存在错误的记账凭证进行修改或删除操作。

（4）删除记账凭证。将未记账的凭证先进行“作废”操作，再完成删除操作。

三、实验准备

（1）正确引入项目五账套数据。

（2）电脑系统时间调整为“2019-12-31”。

四、实验资料

（1）2019 年 12 月 3 日，烟台兴茂机械制造有限公司使用银行存款 1 000 元购买办公用品。操作人员在录入凭证时将银行存款的金额误输为 10 000 元，因此系统显示凭证借贷方不平。

（2）2019 年 12 月 5 日，使用现金 200 元购买办公用品。该笔经济业务的凭证在保存后即发现将日期输成了 2019 年 12 月 7 日，且无法修改。

（3）2019 年 12 月 25 日，使用银行存款 2 000 元预付下月厂房租金。在输入凭证时，借方科目误用为“管理费用”，并已审核记账。

（4）2019 年 12 月 27 日，使用现金 96 元购买办公用品。在输入凭证时，将借贷方金额误记为 69 元，并已审核记账。

（5）2019 年 12 月 5 日，购买办公用品时随附 3 张原始单据。该笔经济业务的凭证在审核记账后发现附件张数为 2 张。

五、实验操作指导

会计电算化环境下，操作人员在记账时的误操作导致其他要素出现差错，在发现错误后应及时采用合适的方法予以更正。会计信息化环境下的错账更正方法有以下五种。

(一) 编辑更正法

编辑更正法是主要用于对正在录入时发现的凭证错误进行更正的方法。它可以代替手工账务处理环境下的划线更正法。

烟台兴茂机械制造有限公司 2019 年 12 月 3 日以银行存款 1 000 元购买办公用品。操作人员在录入凭证时将银行存款的金额误输为 10 000 元，因此系统显示凭证借贷方不平。此时可采用编辑更正法进行更正，只需将银行存款的金额直接改成 1 000 元即可。

1. 填制凭证

(1) 以"002 孙娜"登录企业应用平台，在"业务工作"—"财务会计"菜单下，执行"总账"—"凭证"—"填制凭证"，进入"填制凭证"窗口。

(2) 单击"增加"，出现一张空白凭证。

(3) 选择凭证类型"银行付款凭证"，输入制单日期"2019.12.03"，输入附单据数"2"。

(4) 输入摘要"购买办公用品"、科目名称"660203 管理费用——办公费"、借方金额"1 000"，按回车键，系统自动将摘要带入下一行，输入科目名称"100201 银行存款——中国农业银行"、贷方金额"10 000"。

(5) 单击"保存"，系统弹出"此凭证借贷不平衡"提示框，如图 8-1 所示。

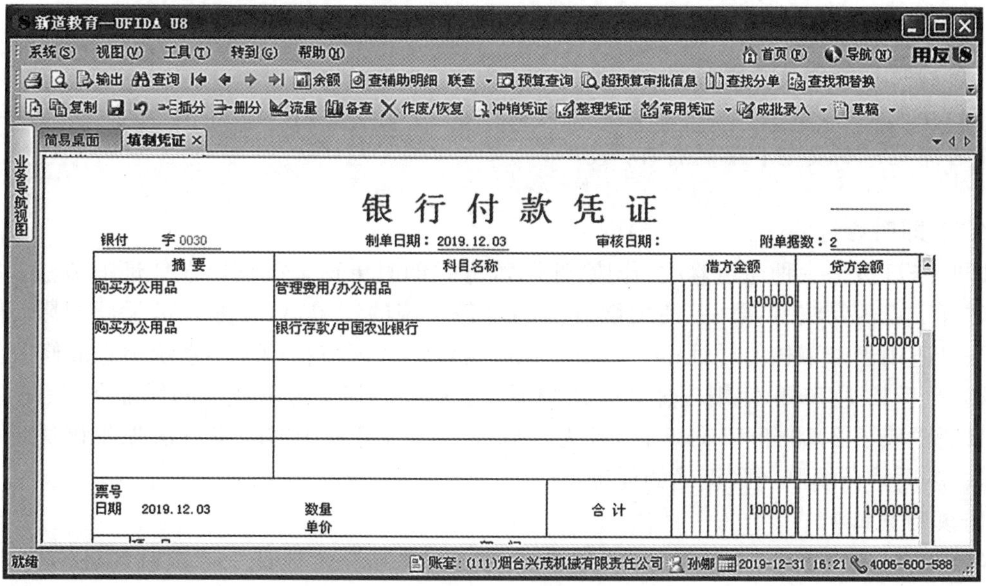

图 8-1 填制凭证——借贷方不平

2. 修改凭证

(1) 将贷方金额修改为“1 000”。

(2) 单击“保存”,系统弹出“凭证已成功保存!”提示框,如图 8-2 所示。

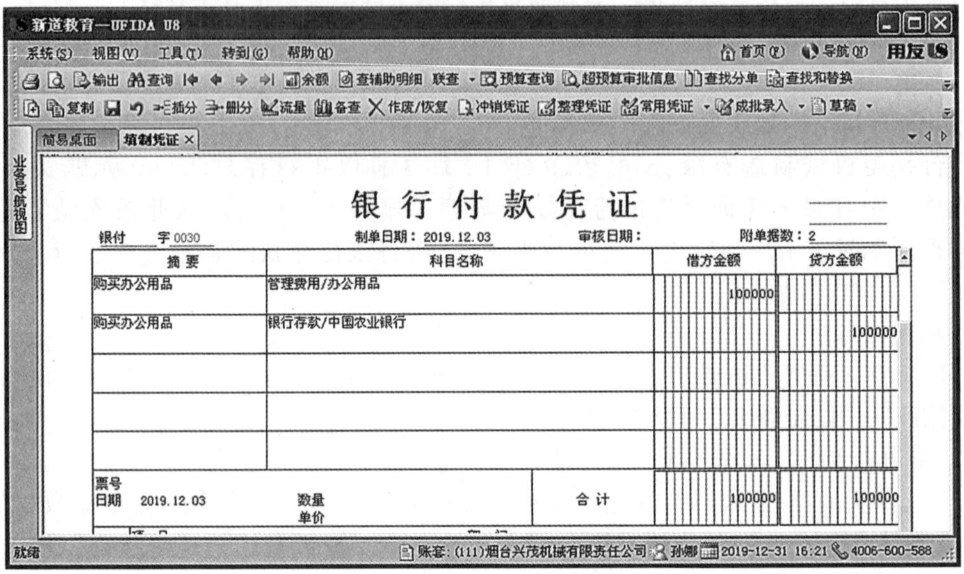

图 8-2　填制凭证——成功保存

▶▶▶ 注意事项

采用序时控制时,制单日期必须大于等于启用日期,小于等于电脑系统日期。

不同行的摘要可以相同,也可以不同,但不能为空。

会计科目必须是末级科目。

保存凭证时,系统自动检查发生额是否符合“有借必有贷,借贷必相等”,一级凭证类别是否满足限制类型和限制科目。

(二) 即时修订法

即时修订法是一种通过修改、作废、删除等方式即时更正未审核错误凭证的方法。其在使用时有三点需要注意:第一,使用该方法的是各系统的制单员,其他人员无此权限;第二,此方法只适用于未审核的凭证;第三,由子系统生成的凭证应在相关子系统中完成修改。

2019 年 12 月 5 日,使用现金 200 元购买办公用品。该笔经济业务的凭证在保存后即发现将日期输成了 2019 年 12 月 7 日,且无法修改。此时可采用即时修订法先将该凭证作废及删除,然后重新填制一张正确的凭证。

1. 填制凭证

(1) 在“业务工作”—“财务会计”菜单下,执行“总账”—“凭证”—“填制凭证”,进入“填制凭证”窗口。

(2) 单击“增加”,出现一张空白凭证。

(3) 选择凭证类型“现金付款凭证”,输入制单日期“2019.12.07”,输入附单据数“2”。

(4) 输入摘要“购买办公用品”、科目名称“660203 管理费用——办公费”、借方金额“200”，按回车键，系统自动将摘要带入下一行，输入科目名称“1001 库存现金”、贷方金额“200”。

(5) 单击“保存”，系统弹出“凭证已成功保存！”提示框，如图 8-3 所示。

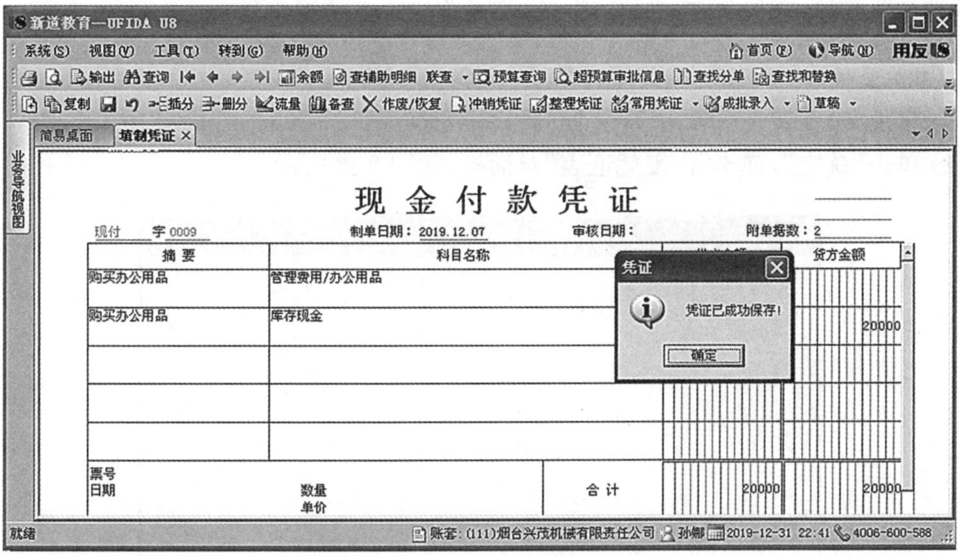

图 8-3　填制凭证——日期错误

2. 作废凭证

单击“作废/恢复”，凭证左上角出现“作废”印章，如图 8-4 所示。

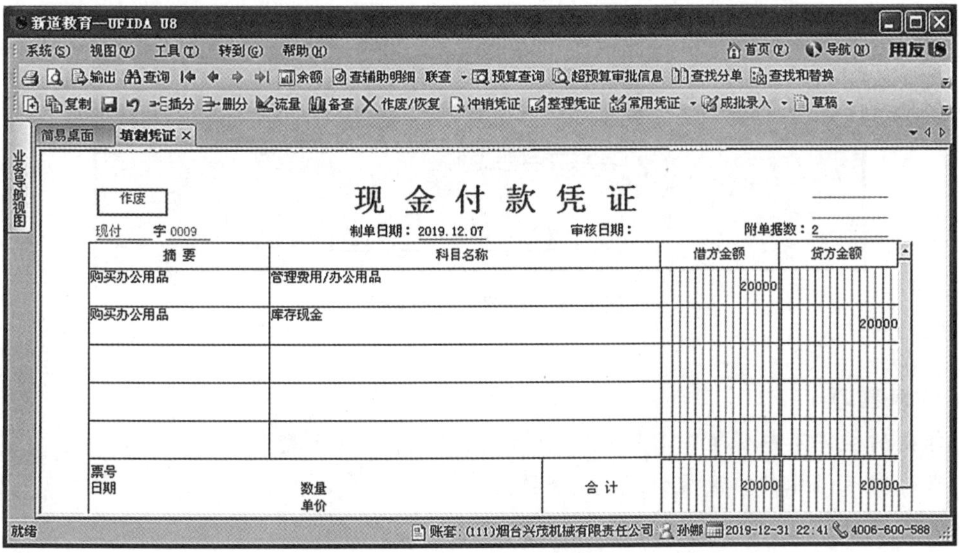

图 8-4　作废凭证

▶▶▶ 注意事项

对于已经审核或签字的凭证要想作废，应当先取消审核或签字，再进行作废处理。

作废凭证仍保留凭证内容及凭证编号，显示“作废”字样。

作废凭证不能修改、审核，但参与记账。

作废的凭证，通过单击“作废/恢复”，恢复为一张正常的凭证。

3. 删除凭证

（1）单击“整理凭证”，弹出“凭证期间选择”对话框，凭证期间选择“2019.12”。

（2）单击“确定”，弹出“作废凭证表”对话框，如图 8-5 所示。

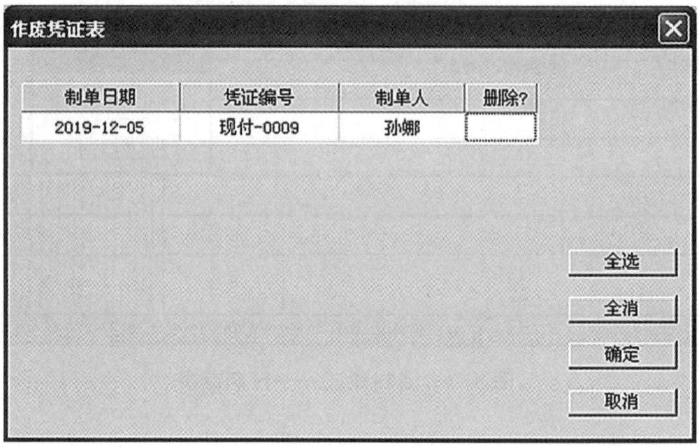

图 8-5　作废凭证表

（3）单击“确定”，弹出“是否还需要整理凭证断号”提示框，如图 8-6 所示。

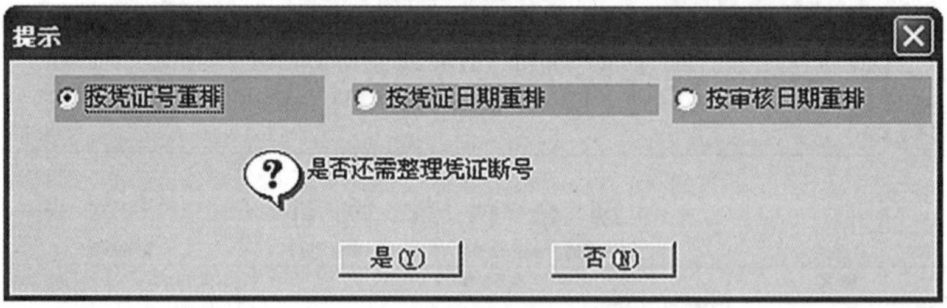

图 8-6　整理凭证断号提示

▶▶▶ 注意事项

作废的凭证不想保留时，可单击“整理凭证”，将其彻底删除。

只能对未记账的作废凭证进行“整理凭证”。

整理凭证时，可以对未记账的凭证重新编号。

（4）选中“按凭证号重排”，单击“是”。

4. 填制正确凭证

在“业务工作”—“财务会计”菜单下，执行“总账”—“凭证”—“填制凭证”，进入“填制凭证”窗口，重新填制一张正确的凭证并保存，如图 8-7 所示。

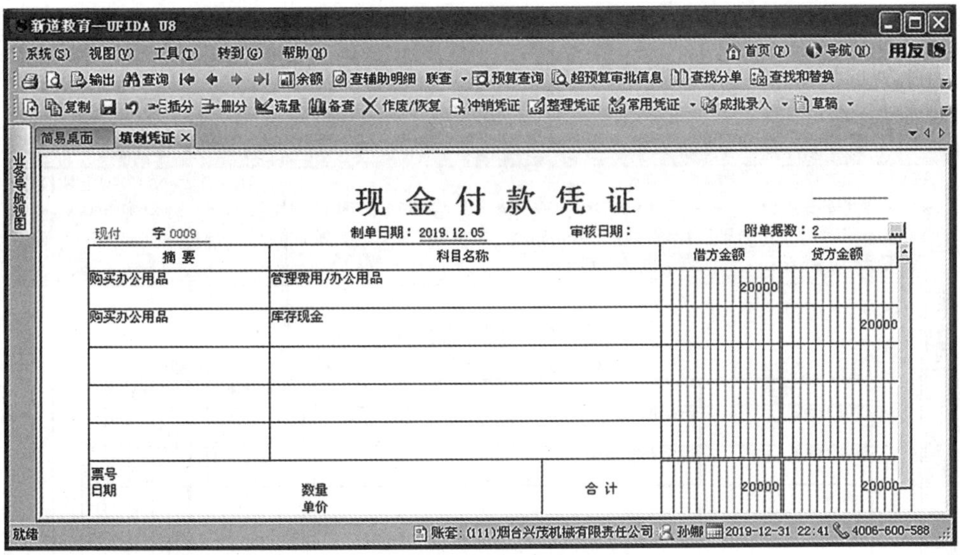

图 8-7 填制正确凭证

(三) 负数更正法

发现本会计期间的凭证在记账后出现会计科目错误，或会计科目正确但所记金额大于应记金额的情况时，可以采用负数更正法更正。

2019 年 12 月 25 日，使用银行存款 2 000 元预付下月厂房租金，在输入凭证时，借方科目误用为“管理费用”，并已审核记账。此时可采用负数更正法进行更正。

首先，在系统中录入一张所填内容与错误凭证相同、只有金额为负的凭证，其分录如下：

借：管理费用　　　　−2 000

　　贷：银行存款　　　　−2 000

然后，重新录入一张正确的凭证，其分录如下：

借：预付账款　　　　2 000

　　贷:银行存款　　　　2 000

最后，对这两张凭证审核记账。

1. 填制凭证

(1) 以“002 孙娜”登录企业应用平台，在“业务工作”—“财务会计”菜单下，执行“总账”—“凭证”—“填制凭证”，进入“填制凭证”窗口。

（2）单击“增加”，出现一张空白凭证。

（3）选择凭证类型“银行付款凭证”，输入制单日期“2019.12.25”。

（4）输入摘要“预付厂房房租”、科目名称“660203 管理费用——办公费”、借方金额“2 000”，按回车键，系统自动将摘要带入下一行，输入科目名称“100201 银行存款——中国农业银行”、贷方金额“2 000”。

（5）单击“保存”，系统弹出“凭证已成功保存！”提示框，如图 8-8 所示。

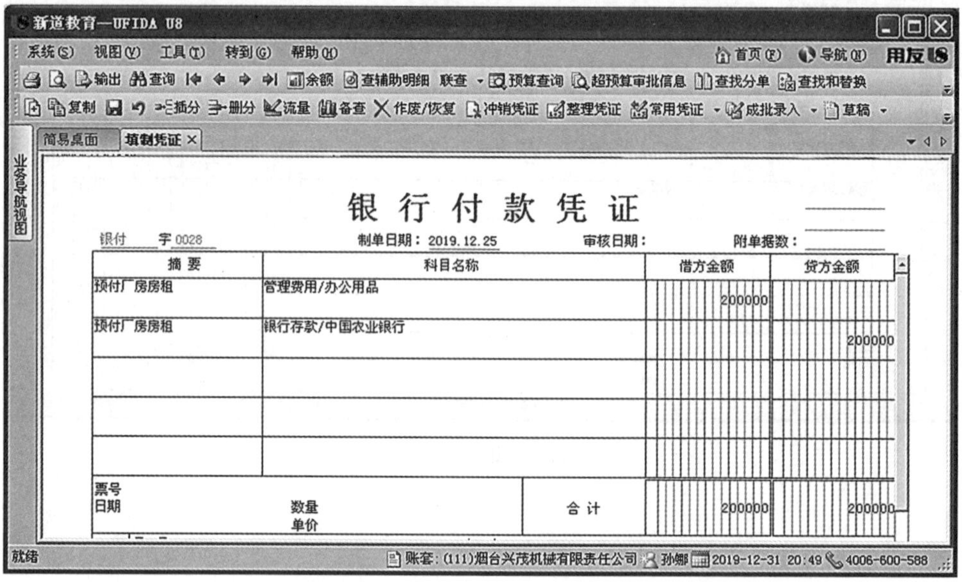

图 8-8　填制凭证——会计科目错误

2. 凭证记账

（1）以“003 王强”登录企业应用平台，进行出纳签字。

（2）以“001 张丽”登录企业应用平台，进行凭证审核。

（3）以“002 孙娜”登录企业应用平台，进行凭证记账。

3. 填制红字冲销凭证

（1）以“002 孙娜”登录企业应用平台，在“填制凭证”窗口，单击“冲销凭证”，打开“冲销凭证”对话框。

（2）输入要冲销的凭证条件，选择月份“2019.12”、凭证类别“银付 银行付款凭证”、凭证号“28”。

（3）单击“确定”，系统自动生成一张红字冲销凭证，如图 8-9 所示。修改制单日期后，单击“保存”即可。

其中：2 000.00 表示“－2 000.00”。

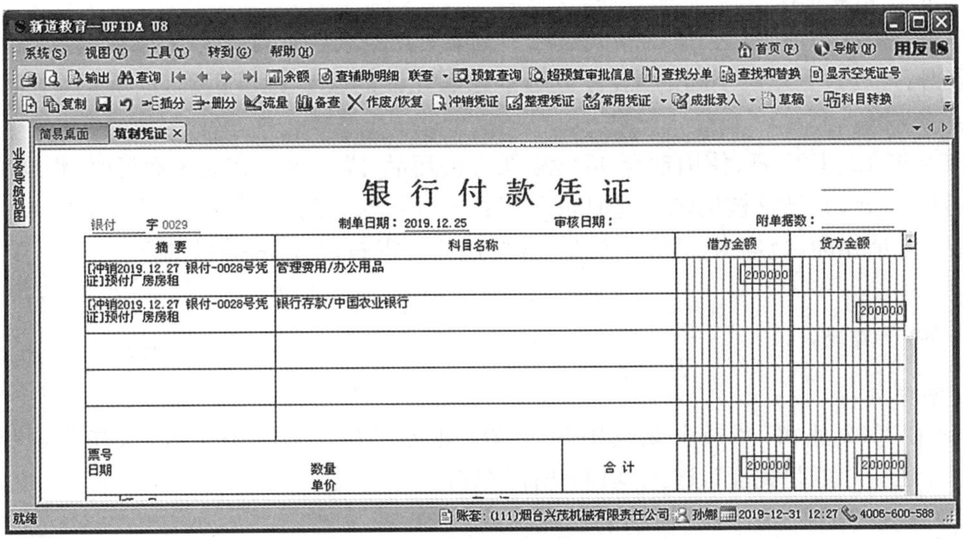

图 8-9 红字冲销凭证

> **注意事项**
>
> 红字冲销凭证是针对已记账凭证而言的，视同正常凭证进行保存和管理。
>
> 红字冲销凭证将错误凭证冲销后，需要再编制正确的蓝字凭证。

4. 填制蓝字正确记账凭证

以“002 孙娜”登录企业应用平台，重新填制一张正确的记账凭证，借方科目为“预付账款——青岛广源钢材有限公司”，贷方科目为“银行存款”，金额为 2 000，如图 8-10 所示。

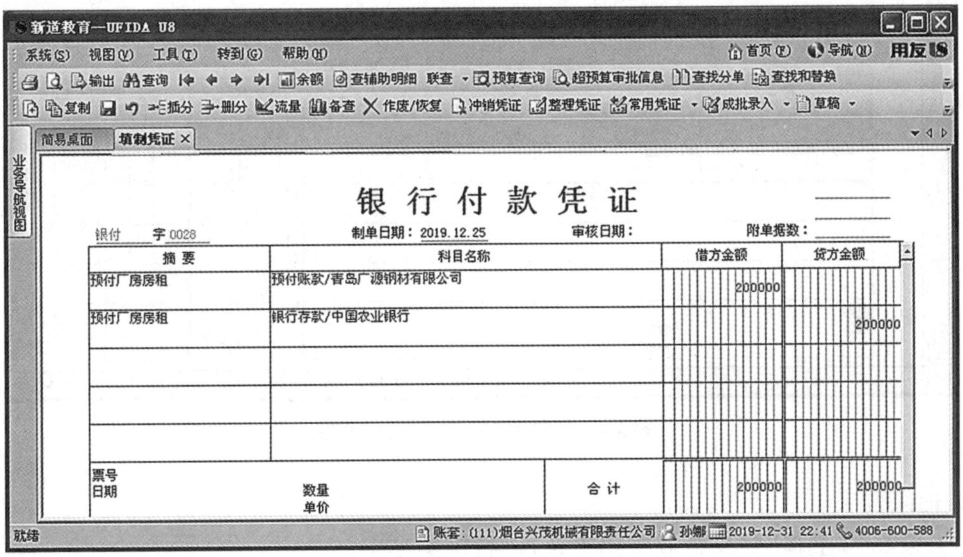

图 8-10 填制正确凭证

（四）补充登记法

补充登记法与负数更正法的相同点在于只能更正当前会计期间在记账后所发现的凭证错误数据；与负数更正法不同的是，它适用于记账凭证的会计科目正确，但所记金额小于应记金额的情况。

2019 年 12 月 27 日，使用现金 96 元购买办公用品，操作人员在输入凭证时，将借贷方金额误记为 69 元，并已审核记账。此时可采用补充登记法进行更正，即在系统中录入一张科目与错误凭证相同，金额为 27 元的凭证，并对该凭证审核记账，其分录如下：

借：管理费用　　27

　　贷：库存现金　　27

1. 填制凭证

（1）以“002 孙娜”登录企业应用平台，在“业务工作”—“财务会计”菜单下，执行“总账”—“凭证”—“填制凭证”，进入“填制凭证”窗口。

（2）单击“增加”，出现一张空白凭证。

（3）选择凭证类型“现金付款凭证”，输入制单日期“2019.12.27”。

（4）输入摘要“购买办公用品”、科目名称“660203 管理费用——办公费”、借方金额“69”，按回车键，系统自动将摘要带入下一行，输入科目名称“1001 库存现金”、贷方金额“69”。

（5）单击“保存”，系统弹出“凭证已成功保存！”提示框，如图 8-11 所示。

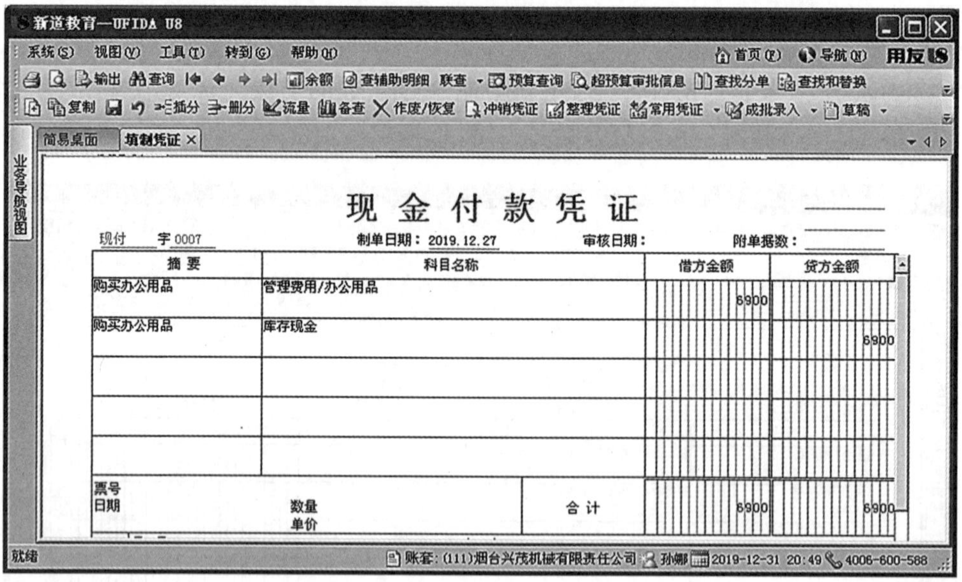

图 8-11　填制凭证——金额少计

2. 记账

（1）以“003 王强”登录企业应用平台，进行出纳签字。

（2）以“001 张丽”登录企业应用平台，进行凭证审核。

(3) 以“002 孙娜”登录企业应用平台，进行凭证记账。

3. 填制蓝字记账凭证进行补充登记并记账

(1) 填制一张摘要、会计科目与原记账凭证相同，金额为 27 元的记账凭证，如图 8-12所示。

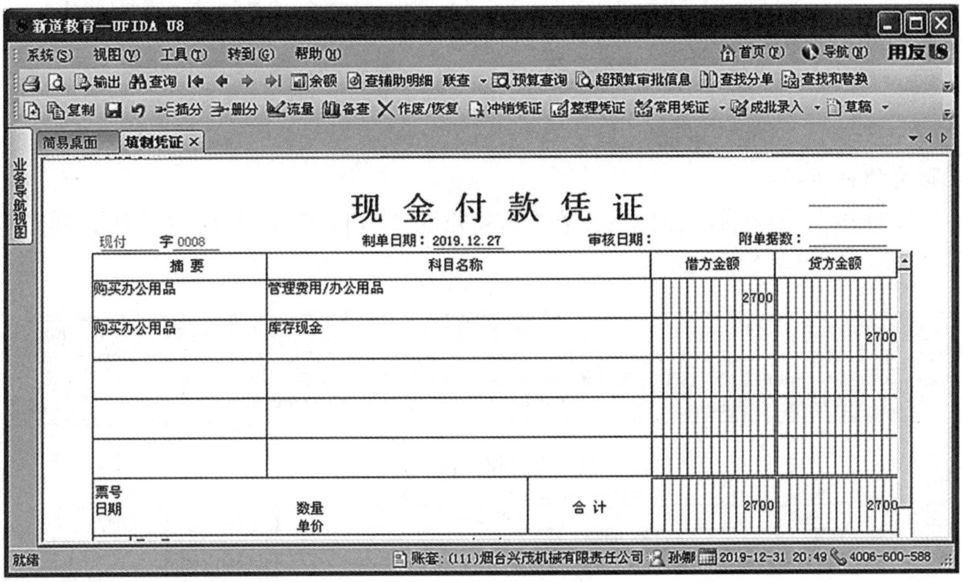

图 8-12 填制正确凭证

(2) 以“003 王强”登录企业应用平台，进行出纳签字。

(3) 以“001 张丽”登录企业应用平台，进行凭证审核。

(4) 以“002 孙娜”登录企业应用平台，进行凭证记账。

(五) 逆向操作法

逆向操作法是一种无法独立使用的错账更正方法，需要在凭证审核、记账、结账后从后往前逆向操作取消结账、记账、审核，然后结合即时修订法进行修正。

2019 年 12 月 5 日，购买办公用品时随附 3 张原始单据。该笔经济业务的凭证在审核记账后发现附件张数为 2 张。此时需要将逆向操作法与即时修订法结合起来进行更正。先取消凭证的记账与审核，再将附件张数修改为 3 张，最后重新审核记账。

1. 取消记账

(1) 以“001 张丽”登录企业应用平台，执行“总账”—“期末”—“对账”命令，进入“对账”窗口。

(2) 按“Ctrl＋H”组合键，弹出“恢复记账前状态功能已被激活”提示框，如图 8-13所示。

(3) 单击“确定”，单击“退出”，退出“对账”对话框。

(4) 执行“总账”—“凭证”—“恢复记账前状态”，进入“恢复记账前状态”对话框。

(5) 勾选“2019 年 12 月初状态”，单击“确定”，弹出“输入”对话框，输入口令“1”，如图 8-14 所示。

图 8-13　激活“恢复记账前状态”

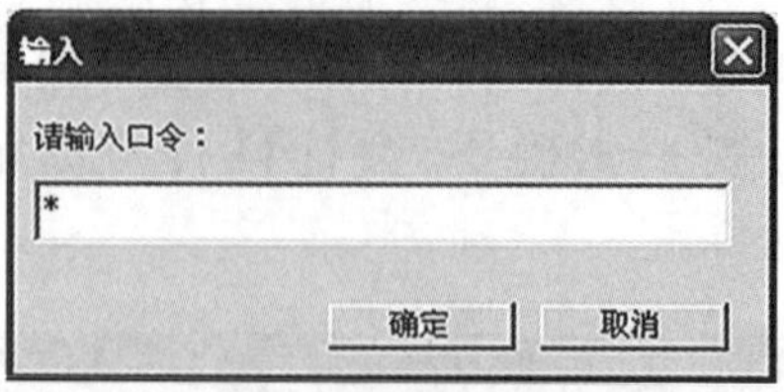

图 8-14　恢复记账前状态

(6) 单击“确定”，弹出“恢复记账完毕”提示框，单击“确定”。

2. 取消凭证审核

以“001 张丽”登录企业应用平台，在“审核凭证”窗口，单击“取消”，凭证底部“审核”处的签字自动取消，如图 8-15 所示。

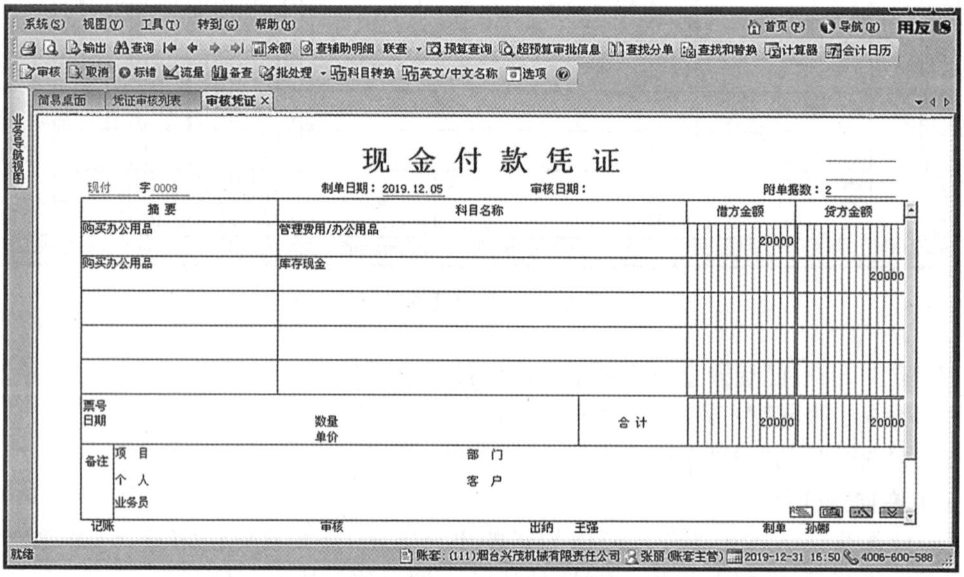

图 8-15　取消凭证审核

3. 取消出纳签字

以“003 王强”登录企业应用平台，在“出纳签字”窗口，单击“取消”，凭证底部“出纳”处的签字自动取消，如图 8-16 所示。

4. 修改凭证

(1) 以“002 孙娜”登录企业应用平台，在“业务工作”—“财务会计”菜单下，执行“总账”—“凭证”—“填制凭证”，进入“填制凭证”窗口。

(2) 单击“➡”按钮，找到要修改的凭证，将附单据数改为“3”，如图 8-17 所示。

(3) 单击“保存”。

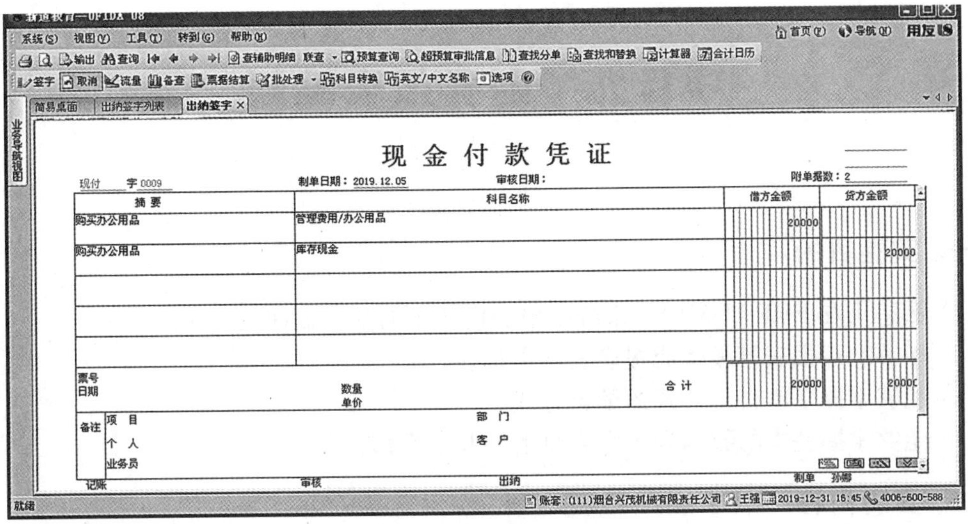

图 8-16 取消出纳签字

现 金 付 款 凭 证

现付　字 0009　　　制单日期：2019.12.05　　　审核日期：　　　　附单据数：3

摘 要	科目名称	借方金额	贷方金额
购买办公用品	管理费用/办公用品	20000	
购买办公用品	库存现金		20000
票号 日期	数量 单价　　　　合 计	20000	20000

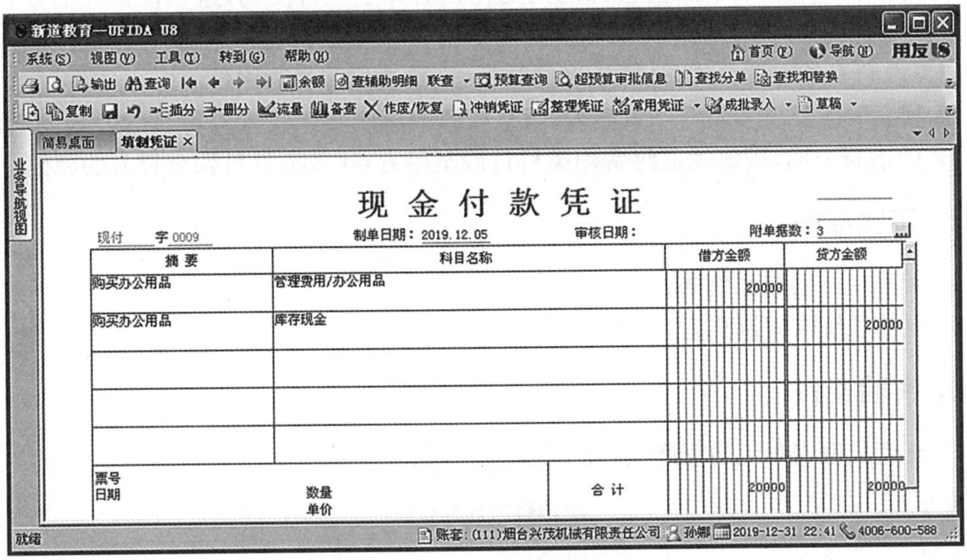

图 8-17 修改凭证

项目九　财务报表编制

一、实验目的

（1）熟悉用友 ERP-U8V10.1 系统中报表模块中的基本原理及工作流程。

（2）能够利用报表模板生成报表及输出报表。

（3）能够掌握基本科目公式的编辑方式。

（4）能够掌握基本的数据处理和表页上的基本操作。

二、实验内容

（1）利用用友 ERP-U8V10.1 报表系统，套用系统自带报表模板生成资产负债表并进行修改（原因是财务软件开发在先，会计准则变化在后并且经常变动，这就使得我们要在原有开发者设计的模板中，加以修改，以符合目前的财务报表的规范），修改内容包括录入关键字、编辑修改科目的取数公式，计算该表的数据，正确地保存和输出报表。

（2）利润表的要求参照资产负债表，但是在修改编制费用收入类科目的公式的时候，应注意公式的借贷方向，理解凭证将费用类科目调至借方，收入类科目调至贷方的原因。

三、实验准备

（1）引入项目七账套数据。

（2）电脑系统时间调整为“2019-12-31”。

四、实验资料

（1）资产负债表中流动资产项目的计算公式，如表 9-1 所示。

表 9-1　　　　流动资产计算公式

科目	行次	期末余额	年初余额
货币资金	1	QM("1001",月,,年,,)＋QM("1002",月,,,年,,)＋QM("1012",月,,,年,,)	QC("1001",全年,,,年,,)＋QC ("1002",全年,,,年,,)＋QC ("1012",全年,,,年,,)
交易性金融资产	2	QM("1101",月,,,年,,)	QC("1101",全年,,,年,,)
衍生金融资产	3		
应收票据	4	QM("1121",月,,,年,,)	QC("1121",全年,,,年,,)
应收账款	5	QM("1122",月,"借",,,,)＋QM ("2203",月,"借",,,,,,,,)－QM ("1231",月,,,,,,,,,)	QC ("1122",全年,"借",,,,,,,,)＋QC ("2203",全年,"借",,,,,,,,)－QC("1231",全年,,,,,,,,,)

（续表）

科目	行次	期末余额	年初余额
应收款项融资	6		
预付款项	7	QM("1123",月,"借",,,,)+ QM("2202",月,"借",,,,,,,,)	QC("1123",全年,"借",,,,)+ QC("2202",全年,"借",,,,,,,,)
其他应收款	8	QM("1221",月,,,年,,)+ QM("1131",月,,,,,)+ QM("1132",月,,,,,,,,,)	QC("1221",全年,,,年,,)+ QC("1131",全年,,,年,,)+ QC("1132",全年,,,年,,)
存货	9	QM("1401",月,,,年,,)+ QM("1402",月,,,年,,)+ QM("1403",月,,,年,,)+ QM("1404",月,,,年,,)+ QM("1405",月,,,年,,)+ QM("1406",月,,,年,,)− QM("1407",月,,,年,,)+ QM("1408",月,,,年,,)+ QM("1411",月,,,年,,)+ QM("1421",月,,,年,,)+ QM("5001",月,,,年,,)+ QM("5201",月,,,年,,)− QM("1471",月,,,年,,)	QC("1401",全年,,,年,,)+ QC("1402",全年,,,年,,)+ QC("1403",全年,,,年,,)+ QC("1404",全年,,,年,,)+ QC("1405",全年,,,年,,)+ QC("1406",全年,,,年,,)− QC("1407",全年,,,年,,)+ QC("1408",全年,,,年,,)+ QC("1411",全年,,,年,,)+ QC("1421",全年,,,年,,)+ QC("5101",全年,,,年,,)+ QC("5001",全年,,,年,,)− QC("1471",全年,,,年,,)
一年内到期的非流动资产	10		
其他流动资产	11		
流动资产合计	12	ptotal(?C7:?C17)	ptotal(?D7:?D17)

（2）资产负债表中非流动资产项目的计算公式，如表 9-2 所示。

表 9-2　非流动资产计算公式

科目	行次	期末余额	年初余额
债权投资	13	QM("1501",月,,,年,,)− QM("1502",月,,,年,,)	QC("1501",全年,,,年,,)− QC("1502",全年,,,年,,)
其他债权投资	14	QM("1503",月,,,年,,)	QC("1503",全年,,,年,,)
长期应收款	15	QM("1531",月,,,年,,)− QM("1532",月,,,年,,)	QC("1531",全年,,,年,,)− QC("1532",全年,,,年,,)
长期股权投资	16	QM("1511",月,,,年,,)− QM("1512",月,,,年,,)	QC("1511",全年,,,年,,)− QC("1512",全年,,,年,,)
其他权益工具投资	17		
其他非流动金融资产	18		

（续表）

科目	行次	期末余额	年初余额
投资性房地产	19	QM("1521",月,,,年,,)	QC("1521",全年,,,年,,)
固定资产	20	QM("1601",月,,,年,,)－ QM("1602",月,,,年,,)－ QM("1603",月,,,年,,)－ QM("1606",月,,,年,,)	QC("1601",全年,,,年,,)－ QC("1602",全年,,,年,,)－ QC("1603",全年,,,年,,)－ QC("1606",全年,,,年,,)
在建工程	21	QM("1604",月,,,年,,)	QC("1604",全年,,,年,,)
无形资产	22	QM("1701",月,,,年,,)－ QM("1702",月,,,年,,)－ QM("1703",月,,,年,,)	QC("1701",全年,,,年,,)－ QC("1702",全年,,,年,,)－ QC("1703",全年,,,年,,)
研发支出	23	QM("5301",月,,,年,,)	QC("5301",全年,,,年,,)
商誉	24	QM("1711",月,,,年,,)	QC("1711",全年,,,年,,)
长期待摊费用	25	QM("1801",月,,,年,,)	QC("1801",全年,,,年,,)
递延所得税资产	26	QM("1811",月,,,年,,)	QC("1811",全年,,,年,,)
其他非流动资产	27		
非流动资产合计	28	ptotal(?C20:?C34)	ptotal(?D20:?D34)
资产总计	29	?C18＋?C35	?D18＋?D35

（3）资产负债表中流动负债项目的计算公式，如表 9-3 所示。

表 9-3　　流动负债计算公式

科目	行次	期末余额	期初余额
短期借款	30	QM("2001",月,,,年,,)	QC("2001",全年,,,年,,)
交易性金融负债	31	QM("2101",月,,,年,,)	QC("2101",全年,,,年,,)
衍生金融负债	32		
应付票据	33	QM("2201",月,,,年,,)	QC("2201",全年,,,年,,)
应付账款	34	QM("2202",月,"贷",,,,)＋ QM("1123",月,"贷",,,,,,,,)	QC("2202",全年,"贷",,,)＋ QC("1123",全年,"贷",,,,,,,,)
预收款项	35	QM("2203",月,"贷",,,,)＋ QM("1122",月,"贷",,,,,,,,)	QC("2203",全年,"贷",,,)＋ QC("1122",全年,"贷",,,,,,,,)
合同负债	36		
应付职工薪酬	37	QM("2211",月,,,年,,)	QC("2211",全年,,,年,,)
应交税费	38	QM("2221",月,,,年,,)	QC("2221",全年,,,年,,)
其他应付款	39	QM("2241",月,,,年,,)＋ QM("2231",月,,,,)＋ QM("2232",月,,,,,,,,,)	QC("2241",全年,,,年,,)＋ QC("2231",全年,,,年,,)＋ QC("2232",全年,,,年,,)

（续表）

科目	行次	期末余额	期初余额
一年内到期的非流动负债	40		
其他流动负债	41		
流动负债合计	42	ptotal(?G5:?G18)	ptotal(?H5:?H18)

（4）资产负债表中非流动负债项目的计算公式，如表9-4所示。

表9-4　非流动负债计算公式

科目	行次	期末余额	年初余额
长期借款	43	QM("2501",月,,,年,,)	QC("2501",全年,,,年,,)
应付债券	44	QM("2502",月,,,年,,)	QC("2502",全年,,,年,,)
其中:优先股	45		
永续债	46		
长期应付款	47	QM("2701",月,,,年,,)－QM("2702",月,,,年,,)	QC("2701",全年,,,年,,)－QC("2702",全年,,,年,,)
预计负债	48	QM("2801",月,,,年,,)	QC("2801",全年,,,年,,)
递延收益	49		
递延所得税负债	50	QM("2901",月,,,年,,)	QC("2901",全年,,,年,,)
其他非流动负债	51		
非流动负债合计	52	ptotal(?G21:?G29)	ptotal(?H21:?H29)
负债合计	53	?G19＋?G30	?H19＋?H30

（5）资产负债表中所有者权益项目的计算公式，如表9-5所示。

表9-5　所有者权益计算公式

科目	行次	期末余额	年初余额
实收资本(或股本)	54	QM("4001",月,,,年,,)	QC("4001",全年,,,年,,)
其他权益工具	55		
其中:优先股	56		
永续债	57		
资本公积	58	QM("4002",月,,,年,,)	QC("4002",全年,,,年,,)
减:库存股	59	QM("4201",月,,,年,,)	QC("4201",全年,,,年,,)
其他综合收益	60		

（续表）

科目	行次	期末余额	年初余额
专项储备	61		
盈余公积	62	QM("4101",月,,,年,,)	QC("4101",全年,,,年,,)
未分配利润	63	QM("4104",月,,,,,,,)+ QM("4103",月,,,,,,,)	QC("4104",全年,,,年,,)+ QC("4103",全年,,,年,,)
所有者权益(或股东权益)合计	64	?G33+?G37－?G38+?G41+?G42	?H33 +?H37 －?H38 +?H41 +?H42
负债和所有者权益(或股东权益)总计	65	?G31+?G44	?H31+?H44

（6）利润表的模板，如表 9-6 所示。

表 9-6　　利润表模板

项目	行数	本期金额
一、营业收入	1	FS(6001,月,"贷",,年)+ FS(6051,月,"贷",,年)
减:营业成本	2	FS(6401,月,"借",,)+ FS(6402,月,"借",,)
税金及附加	3	FS(6403,月,"借",,)
销售费用	4	FS(6601,月,"借",,)
管理费用	5	FS(6602,月,"借",,)
研发费用	6	
财务费用	7	FS(6603,月,"借",,)
其中:利息费用	8	
利息收入	9	
加:其他收益	10	
投资收益(损失以"—"号填列)	11	FS(6111,月,"贷",,)
其中:对联营企业和合营企业的投资收益	12	
公允价值变动收益(损失以"—"号填列)	13	fs(6101,月,"贷",,)
信用减值损失(损失以"—"号填列)	14	FS(6702,月,"借",,)
资产减值损失(损失以"—"号填列)	15	FS(6701,月,"借",,)
资产处置损益(损失以"—"号填列)	16	
二、营业利润(亏损以"—"号填列)	17	?C5－?C6－?C7－?C8－?C9－?C11+?C15+?C17－?C18－?C19
加:营业外收入	18	FS(6301,月,"贷",,)

（续表）

项目	行数	本期金额
减：营业外支出	19	FS(6711,月,"借",,)
三、利润总额（亏损总额以“－”号填列）	20	?C21＋?C22－?C23
减：所得税费用	21	FS(6801,月,"借",,)
四、净利润（净亏损以“－”号填列）	22	?C24－?C25
（一）持续经营净利润（净亏损以“－”号填列）	23	?C26
（二）终止经营净利润（净亏损以“－”号填列）	24	
五、其他综合收益的税后净额	25	
六、综合收益总额	26	?C26
七、每股收益：	27	
（一）基本每股收益	28	0.09
（二）稀释每股收益	29	

五、实验操作指导

（一）资产负债表

1. 资产负债表模板

（1）以“001 张丽”登录企业应用平台，在导航菜单栏底部选择“业务工作”项目，选择“财务会计—UFO 报表”，进入窗口后单击“文件”—“新建”，如图 9-1 所示。

图 9-1　新建新报表页面

(2) 执行"格式"—"报表模板",打开"报表模板"对话框。在"您所在的行业"的下拉小箭头中,选择"2007 年新会计制度科目",在"财务报表"的下拉小箭头中,选择"资产负债表",如图 9-2 所示。

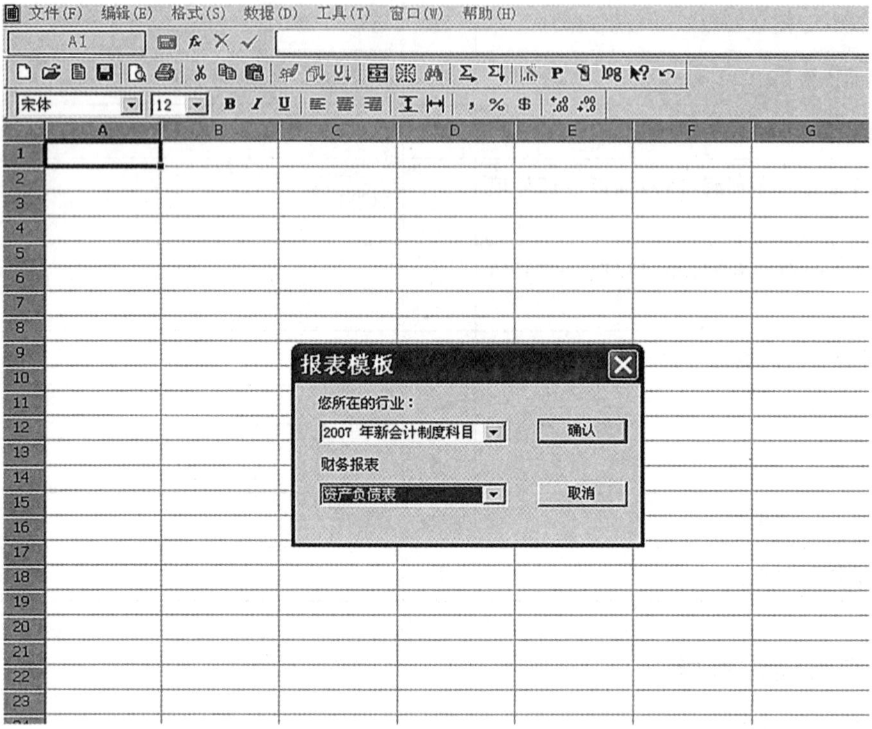

图 9-2　生成资产负债表模板

(3) 单击"确认",系统弹出"模板格式将覆盖本表格式! 是否继续?"提示框,如图 9-3所示。

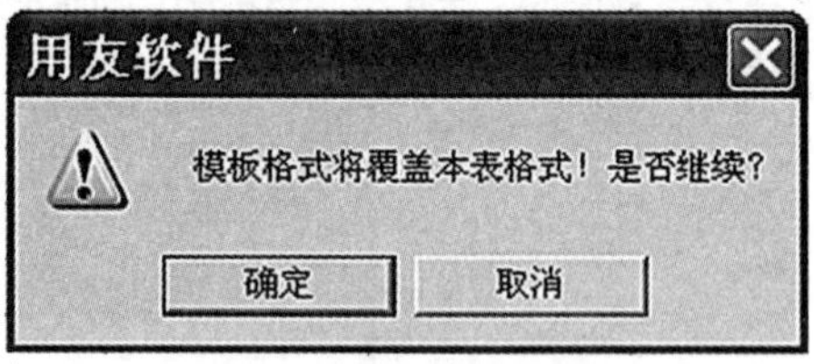

图 9-3　覆盖本表格式

(4) 单击"确定",打开系统自带的资产负债表的模板,如图 9-4 所示。模板编辑方式和 Excel 表格类似,最左边一列是阿拉伯数字编码,而第一行是英文字母编码,所以我们可以运用此方法将单元格根据行和列数字和字母的交点命名单元格,如第一行第一列称为"A1"。

2. 资产负债表的基础设置

(1) 编辑设置。软件开发者在编制报表模板时的《企业会计准则》与企业使用模板时的不可能完全一致,通过"编辑"功能可以将模板内容调整为企业适用的会计准则。用友报表

			资产负债表				
							会企01表
编制单位:		xxxx 年	xx 月	xx 日			单位:元
资　产	行次	期末余额	年初余额	负债和所有者权益（或股东权益）	行次	期末余额	年初余额
流动资产:				流动负债:			
货币资金	1	公式单元	公式单元	短期借款	32	公式单元	公式单元
交易性金融资产	2	公式单元	公式单元	交易性金融负债	33	公式单元	公式单元
应收票据	3	公式单元	公式单元	应付票据	34	公式单元	公式单元
应收账款	4	公式单元	公式单元	应付账款	35	公式单元	公式单元
预付款项	5	公式单元	公式单元	预收款项	36	公式单元	公式单元
应收利息	6	公式单元	公式单元	应付职工薪酬	37	公式单元	公式单元
应收股利	7	公式单元	公式单元	应交税费	38	公式单元	公式单元
其他应收款	8	公式单元	公式单元	应付利息	39	公式单元	公式单元
存货	9	公式单元	公式单元	应付股利	40	公式单元	公式单元
一年内到期的非流动资产	10			其他应付款	41	公式单元	公式单元
其他流动资产	11			一年内到期的非流动负债	42		
流动资产合计	12	公式单元	公式单元	其他流动负债	43		
非流动资产:				流动负债合计	44	公式单元	公式单元
可供出售金融资产	演示数据 13	公式单元	公式单元	非流动负债:			
持有至到期投资	14	公式单元	公式单元	长期借款	45	公式单元	公式单元
长期应收款	15	公式单元	公式单元	应付债券	46	公式单元	公式单元
长期股权投资	16	公式单元	公式单元	长期应付款	47	公式单元	公式单元
投资性房地产	17	公式单元	公式单元	专项应付款	48	公式单元	公式单元
固定资产	18	公式单元	公式单元	预计负债	49	公式单元	公式单元
在建工程	19	公式单元	公式单元	递延所得税负债	50	公式单元	公式单元
工程物资	20	公式单元	公式单元	其他非流动负债	51		

图 9-4　系统自带的资产负债表模板

模板格式与 Excel 表格类似，具有对各个单元格进行增加行，减少列，以及“复制”“粘贴”“剪切”等工具，如图 9-5 所示。

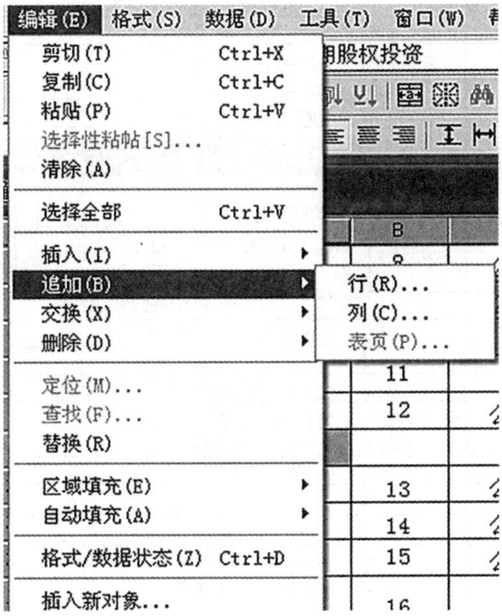

图 9-5　编辑选项卡

▶▶▶ 注意事项

在增加行时，应在选中的单元格的上方增加，如要在“A2”与“A3”之间增加一行时，鼠标需要选中“A3”单元格再添加。

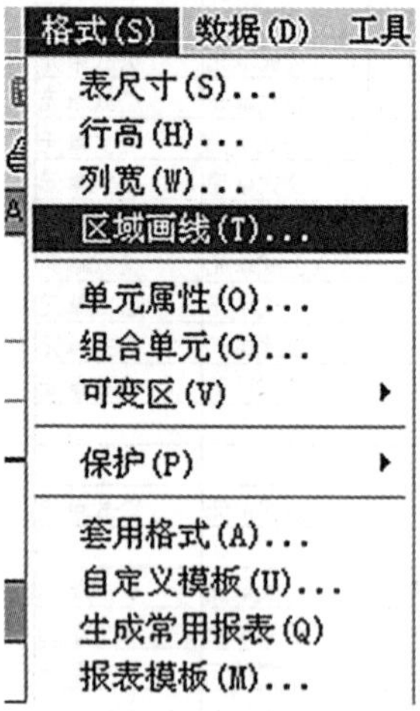

图 9-6　格式选项卡

(2) 格式设置。用友 ERP-U8V10.1 的 UFO 报表页面，分为“格式状态”和“数据状态”，点击左下角红色“格式/数据”可以切换两种状态。在“格式”状态下，“格式”选项下的各种操作都可以执行，如图9-6所示。

当需要设置单元格的行高和列宽时，一种方法是通过“格式”—“行高(列宽)”设置，如图 9-7 所示。另一种方法是直接左右或者上下拉动行标和列标的阿拉伯数字和英文字母，实现手动调整。

当表头太长或者根据需要合并单元格时，可通过“格式”—“组合单元”设置，如模板中的表头“资产负债表”，则是把 D1 和 E1 两个单元格组合，如图 9-8 所示。

企业要求出具的报表数据保留两位小数或者加百分比符号等属性时，可以通过“格式”—“单元格属性”设置，如图 9-9 所示。

资产负债表
演示数据
会企01表
编制单位：
xxxx 年
xx 月
xx 日
单位:元
资　产
行次
期末余额
年初余额
负债和所有者权益
(或股东权益)
行次
期末余额
年初余额
流动资产：
流动负债：
货币资金
短期借款
交易性金融资产
交易性金融负债
应收票据
应付票据
应收账款
应付账款
预付款项
应收利息
应收股利
其他应收款
存货
一年内到期的非流动资产
一年内到期的非流动负债
其他流动资产
其他流动负债
流动资产合计
流动负债合计
非流动资产：
非流动负债：
可供出售金融资产
长期借款
持有至到期投资
应付债券
长期应收款
长期应付款
长期股权投资
投资性房地产
专项应付款
固定资产
预计负债
公式单元
行高
选中区域：
E37
行高[毫米]
确认
取消

图 9-7　行高设置

资产负债表
会企01表
单位:元
编制单位:
xxxx 年
组合单元
选中组合区域:
D1:E1
整体组合
取消组合
按行组合
按列组合
放弃
资 产
行次
期末余额
行次
期末余额
年初余额
流动资产:
货币资金
交易性金融资产
应收票据
应收账款
预付款项
应收利息
应收股利
其他应收款
存货
一年内到期的非流动资产
其他流动资产
流动资产合计
非流动资产:
可供出售金融资产
持有至到期投资
长期应收款
长期股权投资
投资性房地产
固定资产
在建工程
工程物资
固定资产清理
应付账款
预收款项
应付职工薪酬
应交税费
应付利息
应付股利
其他应付款
一年内到期的非流动负债
其他流动负债
流动负债合计
非流动负债:
长期借款
应付债券
长期应付款
专项应付款
预计负债
递延所得税负债
其他非流动负债
演示数据
公式单元
格式

图 9-8 组合单元设置

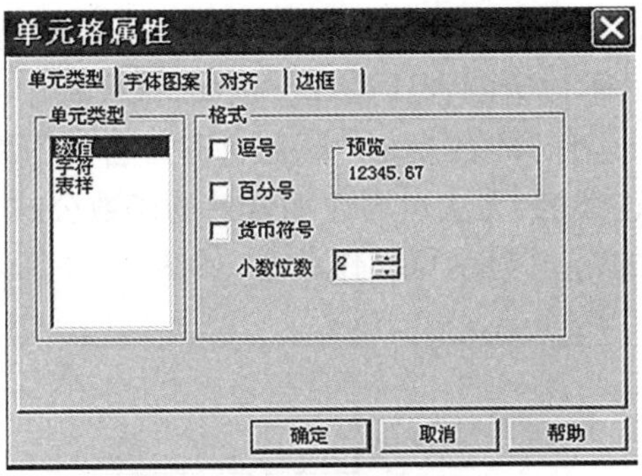

图 9-9 单元格属性设置

当套用常用资产负债表、利润表以及现金流量表时，可以通过“格式”—“报表模板”设置，如图 9-10 所示。“您所在的行业”的下拉箭头，一般选用“2007 年新会计制度科目”，“财务报表”的下拉小箭头，可以根据需要自行选择。

(3) 公式设置。用友的 UFO 报表页面，分为“格式模式”和“数据模式”，“格式”状态下可以看到表中填写数据的单元格是蓝色字体的“公式单元”，此时可以编辑每个科目的公式。

资产负债表
会企01表
编制单位：
xxxx 年
xx 月
xx 日
单位:元
资　产
行次
期末余额
年初余额
负债和所有者权益
（或股东权益）
行次
期末余额
年初余额
流动资产:
流动负债:
货币资金
短期借款
交易性金融资产
应收票据
应收账款
预付款项
应收利息
应收股利
其他应收款
存货
应付股利
一年内到期的非流动资产
其他应付款
其他流动资产
一年内到期的非流动负债
流动资产合计
其他流动负债
非流动资产:
流动负债合计
可供出售金融资产
非流动负债:
持有至到期投资
长期借款
长期应收款
应付债券
长期股权投资
长期应付款
投资性房地产
专项应付款
固定资产
预计负债
在建工程
递延所得税负债
工程物资
其他非流动负债
公式单元
报表模板
您所在的行业：
2007 年新会计制度科目
确认
财务报表
所有者权益变动表
取消
格式

图 9-10　报表模板选择设置

单元公式按照输入方式分为两类，一类是直接输入，另一类是通过函数公式引导输入。

直接输入多用于最后的不连续的合计计算。例如，该模板中的“C41”单元格，是“资产总额”的数据，是用“流动资产合计”的数据加“非流动资产合计”得到的数据，也就是“C18＋C40”。这两个单元格是不连续的，无法运用连加合计的函数公式。应在“格式”状态下，选中“C41”，此时上方操作区域的“fx”显示可操作状态，如图 9-11 所示。

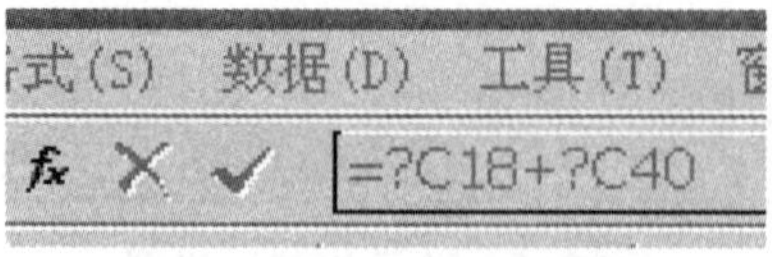

图 9-11　fx 操作区域

单击“fx”，进入“定义公式”窗口的函数输入区域，输入单元格的编码，在单元格前边需要加一个“?”。此时可看到公式为“? C18＋? C40”，如图 9-12 所示，表示“C18”的数据加“C40”的数据。

	A	B	C	D	E	F	G	H
14	其他应收款	8	公式单元	公式单元	应付利息	39	公式单元	公式单元
15	存货	9	公式单元	公式单元	应付股利	40	公式单元	公式单元
16	一年内到期的非流动资产	10			其他应付款	41	公式单元	公式单元
17	其他流动资产	11			一年内到期的非流动负债	42		
18	流动资产合计	12	公式单元	公式单元	其他流动负债	43		
19	非流动资产:				流动负债合计	44	公式单元	公式单元
20	可供出售金融资产	13	公式单元	公式单元	非流动负债:			
21	持有至到期投资	14	公式单元	公式单元	长期借款	45	公式单元	公式单元
22	长期应收款	15					公式单元	公式单元
23	长期股权投资	16					公式单元	公式单元
24								
25								
26	投资性房地产	17					公式单元	公式单元
27	固定资产	18	公式单元	公式单元	预计负债	49	公式单元	公式单元
28	在建工程	19	公式单元	公式单元	递延所得税负债	50	公式单元	公式单元
29	工程物资	20	公式单元	公式单元	其他非流动负债	51		
30	固定资产清理	21	公式单元	公式单元	非流动负债合计	52	公式单元	公式单元
31	生产性生物资产	22	公式单元	公式单元	负债合计	53	公式单元	公式单元
32	油气资产	23	公式单元	公式单元	所有者权益（或股东权益）:			
33	无形资产	24	公式单元	公式单元	实收资本（或股本）	54	公式单元	公式单元
34								
35	开发支出	25	公式单元	公式单元	资本公积	55	公式单元	公式单元
36	商誉	26	公式单元	公式单元	减：库存股	56	公式单元	公式单元
37	长期待摊费用	27	公式单元	公式单元	盈余公积	57	公式单元	公式单元
38	递延所得税资产	28	公式单元	公式单元	未分配利润	58	公式单元	公式单元
39	其他非流动资产	29			所有者权益（或股东权益)合计	59	公式单元	公式单元
40	非流动资产合计	30	公式单元	公式单元				
41	资产总计	31	公式单元	公式单元	负债和所有者权益(或股东权益)总计	60	公式单元	公式单元

图 9-12　定义公式

通过函数公式引导输入是一种常用的方法，需操作者熟练掌握常用函数的用法及用途。例如，资产负债表最常用的“QM”函数是取指定会计科目的期末余额，可以是借方余额，也可以是贷方余额，资产负债表中的期末余额就需要通过此函数进行计算。“QC”函数是取指定会计科目的期初余额，资产负债表中的期初余额就需要通过此函数进行计算。“FS”函数多用于利润表中用来取借方或者贷方的发生额。

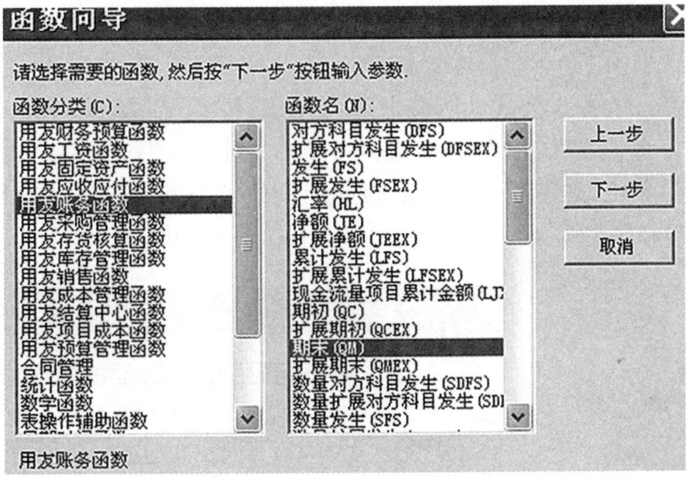

图 9-13　函数向导

以资产负债表中的“货币资金”科目为例，选中“C7”单元格，单击操作区域中的“fx”，按退格键删掉原有公式。点击左下角的“函数向导”，在左侧的函数分类中找到“用友财务函数”，在右侧显示出的各种函数中双击选择“期末(QM)”(双击选择，不是单击“下一步”)，如图 9-13 所示。

会计中“货币资金”公式为“银行存款＋库存现金＋其他货币资金”，在弹出的账务函数窗口中，“账套号”默认、“科目”选择“1002 银行存款”（选择一级科目，不要选二级科目）、“期间”选择“月”“会计年度”选择默认、“截止日期”不需要填写、“方向”选择默认（根据情况有些科目需要借贷方），如图9-14所示。最后单击“确定”。

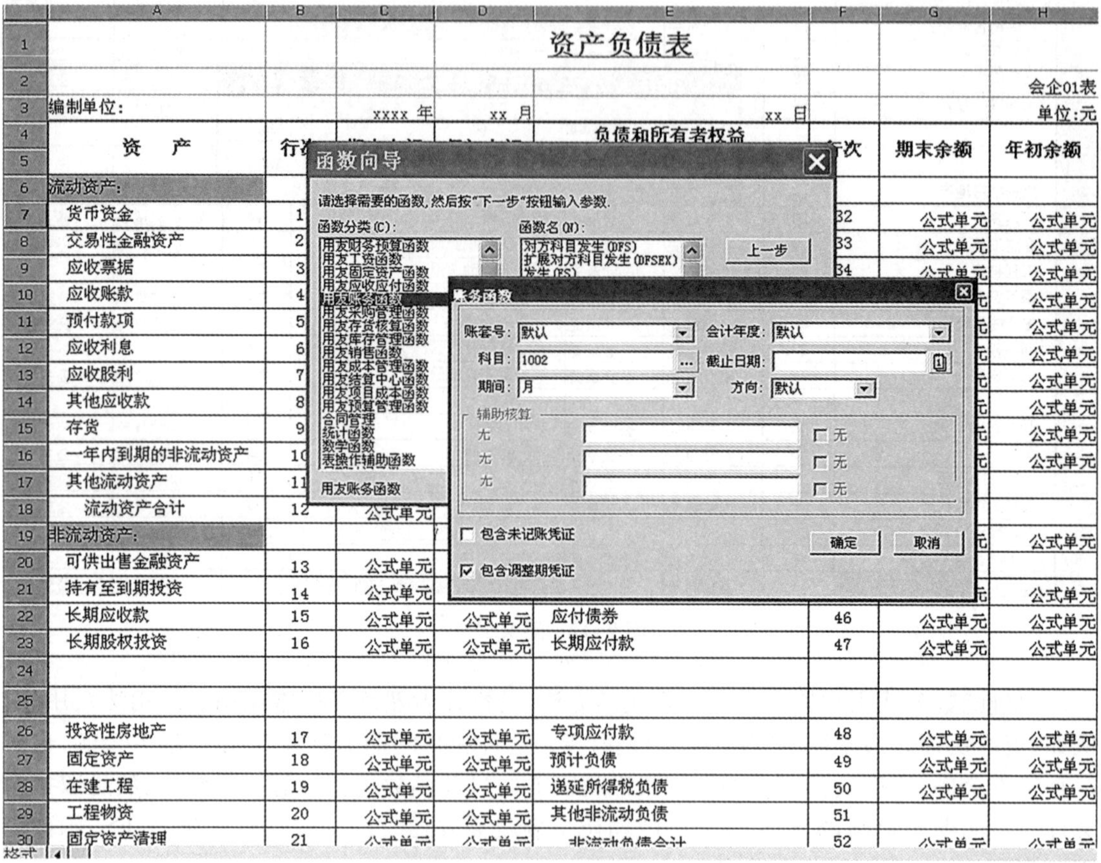

图 9-14　财务函数条件设置

在输入公式区域会出现“QM("1002",月,,,)”，在公式后边输入小键盘中“加号”，再重复上述步骤，依次输入“QM("1001",月,,,)”和“QM("1012",月,,,)”，如图 9-15 所示。最后单击“确定”，货币资金的资产负债表中的公式输入完毕，公式为“QM("1001",月,,,)＋QM("1002",月,,,)＋QM("1012",月,,,)”。

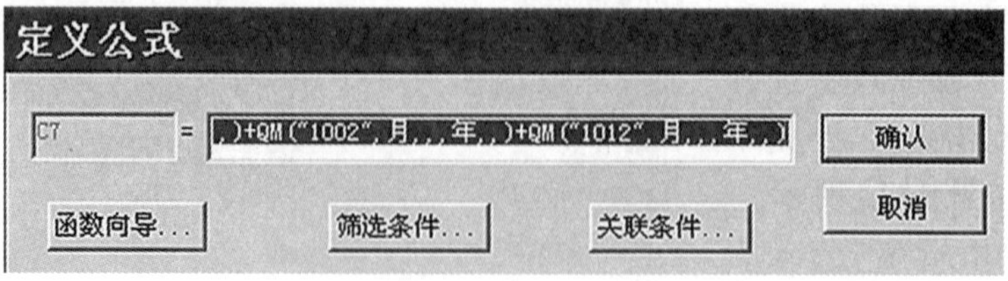

图 9-15　货币资金公式

▶▶▶ 注意事项

报表的单元公式，是在编辑报表时确定表单元的数据来源的函数，其主要作用是在报表生成的过程中，从公式描述的账套中提取指定的数据并运算，将运算结果放入表单元中。因此，单元公式在报表中必须设置。

(4) 数据设置。数据设置可以处理和数字相关的信息，如关键字设置。关键字是特殊数据单元，用来唯一标识一个表页，用于在大量表页中快速选择表页。定义关键字主要包括设置关键字和调整关键字在表页上的位置。关键字主要有单位名称、单位编号和日期等，可以根据实际需要设置相应的关键字。一个关键字在该表中只能定义一次，即同一个表中不能有重复的关键字，在格式状态下可以设置关键字，而在数据状态下可以录入关键字。通过"数据"—"关键字"—"录入"来实现，如图 9-16 所示。

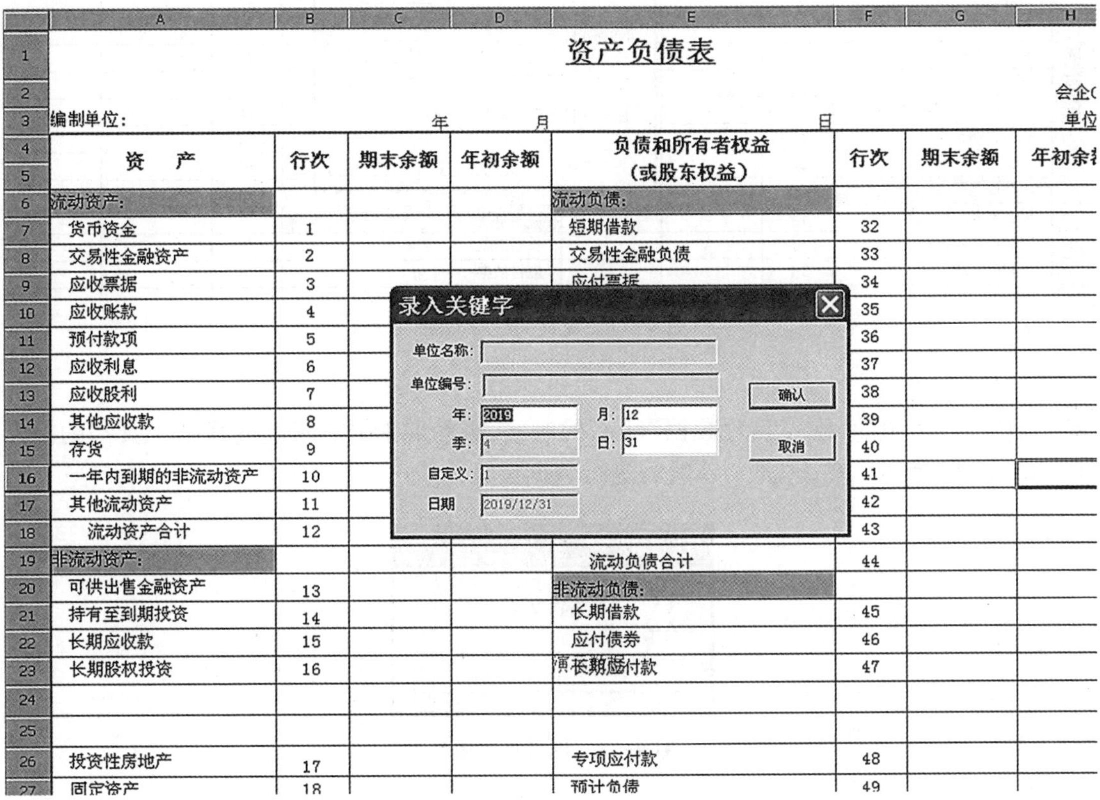

图 9-16 录入关键字

录入关键字完毕后，需要做"偏移"处理，就是将年、月、日的位置错开，防止重叠在一起造成混乱。通过"数据"—"关键字"—"偏移"来实现，如图 9-17 所示。一般偏移数据为：年偏移"－150"、月偏移"－100"、日偏移"－50"。

注意事项

关键字的负数值表示向左移动，正数代表向右移动。

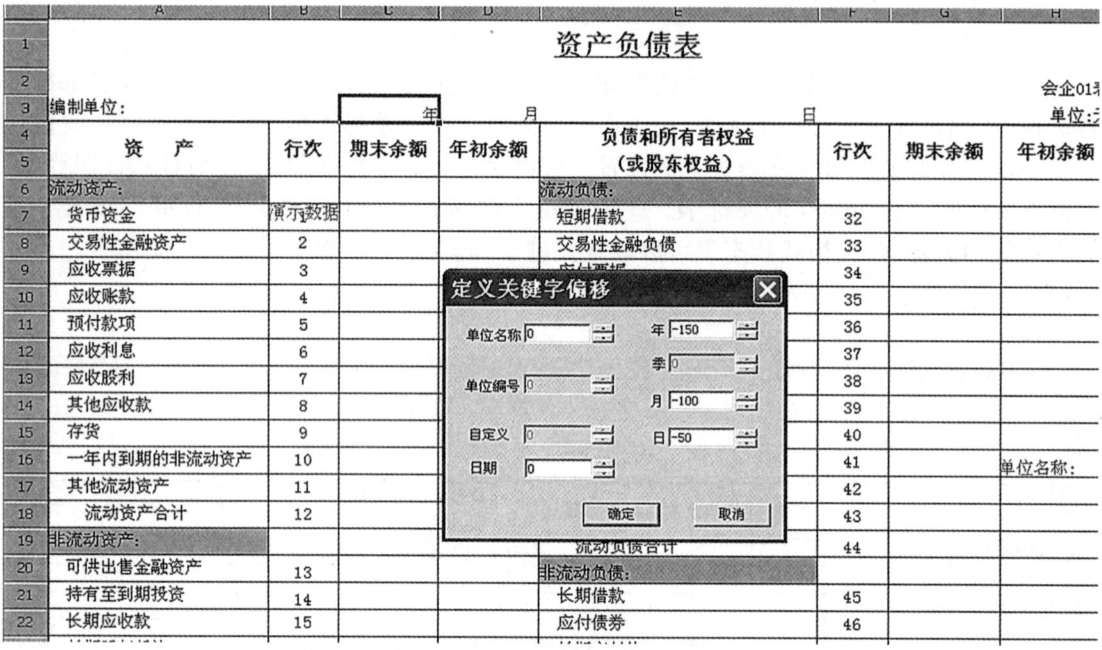

图 9-17　定义关键字偏移

当切换左下角的“格式”和“数据”状态的时候，系统将弹出“是否重算第 1 页?”的提示框，如图 9-18 所示。单击“是”，系统将进行数据重算。

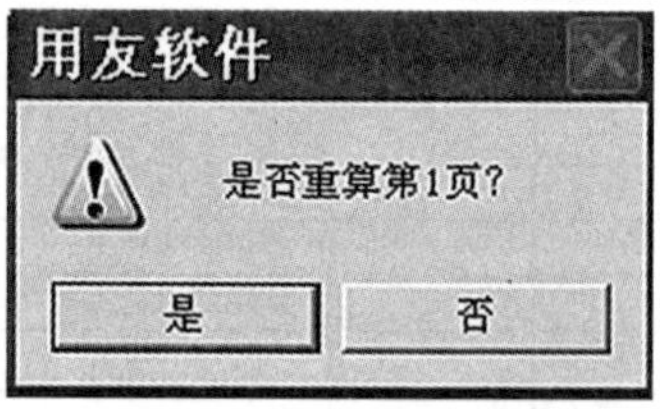

图 9-18　提示是否重算

数据全部重新计算，可以通过“数据”—“整表重算”来实现，如图 9-19 所示。

3. 修改资产负债表模板(只设置企业常用科目公式)

(1) 修改流动资产项目，如表 9-1 所示。根据表 9-1，将行次修改为正确行次序号。

a. 行次 1-4 科目修改。在格式状态下，行次 1、2 科目公式不变。双击“A9”应收票据单元格，将“应收票据”修改为“衍生金融资产”，剪切“C9”“D9”的公式，粘贴到“C10”“D10”并双击，将“A10”原有的“应收账款”修改为“应收票据”。

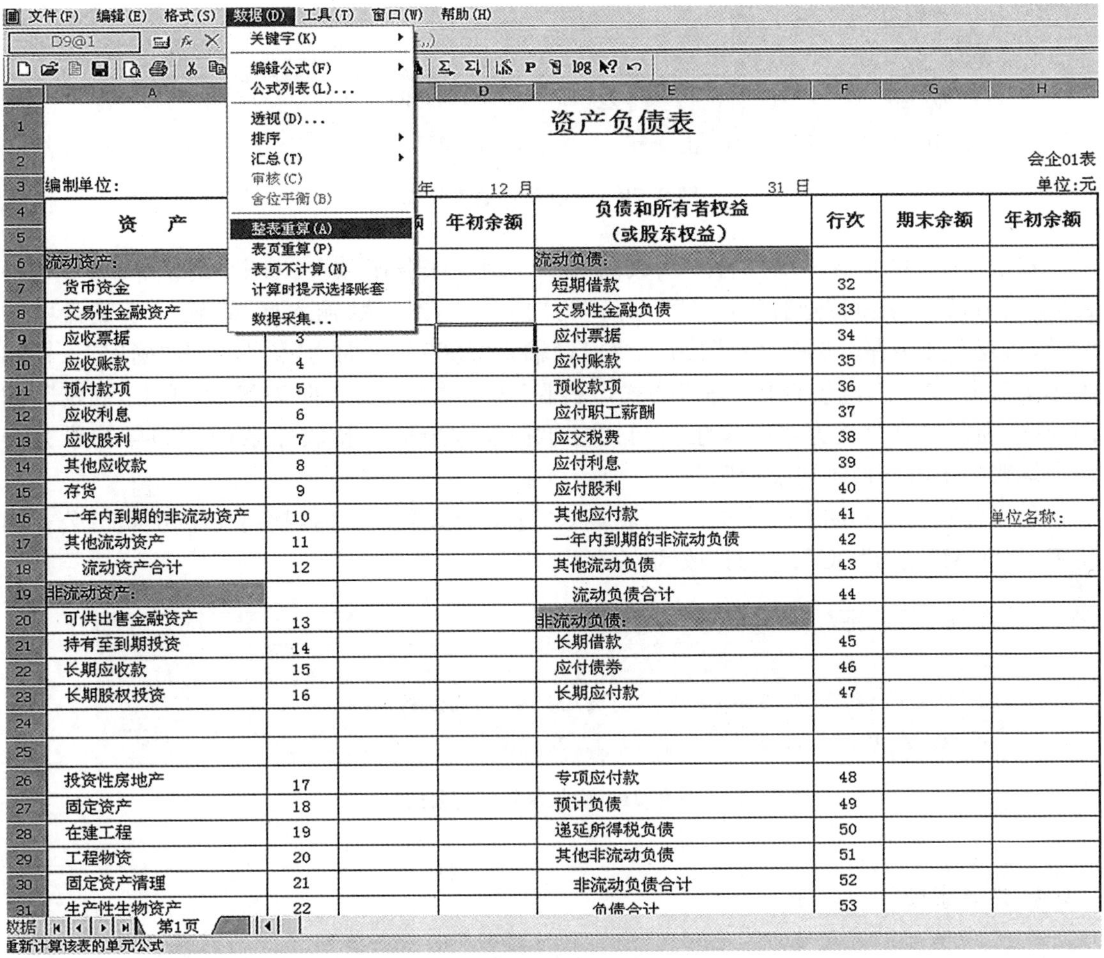
文件(F) 编辑(E) 格式(S) 数据(D) 工具(T) 窗口(W) 帮助(H)
D9@1
关键字(K)
编辑公式(F)
公式列表(L)...
透视(D)...
排序
汇总(T)
审核(C)
舍位平衡(B)
整表重算(A)
表页重算(P)
表页不计算(N)
计算时提示选择账套
数据采集...
资产负债表
会企01表
编制单位:
年 12 月 31 日
单位:元
资 产
年初余额
负债和所有者权益
(或股东权益)
行次
期末余额
年初余额
流动资产:
货币资金
交易性金融资产
应收票据 3
应收账款 4
预付款项 5
应收利息 6
应收股利 7
其他应收款 8
存货 9
一年内到期的非流动资产 10
其他流动资产 11
流动资产合计 12
非流动资产:
可供出售金融资产 13
持有至到期投资 14
长期应收款 15
长期股权投资 16
投资性房地产 17
固定资产 18
在建工程 19
工程物资 20
固定资产清理 21
生产性生物资产 22
流动负债:
短期借款 32
交易性金融负债 33
应付票据 34
应付账款 35
预收款项 36
应付职工薪酬 37
应交税费 38
应付利息 39
应付股利 40
其他应付款 41
一年内到期的非流动负债 42
其他流动负债 43
流动负债合计 44
非流动负债:
长期借款 45
应付债券 46
长期应付款 47
专项应付款 48
预计负债 49
递延所得税负债 50
其他非流动负债 51
非流动负债合计 52
负债合计 53
单位名称:
数据 第1页
重新计算该表的单元公式

图 9-19 整表重算

▶▶▶ 注意事项

在输入期末“QM”公式的时候，“年”可以省略，如应收票据公式“QM ("1121", 月,,,年,,)”和“QM("1121",月,,,,,)”都是正确的。

b. 行次 5-6 科目修改。双击“A11”，将原有“预付款项”修改为“应收账款”，注意原报表模板中的“应收账款”科目的公式存在不足，会计准则中的“应收账款”公式应为“应收账款借方余额+预收账款借方余额－坏账准备”，需要修改模板中原有的公式。双击“C11”单元格，删除原有公式，点击“函数向导”，在左侧的分类中选中“用友账务函数”，双击“期末(QM)”，“科目”输入“1122”，方向为“借”，其余为默认，单击“确定”。

回到函数输入区域，输入小键盘中的“+”，重复上述步骤。选择“QM”公式，“科目”输入“2203”、方向为“借”，单击“确定”。再输入小键盘中的“－”，继续选择“QM”公式，“科目”输入“1231”、方向为默认，单击“确定”，如图 9-20 所示。其含义为“应收账款(1122)借方期末余额+预收账款(2203)借方期末余额－坏账准备(1231)”。

图 9-20 应收账款期末公式

双击“D11”单元格，依次选择“函数向导”—“用友账务函数”—双击“期初(QC)”。“科目”输入“1122”“期间”选择“全年”“方向”为“借”。回到函数输入区域，输入小键盘中的“+”，重复上述步骤。选择“QC”公式，“科目”输入“2203”、方向为“借”，单击“确定”。再输入小键盘中的“—”，继续选择“QC”公式，“科目”输入“1231”、方向为默认，单击“确定”，如图 9-21 所示。其含义为：“应收账款(1122)年初借方余额+预收账款(2203)年初借方余额—坏账准备(1231)年初余额”。

年初余额公式和期末公式类似，可将期末“QM”公式复制以后，粘贴在年初“QC”公式的位置，将“QM”改为“QC”，将“月”改为“全年”。

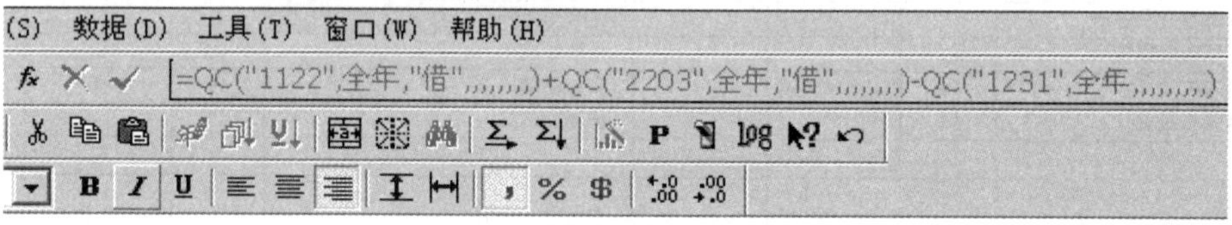

图 9-21 应收账款年初公式

注意事项

“应收账款”“应付账款”“预收账款”“预付账款”科目在填制凭证的时候应特别注意二级科目的公司是否输入正确。在最后的资产合计出现问题时，应首先检查这四个科目的凭证是否输入正确。

双击“A12”，改为“应收款项融资”，删除“C12”“D12”原有公式。

c. 行次 7 科目修改。双击“A13”，将内容修改为“预付款项”，原报表模板中的预付款项科目的公式存在不足，会计准则中的“预付账款”公式应为“预付账款借方余额+应付账款借方余额”，需修改模板中原公式。双击“C13”单元格，删掉原有公式，依次选择“函数向导”—“用友账务函数”—双击“期末(QM)”“科目”输入“1123”、方向为“借”、其余为默认，单击“确定”。

回到函数输入区域，输入小键盘中的“+”，重复上述步骤。选择“QM”公式，“科目”输入“2202”“方向”为“借”，单击“确定”。如图 9-22 所示。其含义为“预付账款(1123)借方期末余额+应付账款(2202)借方期末余额”。

双击“D13”单元格，依次选择“函数向导”—“用友账务函数”—双击“期初(QC)”。“科目”输入“1123”“期间”选择“全年”“方向”为“借”。回到函数输入区域，输入小键盘中的“+”，重复上述步骤。选择“QC”公式，“科目”输入“2202”“方向”为“借”，单击“确定”，如图 9-23 所示。其含义为“预付账款(1123)年初借方余额+应付账款(2202)年初借方余额”。

图 9-22　预付账款期末公式

年初余额公式和期末公式输入方式类似，可将期末“QM”公式复制以后，粘贴在年初“QC”公式的位置，将“QM”改为“QC”，“月”改为“全年”。

图 9-23　预付账款年初公式

d. 行次 8 科目修改。双击“C14”，在原有公式后输入小键盘的“+”，依次选择“函数向导”—“用友账务函数”—双击“期末(QM)”，“科目”输入“1131”，其余为默认(方向也为默认，公式中除涉及“应收”“应付”“预收”“预付”，方向都为默认)。回到函数输入区域，输入小键盘中的“+”，重复上述步骤。选择 QM 公式，“科目”输入“1132”，其余为默认，单击“确定”，如图 9-24所示。其含义为“其他应收款(1221)期末余额+应收利息期末余额+应收股利期末余额”。

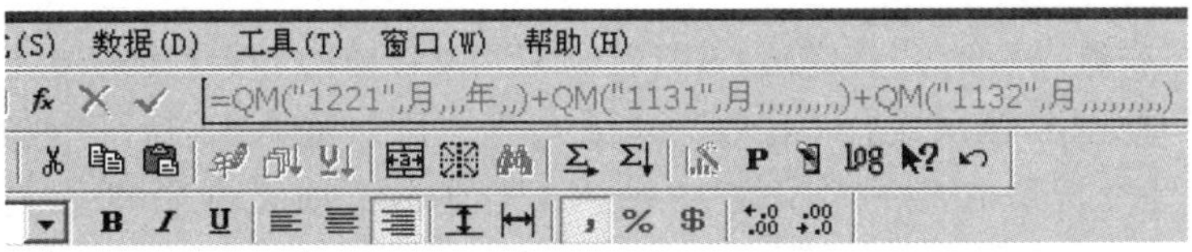

图 9-24　其他应收款期末余额公式

双击“D14”，将期末“QM”公式复制以后，删除“D14”中原有公式，粘贴在年初“QC”公式的位置，将“QM”改为“QC”，“月”改为“全年”，如图 9-25 所示。

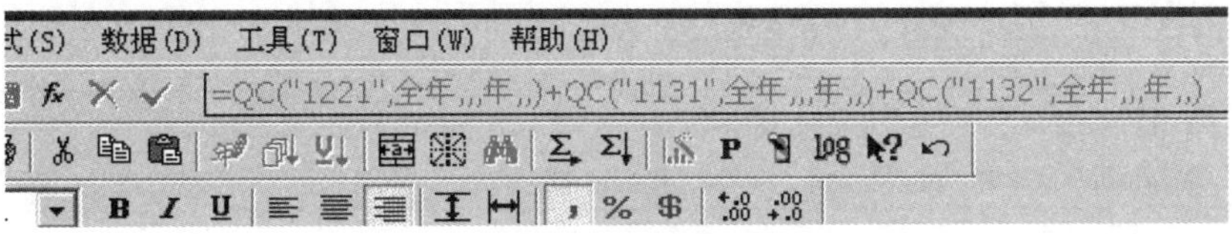

图 9-25　其他应收款期初余额公式

注意事项

会计准则中要求“其他应收款”公式为“其他应收款期末余额+应收股利期末余额+应收利息期末余额”。

(2) 修改非流动资产项目，如表 9-2 所示，先将行次序号全部修改成表 9-2 的序号。

a. 行次 13-18 科目修改。双击“A20”，将“可供出售金融资产”改为“债权投资”，双击“C20”，依次选择“函数向导”—“用友账务函数”—双击“期末(QM)”。“科目”输入“1501”，其余为默认。回到函数输入区域，输入小键盘中的“—”，重复上述步骤。选择“QM”公式，“科目”输入“1502”，其余为默认，单击“确定”，如图 9-26 所示。

图 9-26 债权投资期末余额公式

双击“D20”，将期末“QM”公式复制以后，删除“D20”中原有公式，粘贴在年初“QC”公式的位置，将“QM”改为“QC”“月”改为“全年”即可，如图 9-27 所示。

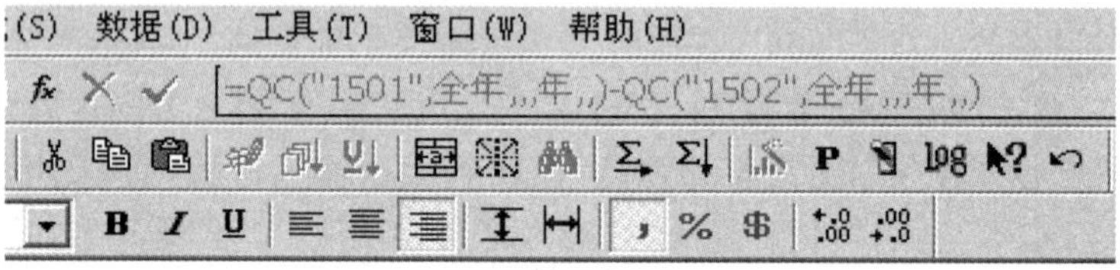

图 9-27 债权投资年初余额公式

根据表 9-2 非流动资产公式完成“A21”“C21”“D21”修改，行次 15、16 不用修改。

单击“A24”单元格，依次选择“编辑”—“插入”—“行”，输入“2 行”。在空白“A24”中输入“其他权益工具投资”，在空白“A25”中输入“其他非流动金融资产”，行次分别为“17”“18”。

b. 行次 19-21 科目修改。双击“C27”，在原有公式后输入小键盘中的“—”，依次选择“函数向导”—“用友账务函数”—双击“期末(QM)”。“科目”输入“1606”，其余为默认，单击“确定”，如图 9-28 所示。

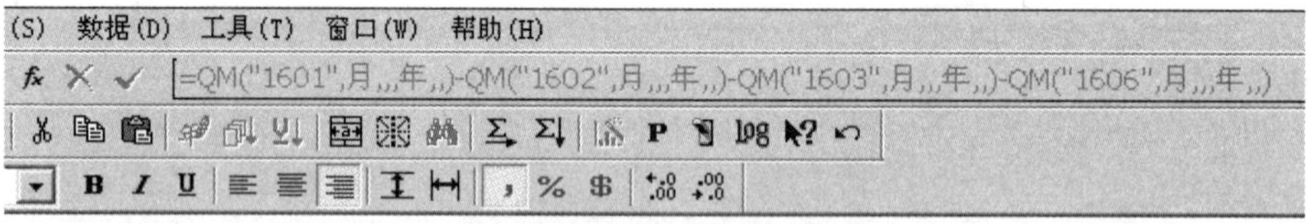

图 9-28 固定资产期末公式

双击“D27”，在原有公式后输入小键盘中的“—”，依次选择“函数向导”—“用友账务函数”—双击“期初(QC)”。“科目”输入“1606”，其余为默认，单击“确定”，如图 9-29 所示。

将原来的行次参考表 9-2，“B26”“B27”“B28”改为“19”“20”“21”。

c. 行次 22-29 科目修改。根据表 9-2，将行次 22-28 原有科目和公式删除，输入正确的

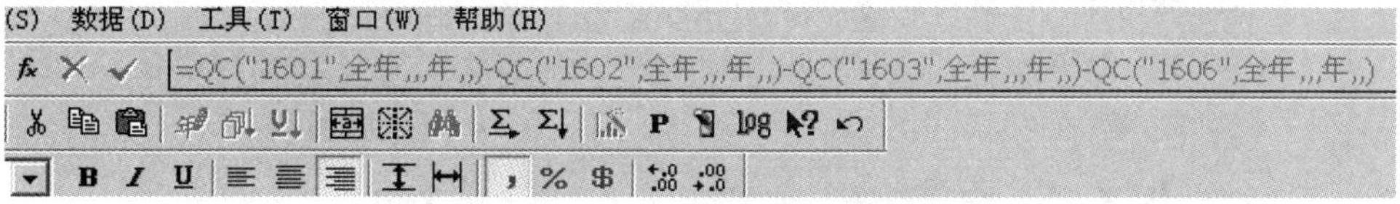

图 9-29 固定资产年初公式

科目及公式。将“C35”非流动资产合计修改为“ptotal(?C20:?C34)”,“D35”修改为“ptotal(?D20:?D34)”。“A36”—“A39”删除科目及公式。“C40”资产合计修改为“?C18+?C35”,“D40”修改为“?D18+?D35”。

注意事项

输入“ptotal”公式时,输入法在英文状态下。

(3) 修改流动负债项目,如表 9-3 所示,将行次序号全部修改成表 9-3 的序号。

a. 行次 30-33 科目修改。在格式状态下,行次 30、31 科目公式不变。双击“E9”应收票据单元格,将“应收票据”修改为“衍生金融负债”,剪切“G9”“H9”的公式,粘贴到“G10”“H10”,双击“E10”,将原有的“应收账款”修改为“应收票据”。

b. 行次 34 科目修改。双击“E11”,将原有“预收款项”修改为“应付账款”。应注意原报表模板中的应付账款科目的公式存在不足,会计准则中的“应付账款”公式应为“应付账款贷方余额+预付账款贷方余额”。双击“G11”单元格,删除原有公式,点击“函数向导”,在左侧的分类中选中“用友账务函数”,右侧双击“期末(QM)”函数,“科目”输入“2202”、方向为“贷”,其余为默认,单击“确定”。

回到函数输入区域,输入小键盘中的“+”,重复上述步骤。选择“QM”公式,注意“科目”输入“1123”、方向为“贷”,单击“确定”,如图 9-30 所示。其含义为“应付账款(2202)贷方期末余额+预付账款(1123)贷方期末余额”。

图 9-30 应付账款期末余额公式

双击“H11”单元格,依次选择“函数向导”—“用友账务函数”—双击“期初(QC)”。“科目”输入“2202”“期间”选择“全年”“方向”为“贷”。回到函数输入区域,输入小键盘中的“+”,重复上述步骤。选择“QC”公式,“科目”输入“1123”“方向”为“贷”,单击“确定”,如图 9-31 所示。其含义为“应付账款(2202)年初贷方余额+预付账款(1123)年初贷方余额”。

年初余额公式和期末公式类似,可将期末“QM”公式复制以后,粘贴在年初“QC”公式的位置,将“QM”改为“QC”“月”改为“全年”。

图 9-31　应付账款年初余额公式

c. 行次 35 科目修改。双击“E12”,改为“预收款项”。应注意原报表模板中的预收款项科目的公式存在不足,会计准则中“预收账款”公式为“预收账款贷方余额+应收账款贷方余额”。双击“G12”单元格,删除原有公式,依次选择“函数向导”—“用友账务函数”—双击“期末(QM)”,“科目”输入“2203”,方向为“贷”,其余为默认,单击“确定”。

回到函数输入区域,输入小键盘中的“+”,重复上述步骤。选择“QM”公式,“科目”输入“1122”“方向”为“贷”,单击“确定”,如图 9-32 所示。其含义为“预收账款(2203)贷方期末余额+应收账款(1122)贷方期末余额”。

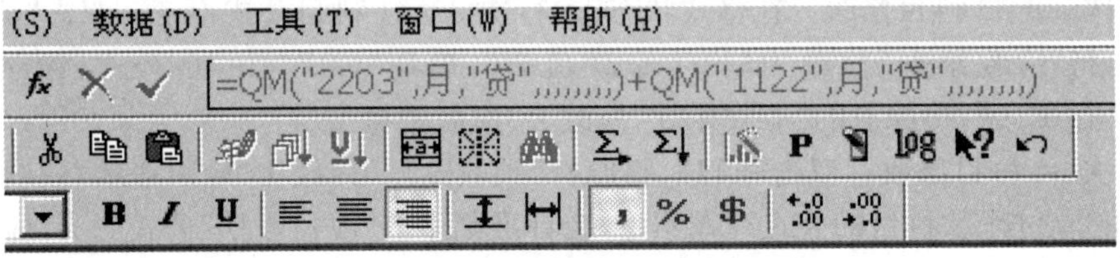

图 9-32　预收账款期末余额公式

双击“H12”单元格,依次选择“函数向导”—“用友账务函数”—双击“期初(QC)”。“科目”输入“2203”“期间”选择“全年”“方向”为“贷”。回到函数输入区域,输入小键盘中的“+”,重复上述步骤。选择“QC”公式,“科目”输入“1122”“方向”为“贷”,单击“确定”,如图 9-33 所示。其含义“预收账款(2203)年初贷方余额+应收账款(1122)年初贷方余额”。

年初余额公式和期末公式类似,可将期末“QM”公式复制以后,粘贴在年初“QC”公式位置,将“QM”改为“QC”“月”改为“全年”。

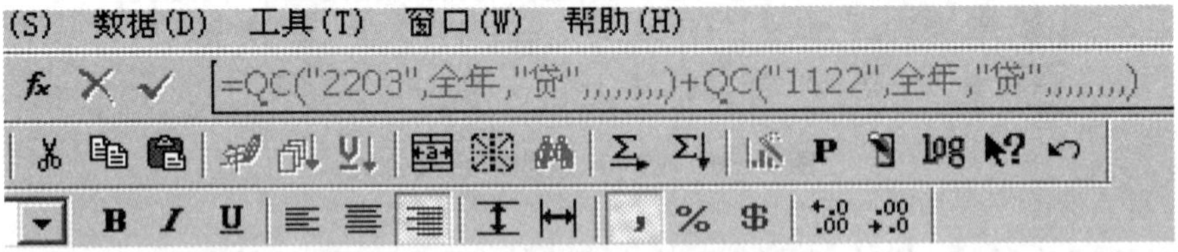

图 9-33　预收账款年初余额公式

d. 行次 36-42 科目修改。行次 36-38 按照表 9-3 中科目及公式输入。

双击“G16”,在原有公式后输入小键盘的“+”,然后依次选择“函数向导”—“用友账务函数”—双击“期末(QM)”。“科目”输入“2231”,其余为默认(方向也为默认,公式中除涉及“应收”“应付”“预收”“预付”,方向都为默认)。回到函数输入区域,输入小键盘中的“+”,重复上述步骤。选择“QM”公式,“科目”输入“2232”,其余为默认,单击“确定”,如图 9-34 所示。其含义为“其他应付款(2241)期末余额＋应付利息期末余额＋应付股利期末余额”。

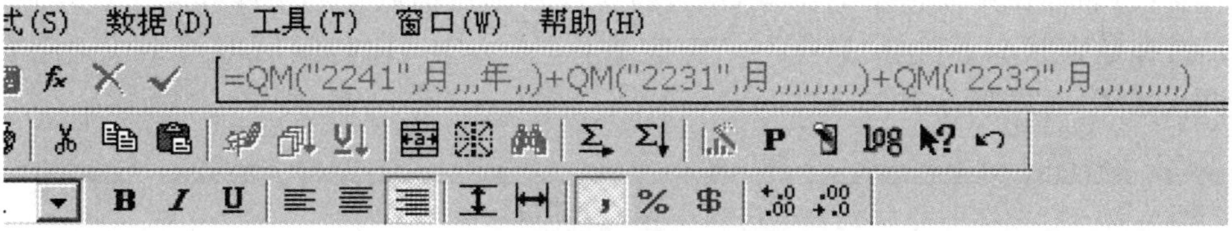

图 9-34 其他应付款期末公式

双击“H16”，将期末“QM”公式复制以后，删除“H16”中原有公式，粘贴在年初“QC”公式位置，将“QM”改为“QC”“月”改为“全年”，如图 9-35 所示。

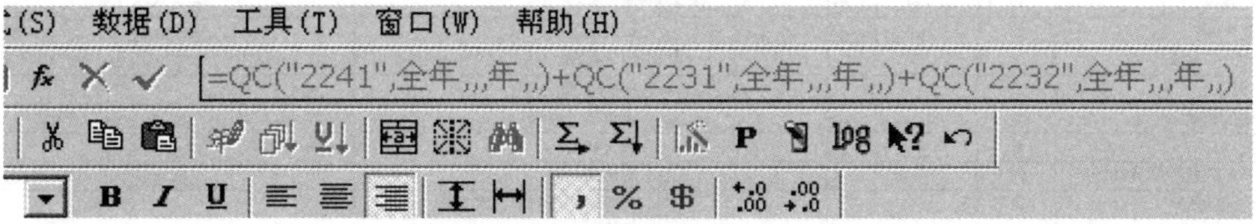

图 9-35 其他应付款年初公式

注意事项

会计准则中要求“其他应付款”公式为“其他应付款期末余额＋应付股利期末余额＋应付利息期末余额”。

(4) 修改非流动负债项目，如表 9-4 所示。根据表 9-4 非流动负债公式自行修改。在输入期末 QM 公式的时候，“年”可以省略，如应收票据公式“QM("1121",月,,,年,,)”和“QM("1121",月,,,,,)”都是正确的。

(5) 修改所有者权益项目，如表 9-5 所示。选中“E39”，执行“编辑”—“插入”—“行”，输入四行，参考表 9-5 输入正确的行次序号。删除原有的公式，重新按照表 9-5 的格式输入。

在此只介绍“未分配利润”，其他项目参考“未分配利润”修改。双击“G42”，依次选择“函数向导”—“用友账务函数”—双击“期末(QM)”。“科目”输入“4103”，其余为默认(方向也为默认)，在原有公式后输入小键盘的“＋”，依次选择“函数向导”—“用友账务函数”—双击“期末(QM)”。“科目”输入“4104”，其余为默认，如图 9-36 所示。

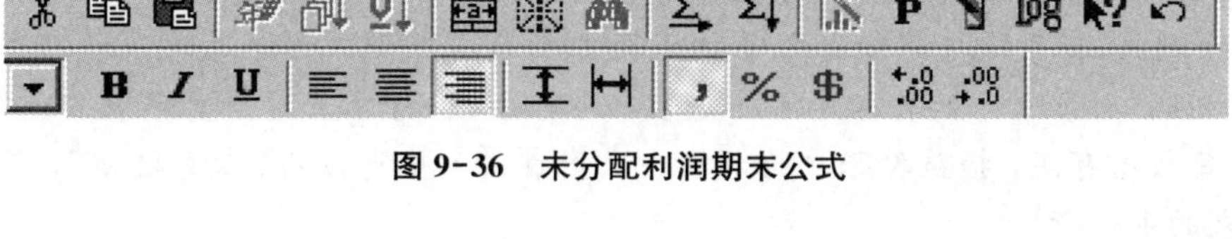

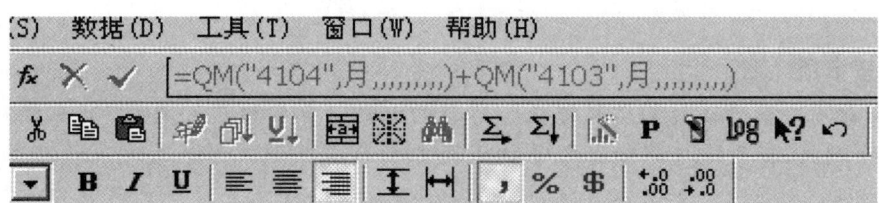

图 9-36 未分配利润期末公式

（6）通过以上操作完成了对系统中报表模板的公式和科目修改。为便于报表美观，应适当调整科目名称在单元格中的位置，检查行次序号阿拉伯数字的字体和原字体是否一样。

最后，在数据状态下执行“数据”—“整表重算”。等待一段时间后即可生成最终资产负债表数据，如图 9-37 所示。

资产负债表

会企01表

单位名称：烟台兴茂机械有限公司　2019 年　12 月　31 日　单位:元

资　产	行次	期末余额	年初余额	负债和所有者权益（或股东权益）	行次	期末余额	年初余额
流动资产:				流动负债:			
货币资金	1	1,811,736.69	2,126,437.72	短期借款	30	780,000.00	980,000.00
交易性金融资产	2	678,000.00	994,500.00	交易性金融负债	31		
衍生金融资产	3			衍生金融负债	32		
应收票据	4	1,185,665.71	75,000.00	应付票据	33	260,000.00	140,000.00
应收账款	5	1,004,136.80	1,472,264.71	应付账款	34	307,765.00	665,875.00
应收款项融资	6			预收款项	35	33,619.47	10,683.67
预付款项	7	5,095.20	30,424.60	合同负债	36		
其他应收款	8	36,519.92	20,177.68	应付职工薪酬	37	95,800.00	91,522.00
存货	9	1,825,745.63	2,141,253.86	应交税费	38	86,599.29	77,072.33
一年内到期的非流动资产	10			其他应付款	39	350,550.00	84,375.00
其他流动资产	11			一年内到期的非流动负债	40		
流动资产合计	12	6,546,899.95	6,860,058.57	其他流动负债	41		
非流动资产:				流动负债合计	42	1,914,333.76	2,049,528.00
债权投资	13	204,094.00	206,000.00	非流动负债:	43		
其他债权投资	14			长期借款	44	820000.00	820000.00
长期应收款	15			应付债券			
长期股权投资	16	619,800.00	600,000.00	其中:优先股	45		
其他权益工具投资	17			永续债	46		
其他非流动金融资产	18			长期应付款	47		
投资性房地产	19			预计负债	48		
固定资产	20	6,380,798.01	6,120,653.67	递延收益	49		
在建工程	21			递延所得税负债	50	9,780.00	9,450.00
无形资产	22	416,200.00	420,000.00	其他非流动负债	51		
研发支出	23			非流动负债合计	52	829780.00	829450.00
商誉	24			负债合计	53	2744113.76	2878978.00
长期待摊费用	25			所有者权益（或股东权益）:			
递延所得税资产	26	5,375.02	5,000.00	实收资本（或股本）	54	8,050,000.00	7,850,000.00
其他非流动资产	27			其他权益工具	55		
非流动资产合计	28	7626267.03	7351653.67	其中：优先股	56		
				永续债	57		
				资本公积	58	300,000.00	280,000.00
				减：库存股	59		
				其他综合收益	60		
				专项储备	61		
				盈余公积	62	867,368.50	470,104.70
				未分配利润	63	2,211,684.72	2,732,629.54
				所有者权益（或股东权益）合计	64	11,429,053.22	11,332,734.24
资产总计	29	14173166.98	14211712.24	负债和所有者权益(或股东权益)总计	65	14,173,166.98	14,211,712.24

图 9-37　资产负债表

▶▶▶ 注意事项

本月损益类账户结转的结果形成了本月的利润。本月利润反映在“本年利润”账户中，“本年利润”在年终利润分配之前构成企业的留存收益，具体反映在资产负债表的“未分配利润”项目中。如果本月损益类账户存在余额，意味着资产负债表中的“未分配利润”项目数据有误，损益类账户的余额在资产负债表中也没有“容身之地”，将造成资产负债表的不平衡。

3. 输出和打开报表

用友 ERP-U8V10.1 在实验未完成前,也可将未完成的报表输出生成后缀为".rep"的文件。操作步骤:执行"文件"—"另存为",如图 9-38 所示。文件可以和账套一个文件夹一起压缩拷入 U 盘中,此文件只能在 UFO 报表系统才能打开,再次打开时,进入 UFO 报表系统后,再执行"文件"—"打开",如图 9-39 所示。

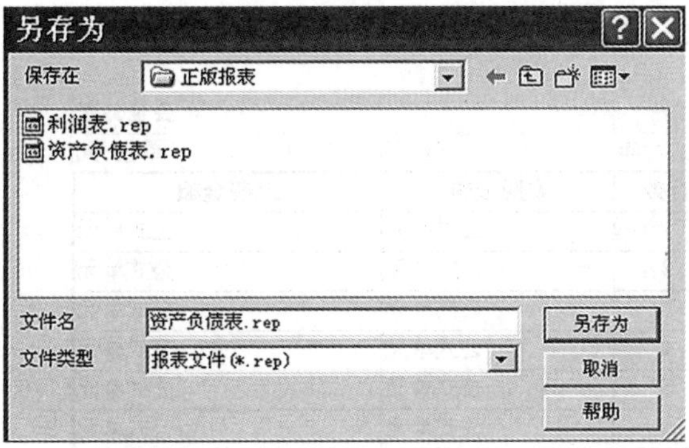

图 9-38 输出报表

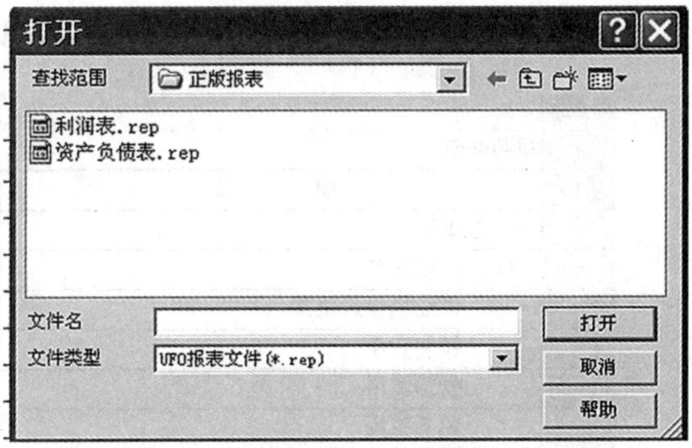

图 9-39 打开报表

4. 常见问题及解决方法

(1) 在输入期末 QM 公式时,"年"可以省略,如"应收票据"公式"QM("1121",月,,,年,,)"和"QM("1121",月,,,,,)"都是正确的。

(2) 只有在数据模式下才能进行算数等操作,格式模式是编辑公式,当发现操作按钮是灰色的时候,可以调节左下角的"数据"和"格式"解决问题。

(3) 当数据显示不全时,可以用鼠标拖拽单元格调节宽度,全部数据将显示出来。

(4) "F6"是保存快捷键,在编辑过程中应及时保存。

(5) "整表重算"后无数据,原因是账套中的凭证未进行记账。

(6) 直接输入单元格加减法的公式,如"资产合计",输入时要在单元格前边加"?"。

(7) "制造费用"在月末应分配结转到成本对象中,增加存货的价值。如果月末"制造费用"账户存在余额又没有结转,就意味着资产负债表中的存货缺少数据,制造费用在资产负债表中又没有"容身之地",编制的资产负债表就不会平衡。

(8) "本年利润"账户在年终结转前,也属于未分配利润的范畴。因此,资产负债表中的"未分配利润"数应是"利润分配"和"本年利润"两个账户余额之和。但是,系统内置模板只取"利润分配"账户的余额,没有设置"本年利润"账户的取数公式,应予以添加。在实际工作中,该栏目数据出现的问题最多,是导致资产负债表不平衡的主要原因。

(二) 利润表

1. 利润表模板

(1) 执行"文件"—"新建",在格式状态下选择"格式"—"报表模板",选择"2007 年新会计准则""利润表",如图 9-40 所示。

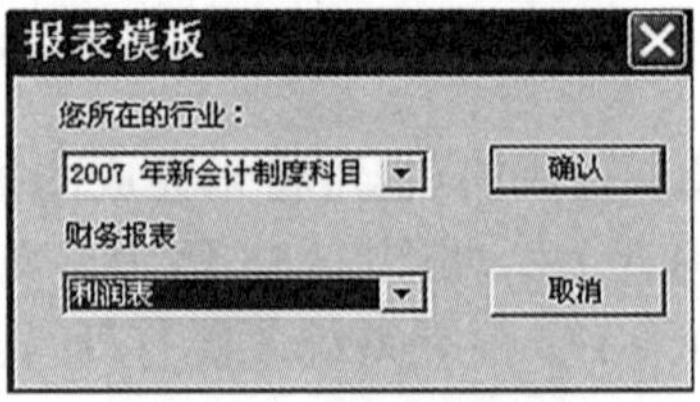

图 9-40　报表模板选项

(2) 单击"确认",生成"利润表模板",如图9-41所示。

2				会企02表
3	编制单位:	xxxx 年	xx 月	单位:元
4	项　　目	行数	本期金额	上期金额
5	一、营业收入	演示数据1	公式单元	公式单元
6	减：营业成本	2	公式单元	公式单元
7	营业税金及附加	3	公式单元	公式单元
8	销售费用	4	公式单元	公式单元
9	管理费用	5	公式单元	公式单元
10	财务费用	6	公式单元	公式单元
11	资产减值损失	7	公式单元	公式单元
12	演加：公允价值变动收益（损失以"-"号填列）	8	公式单元	公式单元
13	投资收益（损失以"-"号填列）	9	公式单元	公式单元
14	其中:对联营企业和合营企业的投资收益	10		
15	二、营业利润（亏损以"-"号填列）	11	公式单元	公式单元
16	加：营业外收入	12	公式单元	公式单元
17	减：营业外支出	13	公式单元	公式单元
18	其中：非流动资产处置损失	14		
19	三、利润总额（亏损总额以"-"号填列）	15	公式单元	公式单元
20	减：所得税费用	16	公式单元	公式单元
21	四、净利润（净亏损以"-"号填列）	17	公式单元	公式单元
22	五、每股收益:	18		
23	（一）基本每股收益	19		
24	（二）稀释每股收益	20		

图 9-41　利润表模板

2. 修改利润表模板

(1) 选中"A14",执行"编辑"—"插入"—"行",插入 9 行。对照表 9-6,对模板中的行数序号进行修改。

(2) 以"财务费用"为例,在格式状态下,双击"A11",将原有"资产减值损失"修改为"财务费用"。双击"C11"单元格,删除原有公式,执行"函数向导"—"用友账务函数"—"发生(FS)",如图 9-42 所示。

(3) 双击"发生(FS)"函数,进入"账务函数"窗口。与"期末(QM)"函数类似,"科目"输入"6603"、方向为"借"、单击"确定",公式为"FS(6603,月,"借",,)",其含义为取财务费用(6603)的借方发生额,如图 9-43 所示。

(4) 输入单元格公式时,应注意对应的编号,在单元格编号前边加"?"。例如,行数

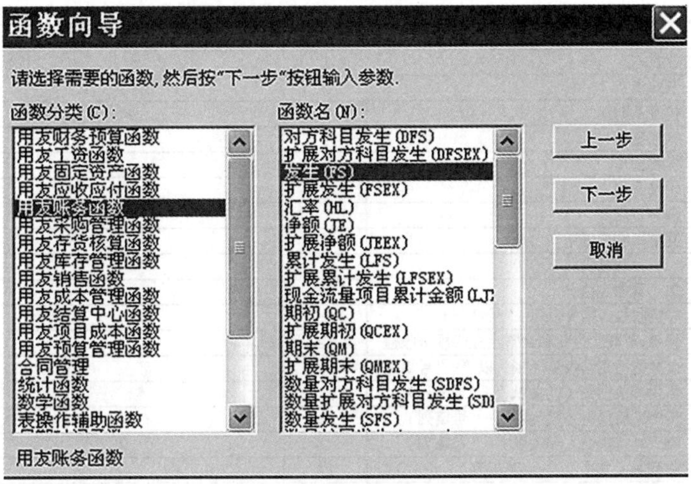

图 9-42 发生函数

图 9-43 财务费用发生函数

17 的“营业利润”公式,双击“D21”,输入“?C5-?C6-?C7-?C8-?C9-?C11+?C15+?C17-?C18-?C19”,如图 9-44 所示。

图 9-44 “营业利润”公式

注意事项

输入单元格公式时,要在单元格前加的“?”,一定要在英文状态下输入,否则会提示公式错误。

(5) 对照表 9-6,适当调整单元格的宽度、高度和字体,形成最后的利润表,单击左下角“格式”,使之变为“数据”状态,此时提示是否“整表重算”,选择“是”,完成表页数据的计算,生成利润表,如图 9-45 所示。

(6) 将利润表输出保存,如图 9-46 所示。

3. 常见问题及解决方法

(1) 损益类或者收入类科目金额发生错误。应先检查“发生(FS)”函数中借贷方是否输入,如果公式没有问题,则应检查结转损益之前的凭证,是否存在调节借贷方红字的情况。

(2) 营业利润错误或者利润总额错误,应检查营业利润直接输入单元格以及正负号是

	A	B	C	D
4	项　目	行数		本期金额
5	一、营业收入	1		1,081,917.23
6	减：营业成本	2		821,530.65
7	税金及附加	3		15,688.74
8	销售费用	4		31,714.56
9	管理费用	5		39,767.26
10	研发费用	6		
11	财务费用	7		12,090.31
12	其中：利息费用	8		
13	利息收入	9		
14	加：其他收益	10		
15	投资收益（损失以“-”号填列）	11		74,470.50
16	其中:对联营企业和合营企业的投资收益	12		
17	公允价值变动收益（损失以“-”号填列）	13		-16,500.00
18	信用减值损失（损失以“-”号填列）	14		2,361.40
19	资产减值损失（损失以“-”号填列）	15		5,154.00
20	资产处置损益（损失以“-”号填列）	16		
21	二、营业利润（亏损以“-”号填列）	17		211580.81
22	加：营业外收入	18		
23	减：营业外支出	19		14,744.48
24	三、利润总额（亏损总额以“-”号填列）	20		196836.33
25	减：所得税费用	21		20,517.35
26	四、净利润（净亏损以“-”号填列）	22		176318.98
27	（一）持续经营净利润（净亏损以“-”号填列）	23		176318.98
28	（二）终止经营净利润（净亏损以“-”号填列）	24		
29	五、其他综合收益的税后净额	25		
30	六、综合收益总额	26		176318.98
31	七、每股收益：	27		
32	（一）基本每股收益	28		0.09
33	（二）稀释每股收益	29		

图 9-45　生成利润表

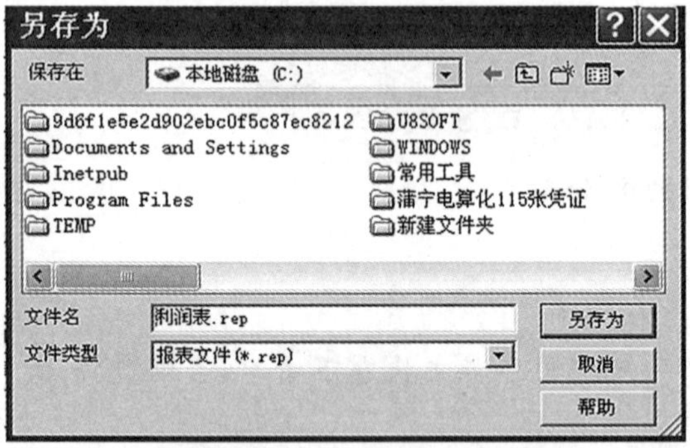

图 9-46　利润表保存

否正确。

(3) 净利润和所得税费用错误。应检查公式,如公式没有问题,则应检查之前录入关于所得税的凭证是否正确,尤其注意递延所得税科目是否调借贷方红字。

(4) 利润表时只能在 UFO 报表系统内打开,在外部是无法被打开的。

(5)“FS(发生)”函数在利润表编制中的应用有限制条件。“FS(发生)”函数的功能是取账务系统中指定账户、指定会计期和指定方向的发生额。例如,“＝FS（"6603",月,"借")”,其含义是“取 6603 科目（财务费用）当月借方发生额”。如果损益类账户在期末结转前只在单一的本位方向上有发生额,那么,不论是在期末结转之前还是结转之后,其本位方向数据就是应该填列到利润表相应项目中的数据。在期间损益结转前,如果损益类账户的借方和贷方均有发生额,单纯地利用系统内置的模板是不能正确编制利润表的,这是因为系统内置的模板只取一个方向的发生额,另一个方向的发生额必然会被遗漏。因此,如果用“FS(发生)”函数,则必须调节凭证损益类和收入类科目的借贷方。

第三篇　电算化综合实验

本篇为电算化综合实验。学员应以2019年12月烟台兴茂机械制造有限公司经济业务为背景，按照最新的《企业会计准则》和烟台兴茂机械制造有限公司相关财务制度的要求，完成2019年12月烟台兴茂机械制造有限公司财务核算、登记账簿和编制财务报表等工作综合。

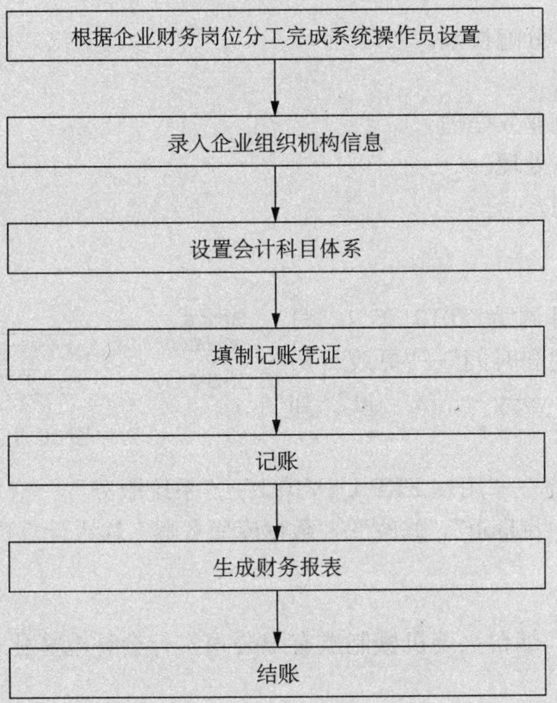

项目十　综　合　实　验

一、实验目的

(1) 能够完成操作员增加和权限分配。

(2) 能够掌握企业账套的建立与期初数据录入。

(3) 能够熟练运用软件进行企业日常经济业务处理。

(4) 能够熟练运用软件进行企业期末业务处理。

(5) 能够熟练运用软件进行财务报表编制。

二、实验内容

(1) 增加操作员并分配权限。

(2) 建立企业账套。

(3) 企业日常经济业务处理。

(4) 企业期末业务处理。

(5) 财务报表编制。

三、实验准备

(1) 将电脑时间调为 2019 年 12 月 31 日。点击更改“日期和时间”—“更改日历设置”—“短日期”—“yyyy - mm - dd”，如图 10-1 所示。

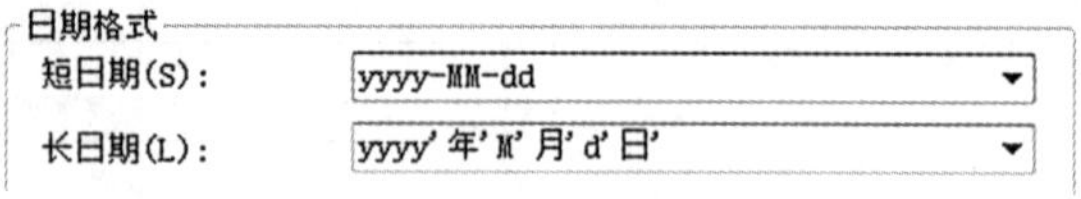

图 10-1　日期设置

(2) 依次执行“程序”—“用友 ERP-U8V10.1”—“系统服务”—“应用服务器配置”—“数据库服务器”，第一行选中“default”，“修改”—“数据库服务器”，输入计算机属性中的机器号。

四、实验资料

2019 年 12 月 1 日，烟台兴茂机械制造有限公司实行会计电算化。公司账套的基本信息如下所示。

(一) 操作人员及其权限

操作人员及其权限如表 10-1 所示。

表 10-1　操作人员及其权限

部门	编号	姓名	口令	权限
财务部	001	张丽	1	账套主管，负责系统日常运行管理，拥有全部权限
财务部	002	王永胜	2	拥有“基本信息”“总账”(审核凭证、出纳签字、出纳除外)子系统的相关权限
财务部	003	王正伟	3	拥有“总账—凭证—出纳签字”和“总账—出纳”子系统的相关权限

（二）账套信息

账套号:888

账套名称:烟台兴茂机械制造有限公司

账套路径:系统默认路径

启用账簿期:2019 年 12 月

会计期间设置:12 月 1 日至 12 月 31 日

（三）企业信息

单位名称:烟台兴茂机械制造有限公司

单位简称:烟台兴茂制造

单位地址:山东省烟台市莱山区港城东大街 100 号

法人代表:孔祥瑞

税号:913706129662088957

联系电话及传真:0531-6900119

电子邮箱:yantaixingmao@126.com

（四）核算类型

本币名称:人民币(RMB)

企业类型:工业

行业性质:2007 年新会计制度科目

账套主管:张丽

按行业性质预置会计科目

（五）基础信息

无外币核算,不对存货、客户和供应商进行分类。

（六）分类编码方案

科目编码级次:4222,其他编码级次采用系统默认值。

（七）数据精度

采用系统默认值。

（八）系统启用

启用“总账”子系统,启用日期为 2019 年 12 月 1 日。

（九）企业组织架构

企业组织架构如表 10-2 所示。

表 10-2　　企业组织架构表

部门编码	部门或职务	人员编码	部门负责人
1	总经理	001	孔祥瑞
2	办公室	002	宋成亮
3	财务部	003	张　丽
4	生产部	—	—

（续表）

部门编码	部门或职务	人员编码	部门负责人
401	生产部——生产车间	004	孙思泽
402	生产部——仓库	005	于传强
403	生产部——生产管理部门	006	王加成
5	销售部	007	徐瑞诚
6	采购部	008	刘　伟

（十）账户期初数据

（1）永久性账户明细分类账期初余额，如表 10-3 所示。

表 10-3　　永久性账户明细分类账期初余额表

总账科目	明细科目	方向	余额	账户类型
库存现金		借	7 130.00	日记账
银行存款	农业银行	借	1 979 307.72	日记账
其他货币资金	银行本票存款	借	140 000.00	三栏式
交易性金融资产	股票投资——浪潮软件/成本	借	900 000.00	三栏式
	股票投资——浪潮软件/公允价值变动	借	94 500.00	三栏式
应收票据	银行承兑汇票——烟台凯马汽车制造公司	借	75 000.00	三栏式
	银行承兑汇票——青岛通达汽车配件公司	平	0	三栏式
	银行承兑汇票——烟台三立有限公司	平	0	三栏式
	银行承兑汇票——泰安银光电子公司	平	0	三栏式
应收账款	威海东恒公司	借	331 233.00	三栏式
	青岛通达汽车配件公司	借	430 000.00	三栏式
	青岛山海机械有限公司	借	5 366.00	三栏式
	烟台三立有限公司	借	755 665.71	三栏式
	济南西城机械有限公司	平	0	三栏式
应收股利		平	0	三栏式
应收利息		平	0	三栏式
坏账准备	应收账款	贷	50 000.00	三栏式
预付账款	预付报刊订阅费	借	275.23	三栏式
	预付车辆保险费	借	149.37	三栏式
	青岛广源钢材有限公司	借	30 000.00	三栏式
其他应收款	刘星	借	5 000.00	三栏式
	李强	平	0	三栏式

（续表）

总账科目	明细科目	方向	余额	账户类型
	重庆华宇机械有限公司	平	0	三栏式
	基本养老保险费	借	6 101.76	三栏式
	失业保险费	借	228.72	三栏式
	基本医疗保险费	借	1 525.44	三栏式
	住房公积金	借	7 321.76	三栏式
	赵小英	平	0	三栏式
	济南曼华包装有限公司	平	0	三栏式
原材料	钢板	借	245 000.00	数量金额式
	铝合金	借	166 250.00	数量金额式
材料采购	钢板	平	0	数量金额式
	铝合金	平	0	数量金额式
	包装盒	平	0	数量金额式
材料成本差异	钢板	贷	1 050.00	三栏式
	铝合金	借	2 500.00	三栏式
	包装盒	平	0	三栏式
库存商品	抗性消音器	借	843 094.00	数量金额式
	铝合金油箱	借	445 945.80	数量金额式
	有源消音器	平	0	数量金额式
委托加工物资	有源消音器	平	0	三栏式
生产成本	抗性消音器	借	256 777.27	三栏式
	铝合金油箱	借	171 356.79	三栏式
低值易耗品	包装盒	借	11 380.00	数量金额式
债权投资	债券投资——成本	借	200 000.00	三栏式
	债券投资——利息调整	借	6 000.00	三栏式
长期股权投资	烟台天明机械装备有限公司——成本	借	600 000.00	三栏式
	烟台天明机械装备有限公司——损益调整	平	0	三栏式
固定资产	建筑物	借	2 660 000.00	三栏式
	机器设备	借	4 858 272.00	三栏式
	办公设备	借	287 550.00	三栏式
累计折旧	建筑物	贷	665 000.00	三栏式
	机器设备	贷	931 168.33	三栏式

（续表）

总账科目	明细科目	方向	余额	账户类型
	办公设备	贷	89 000.00	三栏式
固定资产减值准备		平	0	三栏式
固定资产清理		平	0	三栏式
待处理财产损益	待处理流动资产损益	平	0	三栏式
无形资产	专利	借	480 000.00	三栏式
累计摊销	专利	贷	60 000.00	三栏式
递延所得税资产		借	5 000.00	三栏式
短期借款	中国农业银行	贷	980 000.00	三栏式
应付票据	烟台伟业有限公司	贷	90 000.00	三栏式
	青岛广源钢材有限公司	贷	50 000.00	三栏式
应付账款	烟台伟业有限公司	贷	210 000.00	三栏式
	济南星光公司	贷	262 000.00	三栏式
	中通工业集团	贷	193 875.00	三栏式
	烟台市自来水公司	平	0	三栏式
	烟台市供电局	平	0	三栏式
预收账款	山东恒通汽车制造有限公司	贷	6 096.53	三栏式
	烟台神通电气有限公司	贷	4 587.14	三栏式
	济南信达汽车配件有限公司	平	0	三栏式
应付职工薪酬	工资	贷	91 522.00	三栏式
	社会保险金	平	0	三栏式
	工会会费	平	0	三栏式
	住房公积金	平	0	三栏式
应交税费	未交增值税	贷	62 565.00	三栏式
	应交个人所得税	平	0	三栏式
	应交城建税	贷	4 379.55	三栏式
	应交教育费附加	贷	1 251.30	三栏式
	应交印花税	贷	376.48	三栏式
	应交企业所得税	贷	8 500.00	三栏式
	应交房产税	平	0	三栏式
	应交土地使用税	平	0	三栏式
应付利息	长期借款利息	贷	33 825.00	三栏式

（续表）

总账科目	明细科目	方向	余额	账户类型
应付股利		平	0	三栏式
其他应付款	保证金	贷	50 550.00	三栏式
长期借款	中国工商银行	贷	820 000.00	三栏式
递延所得税负债		贷	9 450.00	三栏式
实收资本	烟台兴鲁机械制造有限公司	贷	7 000 000.00	三栏式
	烟台飞达机械设备有限公司	贷	850 000.00	三栏式
	烟台海德专用车有限公司	平	0	三栏式
资本公积	其他资本公积	贷	280 000.00	三栏式
盈余公积	法定盈余公积	贷	235 052.35	三栏式
	任意盈余公积	贷	235 052.35	三栏式
本年利润	本年利润	贷	1 810 000.00	三栏式
利润分配	提取法定盈余公积	平	0	三栏式
	提取任意盈余公积	平	0	三栏式
	应付股利	平	0	三栏式
	未分配利润	贷	922 629.54	三栏式

（2）临时性账户明细分类账期初余额，如表 10-4 所示。

表 10-4　　临时性账户明细分类账期初余额表

总账科目	明细科目	方向	余额	账户类型
主营业务收入	抗性消音器	平	0	三栏式
	铝合金油箱	平	0	三栏式
	有源消音器	平	0	三栏式
其他业务收入	固定资产出租	平	0	三栏式
投资收益		平	0	三栏式
公允价值变动损益		平	0	三栏式
资产减值损失		平	0	三栏式
主营业务成本	抗性消音器	平	0	三栏式
	铝合金油箱	平	0	三栏式
	有源消音器	平	0	三栏式
税金及附加		平	0	三栏式
销售费用	广告费	平	0	多栏式

（续表）

总账科目	明细科目	方向	余额	账户类型
	展览会费用	平	0	多栏式
	职工薪酬	平	0	多栏式
	水电费	平	0	多栏式
	包装盒	平	0	多栏式
管理费用	差旅费	平	0	多栏式
	报刊订阅费	平	0	多栏式
	办公用品	平	0	多栏式
	业务招待费	平	0	多栏式
	维修费	平	0	多栏式
	培训费	平	0	多栏式
	职工薪酬	平	0	多栏式
	水电费	平	0	多栏式
	折旧	平	0	多栏式
	其他	平	0	多栏式
财务费用	利息支出	平	0	多栏式
	现金折扣	平	0	多栏式
	存款利息收入	平	0	多栏式
	其他	平	0	多栏式
营业外支出	捐赠支出	平	0	三栏式
	处置固定资产净损失	平	0	三栏式
所得税费用		平	0	三栏式

（3）数量金额式账户期初余额，如表 10-5 所示。

表 10-5　　数量金额式账户期初余额

总账	明细	数量	单价	方向	金额
材料采购	钢板	0		平	0
	铝合金	0		平	0
	包装盒	0		平	0
原材料	钢板	70	3 500.00	借	245 000.00
	铝合金	12.5	13 300.00	借	166 250.00

（续表）

总账	明细	数量	单价	方向	金额
低值易耗品	包装盒	5 690	2.00	借	11 380.00
库存商品	抗性消音器	3 430	245.80	借	843 094.00
	铝合金油箱	1 158	385.10	借	445 945.80
	有源消音器	0		平	0

（4）生产成本多栏式账户期初余额，如表 10-6 所示。

表 10-6　生产成本多栏式账户期初余额

明细	原材料	燃料和动力	工资	制造费用	合计
抗性消音器	184 326.86	1 719.66	40 487.26	30 243.49	256 777.27
铝合金油箱	108 989.13	1 480.34	34 852.74	26 034.58	171 356.79

（十一）企业会计政策与核算规则

1. 账务处理程序

企业采用科目汇总表账务处理程序，如图 10-2 所示。

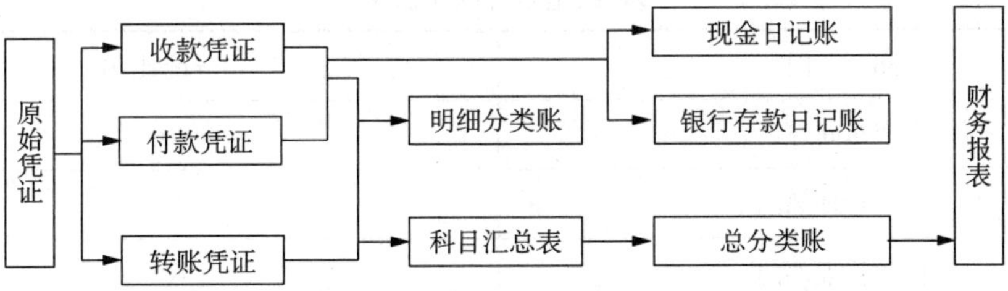

图 10-2　公司账务处理流程

2. 交易性金融资产的确认与计量

以赚取差价为目的而持有活跃在市场上有报价的金融资产，确认为交易性金融资产。在初始确认时按照公允价值计量，相关交易费用直接计入当期损益。持有交易性金融资产的会计期间，其公允价值变动形成的利得与损失，应当计入当期损益。

3. 债权投资的确认与计量

到期日固定、回收金额固定或可确定，且企业有明确意图和能力持有至到期的在活跃市场上有报价的债券，确认为以摊余成本计量的金融资产，核算时计入债权投资。在初始确认时按照实际支付价格计量，相关交易费用计入初始确认金额，构成实际利息组成部分。取得债权投资以后的会计期间，采用实际利率法，按摊余成本计量。

4. 备用金核算

采购员及其他职工出差预支差旅费，回企业后一次结清。

5. 材料核算方法

（1）原材料、低值易耗品按计划成本进行日常核算，“建账材料”“材料采购”“材料成本差异”明细分类与原材料、低值易耗品明细分类相同，其分类项目为钢板、铝合金和包装盒。

(2) 将钢板材料发出委托加工单位加工成库存商品有源消音器。企业一般当月接到合同订单，当月向委托加工单位发出材料，当月加工完成。发出材料时，根据“委托加工材料出库单”，核算钢板材料成本差异。

(3) 生产车间领用材料时不核算材料成本差异，在月末根据本月“领料单”，编制“材料收发存汇总表”，计算材料成本差异率，核算材料成本差异，计入各产品生产成本。

(4) 每年 12 月份对原材料、库存商品等存货进行盘点清查，根据盘点结果编制“盘盈盘亏报告单”，报相关领导审批后，在年末结账前处理完毕。

6. 基于薪酬的社会保险费、住房公积金和有关经费的计提

(1) 为企业员工缴纳的基本养老保险费、失业保险费、基本医疗保险费、工商保险费、生育保险费依据烟台市企业职工社会保险 2019 年度月最低缴费基数 3 465 元。企业每月 13 日收到山东省社会保险基金当月的专用票据，按实际金额核算相关社会保险费。

(2) 住房公积金计提基数为当月工资总额，计提比例为 8%。

(3) 工会经费由企业承担，计提基数为当月工资总额，计提比例为 2%。

7. 水费、电费分配方法

(1) 水费、电费分摊比例，如表 10-7 所示。

表 10-7　　水费、电费分摊比例表

部　　门	分配比例
生产车间	60%
生产管理部门	20%
行政管理部门	10%
销售部	10%
合　　计	100%

(2) 水费、电费分配到生产车间的费用，根据生产各产品实际耗用的工时数按比例分配到各产品的生产成本。

8. 制造费用分配方法

制造费用根据生产各产品实际耗用的工时数按比例进行分配。

9. 产品生产成本核算方法

(1) 产品生产成本采用品种法进行核算，包含“燃料与动力”“直接材料”“直接人工”“制造费用”。生产耗费在完工产品和在产品之间的分配按照约当产量比例法，原材料在生产开始时一次投入。

(2) 在产品约当产量计算公式：在产品约当量 = 在产品数量 × 在产品完工度

(3) 产品各道工序完工度，如表 10-8 所示。

表 10-8　　产品各道工序完工度表

产品	第 1 道工序	第 2 道工序	第 3 道工序	第 4 道工序	第 5 道工序
抗性消音器	20%	30%	15%	25%	10%
铝合金油箱	30%	40%	10%	20%	—

10. 长期股权投资的核算

企业对其他单位的投资属于对被投资单位具有重大影响，采用权益法核算。

11. 固定资产核算

(1) 固定资产是指同时具有下列特征的有形资产：①为生产商品、提供劳务、出租或经营管理而持有的；②使用寿命超过一个会计年度。

(2) 对固定资产采用直线法计提折旧。企业固定资产按建筑物、机器设备、办公设备分类。各类固定资产的使用年限、净残值率，如表 10-9 所示。

表 10-9　　固定资产折旧表

固定资产种类	使用年限(年)	净残值率
建筑物	20	5%
机器设备	10	5%
办公设备	5	4%

(3) 固定资产清理应由生产车间提出报告，经技术人员鉴定，报相关领导审批后处理。

(4) 固定资产减值应由生产管理部门提出报告，经财务部门审核，报相关领导审批后处理。

12. 无形资产核算

(1) 企业拥有专利无形资产，按照实际成本进行初始计量。采用直线法计提摊销。

(2) 专利使用年限及净残值率，如表 10-10 所示。

表 10-10　　无形资产摊销表

无形资产	使用年限(年)	净残值率
专　利	10	5%

13. 坏账准备核算

(1) 坏账准备采用备抵法核算。

(2) 不同账龄下，应收账款坏账准备计提比例，如表 10-11 所示。

表 10-11　　坏账准备计提比例表

账龄	坏账准备计提率	账龄	坏账准备计提率
1 年以内(含 1 年)	3%	2～3 年(含 3 年)	10%
1～2 年(含 2 年)	5%	3 年以上	20%

14. 所得税费用处理

所得税会计采用资产负债表债务法。企业比较有关资产和负债的账面价值与计税基础,确定应纳税暂时性差异和可抵扣暂时性差异;除会计准则规定的特殊情况外,确认递延所得税负债和递延所得税资产;根据递延所得税负债和递延所得税资产的本期增减变化,确定递延所得税;根据适用的税法规定,计算当期应纳税所得额和应交所得税,确定当期所得税;根据当期所得税和递延所得税,确定利润表中的所得税费用。

(十二) 2019 年 12 月份发生的经济业务(共计 90 项)

(1) 12 月 1 日,签发一张支票,从中国农业银行提取现金 2 500 元备用。

(2) 12 月 1 日,购买 35 吨钢板材料,收到重庆华宇机械有限公司开的增值税专用发票(号码:07660077),发票列明价款 121 975 元,增值税额 15 856.75 元。材料已验收入库,通过银行本票存款支付 140 000 元,多出的金额 2 168.25 元暂作"其他应收款——重庆华宇机械有限公司"处理。公司钢板材料计划成本为 3 500 元/吨。

(3) 12 月 2 日,采购员刘星重庆出差回来报销差旅费 6 900 元,出纳以现金补付预支款不足的差额 1 900 元。

(提示:采购差旅费记入"管理费用——差旅费"账户)

(4) 12 月 2 日,重庆华宇机械有限公司通过企业网上银行转来金额 2 168.25 元,系结清用银行本票存款采购钢板的余款。

(5) 12 月 3 日,中国农业银行收取企业的网上银行年费 1 200 元,并收取本月的短信业务费 10 元。

(6) 12 月 3 日,销售给济南西城机械有限公司抗性消音器,并开出增值税专用发票(号码:03349233),列明价款 297 964.60 元,增值税额 38 735.40 元,货已发出,货款尚未收到。

(提示:成本结转月末一次进行)

(7) 12 月 4 日,用银行存款支付 11 月份各项税费 77 072.33 元。其中,未交增值税 62 565 元,应交城市维护建设税 4 379.55 元,应交教育费附加 1 251.30 元,应交印花税 376.48元,应交所得税 8 500 元。

(8) 12 月 4 日,济南西城机械有限公司发来函电,其 12 月 3 日购买的部分抗性消音器出现产品质量与合同要求质量不符情况,提出给予价款 1% 折让(原合同价款 297 964.6 元,增值税额 38 735.4 元),公司同意给予折让并开出红字专用发票(号码:03349234)。

(9) 12 月 5 日,签发中国农业银行支票一张,预付上海东方汽车杂志社 3 600 元,系公司明年为各科室预定的汽车杂志费,并收到上海东方汽车杂志社开出的增值税专用发票(号码:07650043),列示价款 3 302.75 元,增值税额 297.25 元。

(10) 12 月 5 日,摊销本年从上海东方汽车杂志社订阅的报刊费 275.23 元,记入"管理费用"账户。

(11) 12 月 5 日,由中国农业银行转来中通企业集团委托收款凭证,要求承付中通企业集团发出的 5 吨铝合金的货款 76 275 元,承付期为 10 天,材料尚未验收入库。**(提示:该笔业务在 5 日不需要做会计核算)**

(12) 12 月 6 日,收到青岛通达汽车配件公司电子银行承兑汇票一张,付讫上月发出的货款，金额为 430 000 元，到期日为 2020 年 3 月 6 日，电子汇票已在网银中签收。

(13) 12 月 8 日，向中国农业银行申请签发银行本票一张，金额为 15 000 元，交给采购员李强，拟向济南曼华包装有限公司购入包装盒。

(14) 12 月 8 日，采购员李强到济南出差，预借差旅费 2 000 元，出纳以现金付讫。

(15) 12 月 10 日，采购员李强用面额为 15 000 元的银行本票，向济南曼华包装有限公司购入 6 000 个包装盒，收到增值税专用发票(号码:07660548)，列明价款 12 600 元，增值税额 1 638 元。货已验收入库。收到转账支票一张，济南曼华包装有限公司已将多余款项 762 元签发转账支票付讫，转账支票当天存入中国农业银行。这批包装盒的计划成本为 2 元/个。

(16) 12 月 10 日，采购员李强出差回来，报销差旅费 1 550 元，差旅费余款退回现金 450 元。

(提示:采购差旅费记入“管理费用——差旅费”账户)

(17) 12 月 11 日，核算本月长期借款利息 3 075 元，并支付本年长期借款利息36 900元。长期借款的名义利率与实际利率相同。

(18) 12 月 11 日，用银行存款支付本月短期借款利息 2 250 元。

(19) 12 月 12 日，一笔 200 000 元的中国农业银行短期借款到期，用企业网上银行偿还该项借款。

(20) 12 月 12 日，收到济南西城机械有限公司签发的转账支票一张，用来偿还本月 3 日购货所欠货款，销售合同约定的信用条件为(10/2, N/30)，享受 2%的折扣，支票已存入中国农业银行。

(提示: 现金折扣 =333 333 × 2% =6 666.66 元，记入“财务费用——现金折扣”账户)

(21) 12 月 12 日，收到济南信达汽车配件有限公司签发的转账支票 20 000 元，系订购铝合金油箱的预付款。

(22) 12 月 13 日，公司 2019 年 9 月 18 日签发并承兑的一张商业承兑汇票到期，收到中国农业银行转来收款方(烟台伟业有限公司)托收货票款的委托收款凭证付款通知联，公司支付票款 90 000 元。

(23) 12 月 13 日，收到烟台市社会保险服务中心发来的职工社会保险基金结算表，公司已办理银行托管业务，银行账户扣款完成社会保险金缴纳。其中:社会保险金21 188.40元、基本养老保险 6 101.76 元、失业保险 228.72 元、基本养老保险 1 525.44 元，合计支付 29 044.32 元。

(提示:2019 年度，烟台市企业职工社会保险月最低缴费基数为 3 465 元，公司按烟台市最低缴费基数为职工缴纳社会保险金)

(24) 12 月 13 日，通过企业网上银行缴纳住房公积金，金额 15 328 元。

(提示:12 月份住房公积金缴存比例为职工当月工资总额的 16%)

(25) 12 月 13 日，在中国农业银行提取现金缴纳工会经费，金额 1 916 元。

(26) 12 月 14 日，向中通工业集团购入 5 吨铝合金的货款承付期满，通过网上银行付讫。收到增值税专用发票(号码:07660312)，金额为 67 500 元，增值税额为 8 775 元，材料已验收入库。该批铝合金的计划成本为 13 300 元/吨。

(27) 12 月 14 日，购买办公用品 A4 打印纸，收到上海晨光文具有限公司开出的增值税专用发票(号码:07660907),价款929.20元,增值税额120.80元,通过网上银行支付。A4打印纸直接交付各部门使用。

(提示:办公用品生产车间领用记入“制造费用——办公用品”账户,行政管理部门与财务部门领用记入“管理费用——办公用品”账户)

(28) 12月14日,委托烟台勤通机床有限公司加工有源消音器160件,发出委外加工钢板10吨,我公司钢板的计划成本为3 500元。

(提示:对于委托加工的出库材料,直接核算记入“材料成本差异——钢板”账户)

(29) 12月14日,公司行政管理部门发生业务招待费490元,收到增值税电子普通发票一张,以现金付讫。

(30) 12月15日,收到烟台海源广告策划有限公司开来的增值税专用发票(号码:07660339),列明价款3 773.59元,增值税额226.41元。公司开出转账支票支付广告费。

(31) 12月15日,烟台神通电气有限公司与公司续签厂房租赁协议,继续租用公司部分厂房,并开出转账支票一张,预付明年1~6月份的租金,送存中国农业银行。公司开给烟台神通电气有限公司一张增值税专用发票(号码:0349235),金额27 522.94元,增值税额2 477.06元。

(32) 12月15日,销售给济南信达汽车配件有限公司铝合金油箱,并开出增值税专用发票(号码:0349236),列明价款90 044.25元,增值税额11 705.75元。货已发出,收到对方交来金额为81 750元的转账支票。

(提示:成本结转月末一次进行)

(33) 12月16日,向上海机床有限公司购进机床一台,收到增值税专用发票(号码:07660651),列示设备价款176 991.15元,增值税额23 008.85元,用银行存款全额支付。设备已达到预定可使用状态,直接交生产车间使用(增值税税额可全部一次抵扣)。

(34) 12月16日,因青岛山海机械有限公司破产,应收该公司5 366元不能收回,经批准确认为坏账并予以核销。

(提示:我公司采用备抵法核算坏账准备)

(35) 12月16日,开出转账支票向烟台市儿童福利院捐赠10 000元。

(36) 12月17日,销售作为交易性金融资产核算的股票(浪潮软件)15 000股,收到交割凭证一张,列式成交金额336 000元,交易费用423.50元,实际收到出售价款335 576.50元。出售日,本批出售股票的账面价值为331 500元,其中成本300 000元,公允价值变动(借方)31 500元。

(37) 12月17日,根据11月份的“工资结算汇总表”,通过企业网上银行支付11月份工资,并结转社会保险与住房公积金中个人的代扣代缴部分。其中工资总额91 522元,代扣代缴社保7 855.92元,代扣代缴公积金7 321.76元,实发工资76 344.32元。

(提示:我公司通过企业网上银行支付员工工资,原始凭证附工资结算汇总表与一名员工的工资回单,其他员工工资回单略)

(38) 12月18日,签发中国农业银行转账支票一张,支付烟台兴业机电设备有限公司机器设备修理费3 350元。收到烟台兴业机电设备有限公司开出的增值税专用发票(号码:07660441),列示价款2 964.60元,增值税额385.40元。

(39) 12月18日，收到中国农业银行转来的烟台市自来水公司专用托收凭证，付讫款项共计2 048元。已从烟台市自来水公司取得增值税专用发票(号码:07660562)，列明金额1 812.39元，增值税额235.61元。

(提示:公司在月底结转水费，交纳水费时进应付账款科目)

(40) 12月18日，收到中国农业银行转来的烟台市供电局专用托收凭证，付讫款项共计3 012元。从烟台市供电局取得增值税专用发票(号码:07660680)，列明价款2 665.49元，增值税额346.51元。

(提示:我公司在月底结转电费，交纳水费时记入"应付账款"账户)

(41) 12月18日，生产车间的一台数控机床，因重要部件磨损严重，降低产品合格率，经批准报废转入清理。该设备原值35 600元，净残值率5%，已使用8年，累计折旧27 056元。

(提示:当月报废的固定资产当月继续计提折旧，该数控机床累计折旧27 056元已包含其本月折旧费)

(42) 12月19日，收到烟台三立有限公司签发的银行承兑汇票一张，支付前欠货款，金额为755 665.71元，到期日为2020年3月19日。

(43) 12月19日，出售给烟台三立有限公司抗性消音器，并开出增值税专用发票(号码:0349237)，列明价款638 495.58元，增值税额83 004.42元，货已发出，货款未收到。

(提示:成本结转月末一次进行)

(44) 12月20日，将已报废的数控机床出售给烟台市废品回收公司，开出增值税专用发票(号码:0349238)，列明价款3 849.56元，增值税额500.44元，收到烟台市废品回收公司开具的转账支票一张，金额4 350元，公司填制进账单，将支票存入中国农业银行。此项设备清理完毕，结转清理净损益。

(提示:出售报废数控机床开出增值税专用发票后，需根据增值税销项税额按7%、3%分别核算城市维护建设税与教育费附加)

(45) 12月20日，支付烟台财经大学培训我公司财务部门员工的培训费，金额1 200元，用现金付讫，收到收据一张。

(46) 12月21日，收到中国农业银行结算存款利息通知，我公司第四季度银行存款利息收入为1 736.35元。

(47) 12月21日，签发中国农业银行支票一张，金额为9 500元，向烟台勤通机床有限公司结算160件有源消音器的加工费，收到增值税专用发票(号码:07660129)，列明加工费8 407.08元，增值税额1 092.92元。支票已送存银行，货物已验收入库。

(48) 12月22日，年末财产清查，发现盘亏库存商品抗性消音器15件，抗性消音器的成本为245.80元/件，盘亏金额3 687.00元，盘亏责任待查。

(49) 12月23日，向烟台伟业有限公司签发电子银行承兑汇票一张，金额210 000元，付讫前欠材料货款。

(50) 12月23日，经调查发现，22日财产清查时盘亏的15件抗性消音器是由仓库管理员赵小英失误造成。经领导批准决定，仓库管理员赵小英赔偿20%盘亏损失737.40元，另外80%记入"管理费用"账户。

(51) 12月24日，公司参加在上海举办的全国汽配展览会，通过企业网上银行付讫展览会摊位费，收到汽配展览会开出的增值税专用发票(号码:0765136)，金额 1 800 元，增值税额 108 元。

(52) 12 月 24 日，向泰安银光电子公司出售 160 件有源消音器，并开出增值税专用发票(号码:0349239)，列明价款 53 805.31 元，增值税额 6 994.69 元，货已发出，泰安银光电子公司签发银行承兑汇票一张(号码:424537)，金额 60 800 元，货款付讫。

(提示:成本结转月末一次进行)

(53) 12 月 25 日，将烟台凯马汽车制造公司 2019 年 10 月 25 日签发的银行承兑汇票向中国农业银行贴现。该汇票面值 75 000 元，3 个月到期，银行年贴现率 10%。银行扣除贴现利息 625 元，将剩余款项 74 375 元划转公司银行账户。

(54) 12 月 25 日，购买 34 吨钢板材料，收到青岛广源钢材有限公司开的增值税专用发票(号码:07660515)，发票列明价款 118 490 元，增值税额 15 403.70 元。材料已验收入库，公司在上月已预交 30 000 元的预付账款，并将 24 日收到的银行承兑汇票(号码 424537)金额 60 800 元用来支付货款。钢板材料计划成本为 3 500 元/吨。

(55) 12 月 26 日，通过企业网上银行支付给青岛广源钢材有限公司余款，金额43 093.70元。

(56) 12 月 26 日，签发中国农业银行转账支票一张，金额 1 900 元，预付明年车辆保险费。收到保险公司保单与增值税专用发票(号码:07664221)，列示价款 1 792.45 元，增值税额 107.55 元。

(57) 12 月 26 日，摊销以前预付本月负担的车辆保险费 149.37 元，2 辆车均挂在行政管理部门，记入“管理费用——其他”账户。

(58) 12 月 26 日，因青岛山海机械有限公司破产，公司于 12 月 16 日已将该公司应收款项金额 5 366 元转销。青岛山海机械有限公司破产清算过程，收回该应收款项的部分金额 1 600.8 元，款项已存入中国农业银行。

(59) 12 月 27 日，现金付讫增值税税控系统技术维护费 280 元，收到增值税电子普通发票一张(号码:65802356)。将该技术维护费抵减增值税应纳税额。

(提示:增值税税控系统技术维护费可在增值税应纳税额中全额减免，记入“应交税费——应交增值税(减免税额)”账户)

(60) 12 月 27 日，确认烟台神通电气有限公司 12 月份的厂房租金收入金额 4 587.14 元。

(提示:房租收入每半年支付一次，记入预收账款，每月确认收入)

(61) 12 月 27 日，用企业网上银行支付前欠中通工业集团货款，金额 193 875 元。

(62) 12 月 28 日，向中通工业集团购入 3 吨铝合金，收到增值税专用发票(号码:07660345)，金额为 40 500 元，增值税额为 5 265 元，材料尚未验收入库，货款未付。

(63) 12 月 28 日，委托德邦物流股份有限公司运输铝合金材料，材料已验收入库，收到物流公司开出的增值税专用发票(号码:00001278)，金额 300 元，增值税额 27 元，用现金付讫。该批铝合金的计划成本为 13 300 元/吨。

(64) 12 月 29 日，收到现金 737.40 元，系仓库保管员赵小英交来的罚款。

(65) 12 月 30 日，烟台海德专用车有限公司向我公司投入以下资产:货币资金50 000元，铣床设备一台价值 170 000 元，按规定，烟台海德专用车有限公司因此拥有我公司的资本份额

200 000 元。收到投入固定资产增值税专用发票(号码:07660239),金额150 442.48元,税额19 557.52,货币资金已存入中国农业银行,铣床设备已交付我公司生产车间。

(提示:资本溢价=50 000+170 000−200 000=20 000(元),记入“资本公积——资本溢价”账户)

(66) 12 月 31 日,对本年 1 月 1 日购买的公司债券进行计息。该债券面值为200 000元,票面利率为 6%,按年计息,于次年 1 月 6 日付息,3 年后到期一次还本,公司采用的实际利率为 4.9%。该债券发行方不可以提前赎回,公司将其划分为以摊余成本计量的金融资产,年初摊余成本为 206 000 元。

(67) 12 月 31 日,查明生产车间一台锻压机床账面价值为 33 154 元,因其工艺技术较落后,预计可收回金额为 28 000 元。计提固定资产减值准备。

(68) 12 月 31 日,计提坏账准备。用应收账款账龄法计算年末坏账准备,应计提坏账准备金额 2 361.40 元。

(69) 12 月 31 日,持有的交易性金融资产浪潮软件收盘价 22.6 元。本年交易性金融资产公允价值上涨 15 000.00 元。

(70) 12 月 31 日,收到被投资单位烟台天明机械装备有限公司报送的本年度利润表及其董事会关于利润分配的决议,烟台天明机械装备有限公司本年实现净利润 96 000 元,宣告分配现金股利 30 000 元,我公司出资比例为 30%,取得投资时,烟台天明机械装备有限公司各项可辨认资产等的公允价值与其账面价值相等。我公司对该项长期股权投资采用权益法进行后续核算,并按年确认投资收益。

(71) 12 月 31 日,分摊职工薪酬费用。12 月份工资结算汇总表,如表 10-12 所示。工资总额 95 800 元,公司承担社会保险金 21 188.4 元,公司承担住房公积金 7 664 元,公司承担工会会费 1 916 元,具体分配率如下:生产车间 60%,生产管理部门 10%,行政管理部门 10%,销售部 20%。各产品的生产成本共用职工薪酬费用采用实耗生产工时比例进行分配,抗性消音器 1 106 小时、铝合金消音器 921 小时。

表 10-12　　烟台兴茂机械制造有限公司工资结算汇总表

2019 年 12 月　　单位:元　　人数:24 人

部门	基本工资	岗位工资	工龄工资	应付工资	代扣款项						实发金额
					基本养老保险费	失业保险费	基本医疗保险费	住房公积金	合计	个人所得税	
生产车间	31 000.00	21 500.00	4 980.00	57 480.00	3 661.05	137.23	915.26	4 598.40	9 311.94	0.00	48 168.06
生产管理部门	4 500.00	3 380.00	1 700.00	9 580.00	610.18	22.87	152.55	766.40	1 552.00	0.00	8 028.00
行政管理部门	4 000.00	3 460.00	2 120.00	9 580.00	610.18	22.87	152.55	766.40	1 552.00	0.00	8 028.00
销售部	10 200.00	7 760.00	1 200.00	19 160.00	1 220.35	45.75	305.08	1 532.80	3 103.98	0.00	16 056.02
合计	49 700.00	36 100.00	10 000.00	95 800.00	6 101.76	228.72	1 525.44	7 664.00	15 519.92	0.00	80 280.08

(72) 12 月 31 日,分配结转 12 月份水费。水费按部门分摊,生产车间分摊 60%,生产管理部门 20%,行政管理部门 10%,销售部 10%。水费总额 1 812.39 元。各产品的生产成本共用水费用采用实耗生产工时比例进行分配,抗性消音器 1 106 小时、铝合金消音器 921 小时。

(73) 12 月 31 日,分配结转 12 月份电费。电费按部门分摊,生产车间分摊 60%,生产管理部门 20%，行政管理部门 10%，销售部 10%。12 月份电费总额 2 665.49 元。各产品的生产成本共用电费用采用实耗生产工时比例进行分配，抗性消音器 1 106 小时、铝合金消音器 921 小时。

(74) 12 月 31 日，固定资产采用直线法计提折旧。建筑物原值 2 660 000 元，使用年限 20 年，残值率 5%；办公设备原值 287 550 元，使用年限 5 年，残值率 4%；机器设备原值 4 858 272元，使用年限 10 年，残值率 5%。固定资产累计折旧分配，如表 10-13 所示。

表 10-13　　固定资产折旧分配表

单位：烟台兴茂机械制造有限公司　　2019 年 12 月 31 日

固定资产 / 科目	建筑物		机器设备		办公设备		合计
	比例	金额	比例	金额	比例	金额	
制造费用	70%	7 370.42	100%	38 461.32	40%	1 840.32	47 672.06
管理费用	30%	3 158.75	—	0.00	60%	2 760.48	5 919.23
合计	—	10 529.17	—	38 461.32	—	4 600.80	53 591.29

(75) 12 月 31 日，计提无形资产摊销。专利原值 480 000 元，使用年限 10 年，残值率 5%，采用直线摊销法。

(提示：摊销费用记入“管理费用——摊销”账户)

(76) 12 月 31 日，分配结转制造费用。31 日，结转前“制造费用”账户余额 61 689.08 元，其中“制造费用——办公用品”464.60 元，“制造费用——水电费”895.58 元，“制造费用——职工薪酬”12 656.84 元，“制造费用——折旧”47 672.06 元。各产品的生产成本共用制造费用采用实耗生产工时比例进行分配，抗性消音器 1 106 小时、铝合金消音器 921 小时。

(77) 12 月 31 日，根据本月材料领用单，分配直接材料，材料收发存情况，如表 10-14 所示。

表 10-14　　材料收发存汇总表

单位：烟台兴茂机械制造有限公司　　2019 年 12 月 31 日

材料类别	计量单位	计划单价	期初结存			本期收入			差异率
			数量	计划成本	差异	数量	计划成本	差异	
钢板	吨	3 500.00	70.00	245 000.00	−1 050.00	69.00	241 500.00	−1 035.00	−0.43%
铝合金	吨	13 300.00	12.50	166 250.00	2 500.00	8.00	106 400.00	1 900.00	1.61%

材料类别	计量单位	本期发出				期末结存		
		用途	数量	计划成本	差异	数量	计划成本	差异
钢板	吨	委托加工材料	10.00	35 000.00	−150.00	66.50	232 750.00	−997.50
		抗性消音器	62.50	218 750.00	−937.50			
铝合金	吨	铝合金油箱	9.60	127 680.00	2 060.49	10.90	144 970.00	2 339.51

(78) 12 月 31 日，结转本月完工产品。截至月底，抗性消音器完工产品数量 1 250 件，铝合金油箱完工产品数量 450 件。抗性消音器在产品第四道工序结束，在产品数量 985 件，完成率为 90%；铝合金油箱在产品第三道工序结束，在产品数量 485 件，完成率为 80%。

(79) 12 月 31 日，采用加权平均法结转主营业务成本。

(80) 12 月 31 日，结转低值易耗品包装盒。出售铝合金油箱时，需要将产品装入包装盒。本月共销售铝合金油箱 185 件，耗用包装盒 185 个，记入“销售费用——包装盒”账户，并结转材料成本差异。

(81) 12 月 31 日，计算并结转本月未交增值税。

(82) 12 月 31 日，计提本月城市维护建设税、教育费附加。城市维护建设税税率 7%，教育费附加税率 3%。

(83) 12 月 31 日，计提本月印花税。

(84) 12 月 31 日，计提本季度土地使用税、房产税。房产原值 2 660 000 元，其中出租房产原值 900 000。自用房产税计税比例 70%，税率 1.2%。出租房产第四季度收入 13 761.42元，税率 12%。土地等级：城市土地——土地二级，税额标准 8 元，土地总面积 2 600 平方米。

(85) 12 月 31 日，期末将各项收益及各项成本费用结转至“本年利润”账户。

(86) 12 月 31 日，计算所得税费用。对本月利润总额进行纳税调整，计算本月应交所得税额，确认递延所得税资产和负债的增减变动，确认本月的所得税费用。该公司全年职工薪酬，属于按照企业所得税法规定允许税前扣除的职工薪酬支出。1～11 月累计销售收入为 10 905 248.54 元，1～11 月累计业务招待费为 8 440 元。1～11 月无其他应纳税调整事项，该公司的所有纳税调整事项均在 12 月份进行，并估计未来能够取得足够的应纳税所得额供利用可抵扣暂时性差异。

(87) 12 月 31 日，结转所得税费用 20 517.35 元至“本年利润”账户。

(88) 12 月 31 日，根据股东大会决议，分别按全年税后利润 1 986 318.98 元的 10%提取法定盈余公积，按 10%提取任意盈余公积。

(89) 并按出资比例向投资方分配股利 300 000 元。现金股利尚未发放。

(90) 12 月 31 日，结转本年净利润与本年已分配利润。将“本年利润”结转至“利润分配——未分配利润”账户，将“利润分配”其余明细账户的余额，转入“利润分配——未分配利润”账户。

五、实验操作指导

(一) 增加操作员

(1) 执行“开始”—“程序”—“用友 ERP-U8V10.1”—“系统服务”—“系统管理”命令，进入“系统管理”窗口，如图 10-3 所示。

(2) 执行“系统”—“注册”命令，打开“登录”系统管理对话框。

(3) 系统中已预先设定系统管理员“admin”，密码为空，如图 10-4 所示。单击登录以系统管理员的身份进入系统管理。

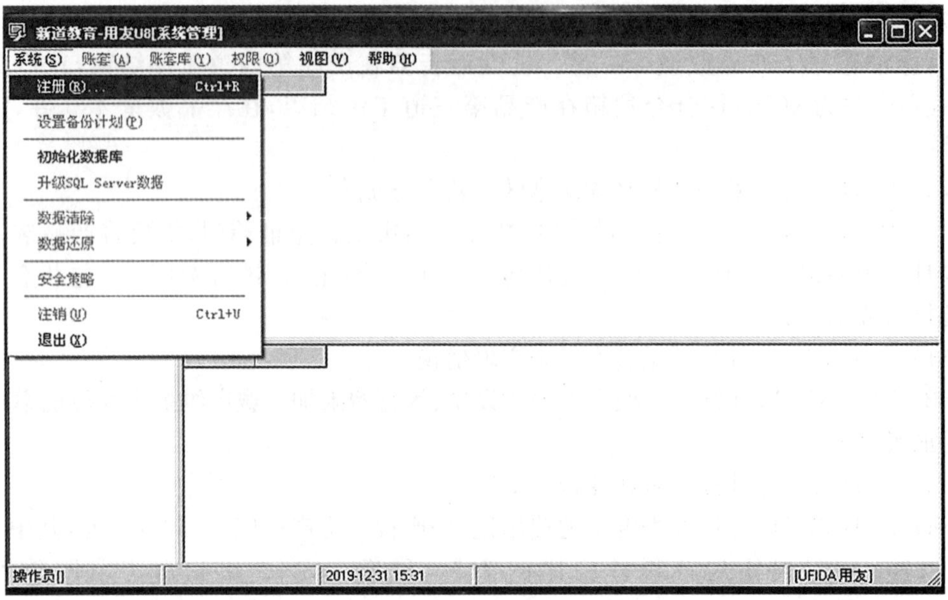

图 10-3　系统管理

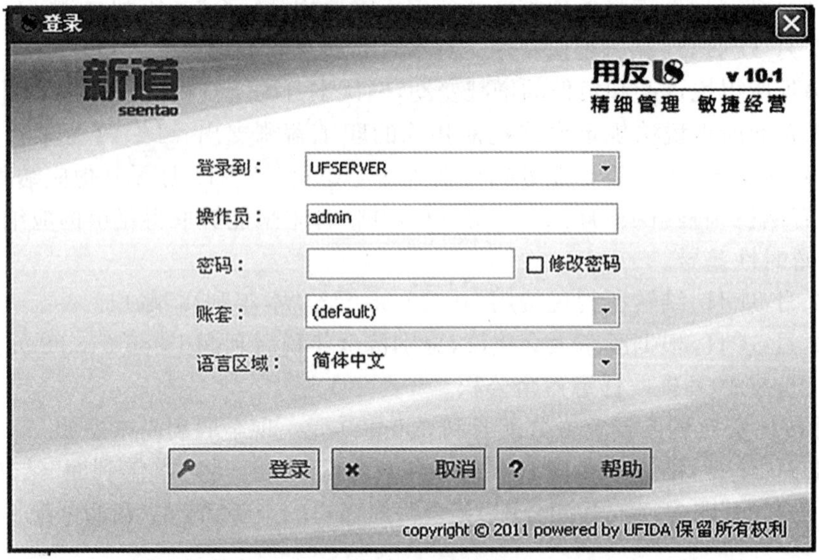

图 10-4　系统登录

注意事项

系统管理员“admin”是系统管理中权限最高的操作员，为保证系统数据的安全性，企业实际运用中应及时更改系统管理员的密码，在登录界面勾选“修改密码”可设置新密码。但在教学过程中，因多人共用一台电脑，不建议设置“admin”密码。

(4) 在“系统管理”中，执行“权限”—“用户”，进入“用户管理”窗口，如图 10-5 所示。

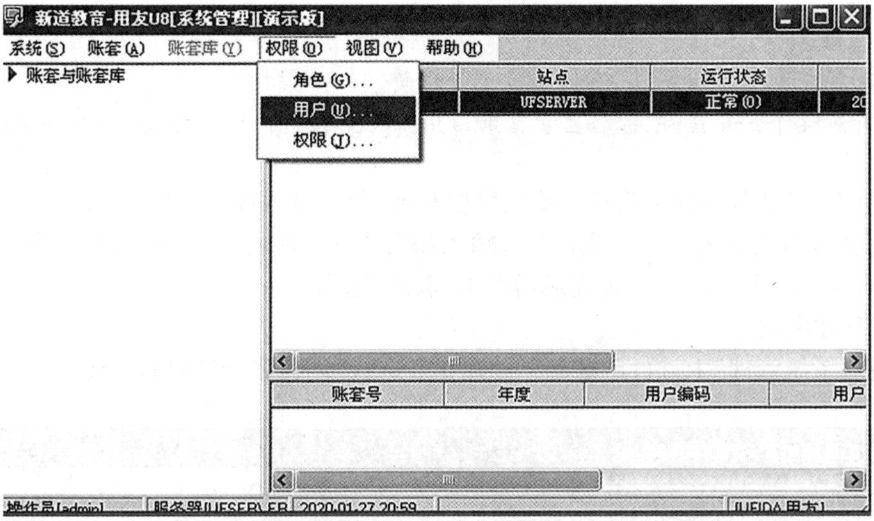

图 10-5　权限-用户

(5) 单击“增加”，打开“增加用户”对话框，输入编号“001”，姓名“张丽”，所属部门“财务部”，角色勾选“账套主管”，如图 10-6 所示。

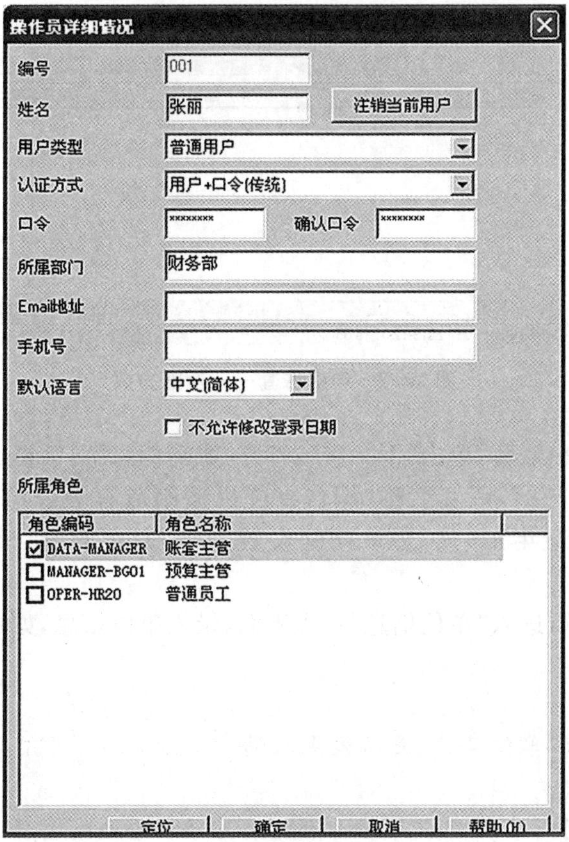

图 10-6　增加操作员

▶▶▶ 注意事项

只有系统管理员"admin"有权限设置操作员。

如果将操作员设置为"账套主管"，则该用户将是系统内所有账套的"账套主管"。

（6）单击"增加"，根据实验资料依次增加其他用户，输入编号"002"姓名"王永胜"，所属部门为"财务部"，角色勾选"普通员工"，输入编号"003"姓名"王正伟"，所属部门为"财务部"，角色勾选"普通员工"。设置完成后单击"取消"退出。

（二）新建账套

（1）在"系统管理"中，执行"账套"—"建立"，进入"创建账套"窗口，如图 10-7 所示。

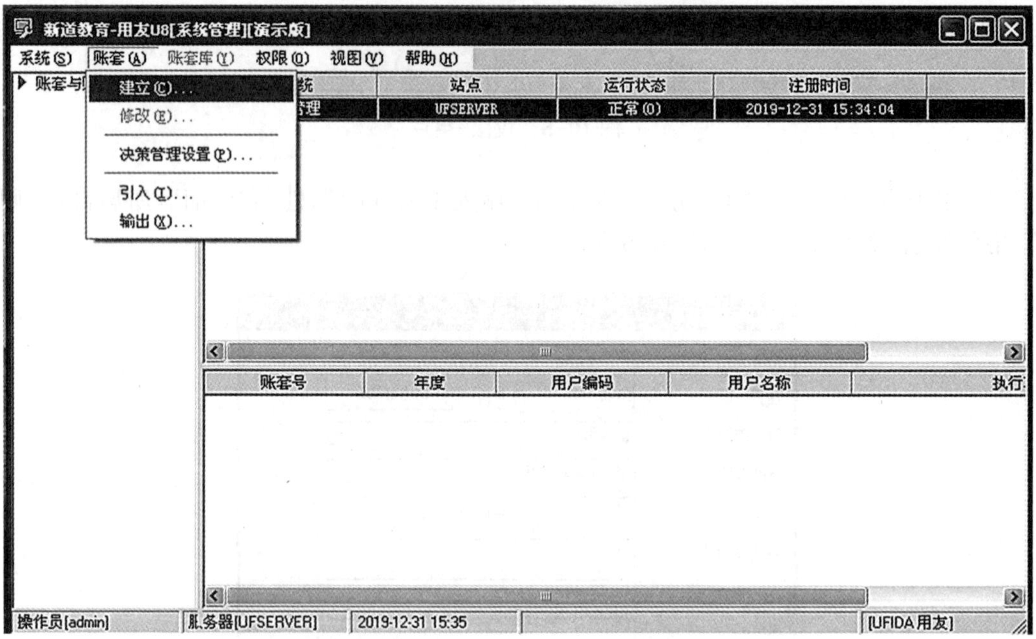

图 10-7　创建账套——建账方式

（2）选择"新建空白账套"单击"下一步"，打开"账套信息"对话框。

（3）输入账套号"888"，账套名称"烟台兴茂机械制造有限公司"，账套路径为系统默认，启用会计期为 2019 年 12 月，会计期间设置为 12 月 1 日至 12 月 31 日，如图 10-8 所示。

（4）单击"下一步"，进入"单位信息"录入界面，录入单位信息，如图 10-9 所示。

▶▶▶ 注意事项

单位信息中只有"单位名称"是必须录入的。必须录入的信息以蓝色字体标识（下同）。

打印发票时要用到单位名称，所以单位名称应录入企业的全称。

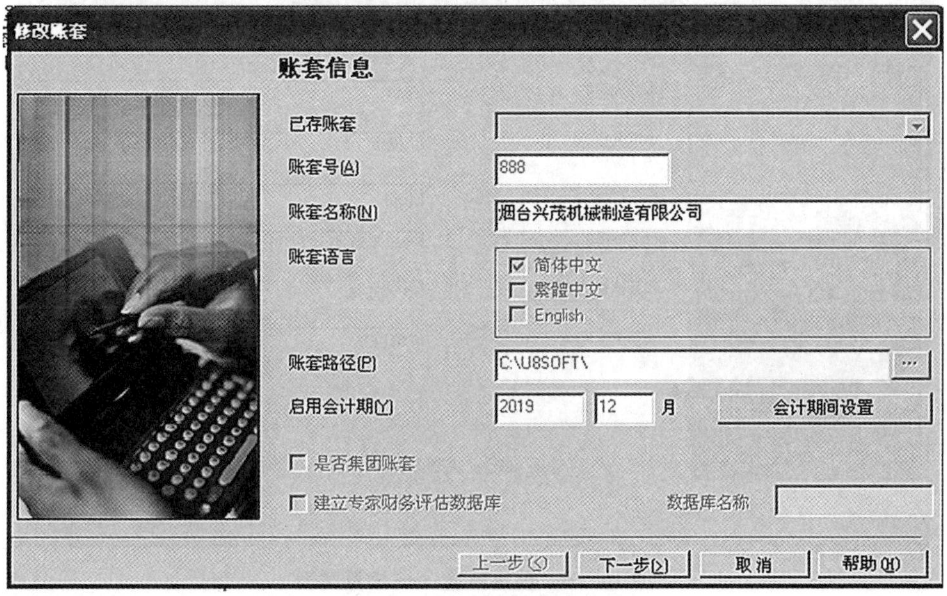

图 10-8 创建账套——账套信息

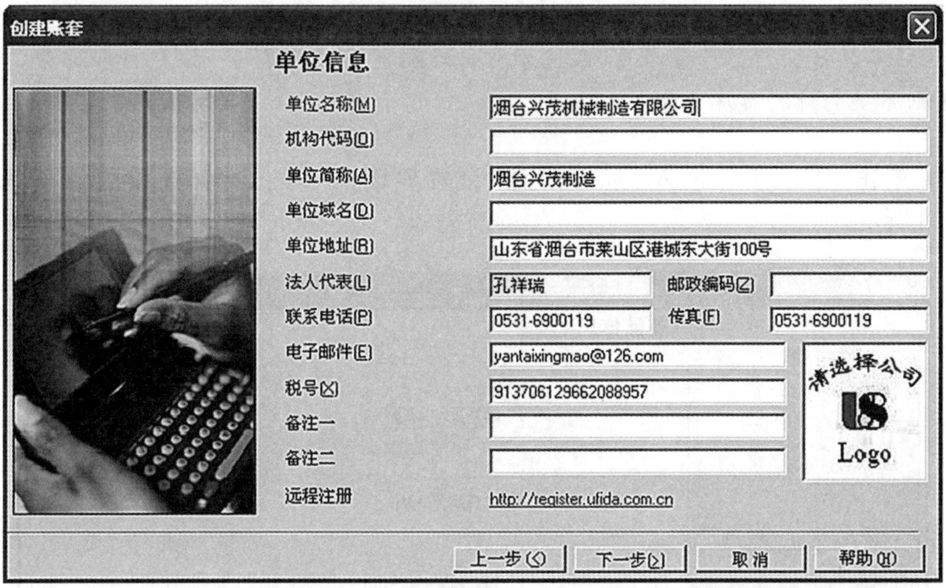

图 10-9 创建账套——单位信息

(5) 单击“下一步”，进入“核算类型”对话框。本币代码采用系统默认“RMB”，本币名称为“人民币”，企业类型选择“工业”，行业性质选择“2007 年新会计制度科目”，账套主管选择“001 张丽”，勾选“按行业性质预置科目”，如图 10-10 所示。

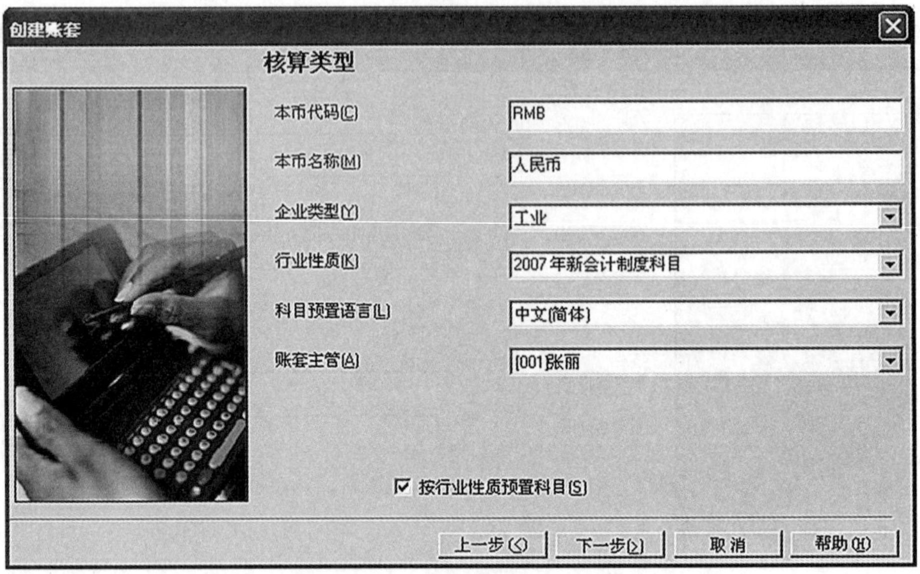

图 10-10　创建账套——核算类型

▶▶▶ 注意事项

行业性质决定系统预置科目的内容，一定要根据操作要求正确选择。

选择了按行业性质预置科目，系统才会自动配置国家规定的一级科目和部分二级科目，否则系统会计科目库为空。

(6) 单击“下一步”，进入“基础信息”设置界面，不勾选所有选项前的复选框，如图 10-11 所示。

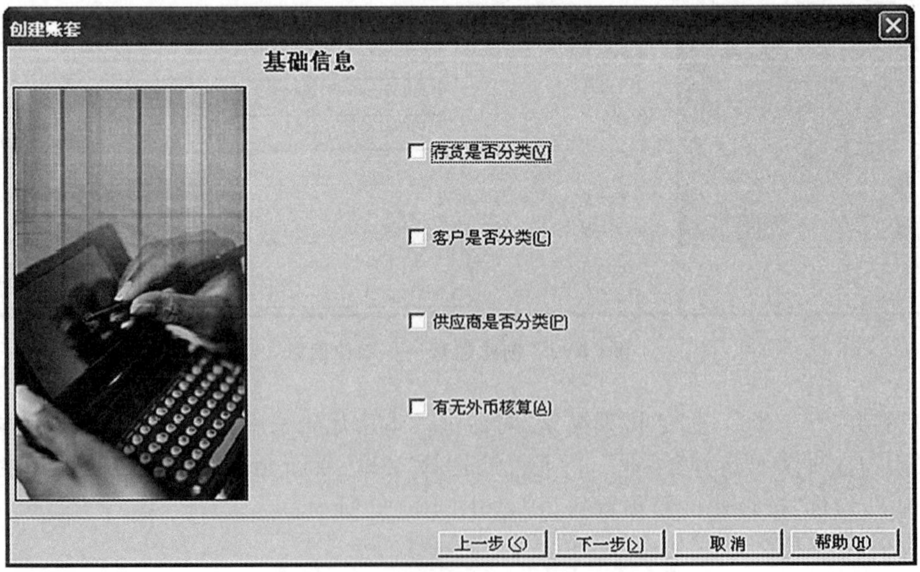

图 10-11　创建账套——基础信息

(7) 单击“下一步”，进入“创建账套——开始”界面，单击“完成”，系统弹出提示“可以创建账套了么?”，如图 10-12 所示。

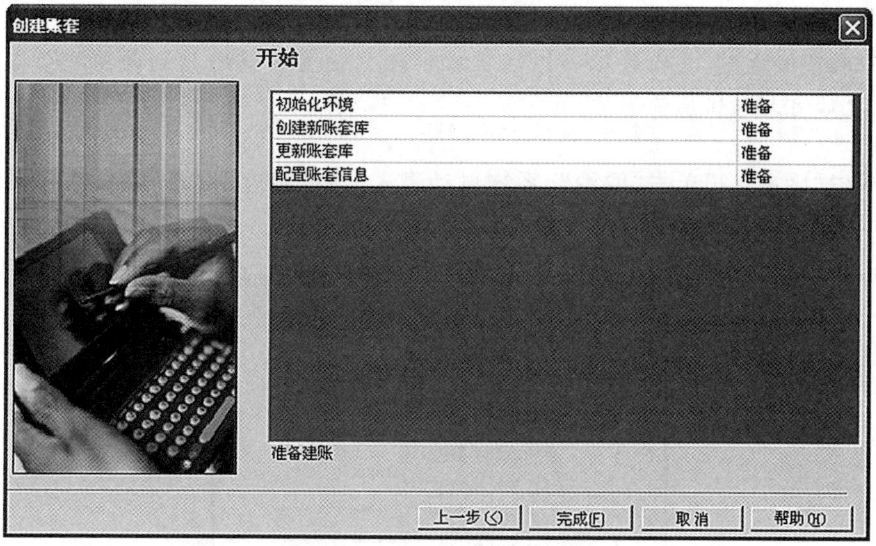

图 10-12　创建账套——开始

(8) 单击“是”，系统进行自动创建账套的工作。在弹出的“编码方案”对话框中，输入科目编码级次“4222”，其他编码级次设置采用默认值，如图 10-13 所示。

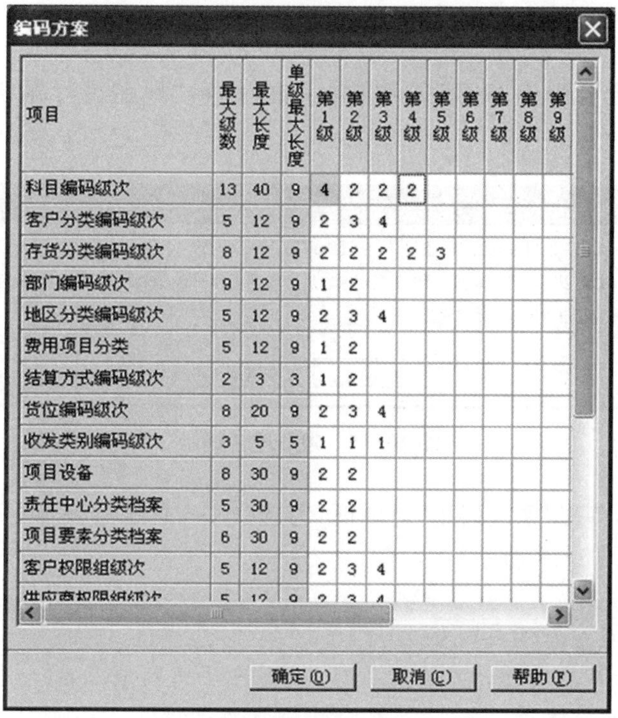
编码方案

项目	最大级数	最大长度	单级最大长度	第1级	第2级	第3级	第4级	第5级	第6级	第7级	第8级	第9级
科目编码级次	13	40	9	4	2	2	2					
客户分类编码级次	5	12	9	2	3	4						
存货分类编码级次	8	12	9	2	2	2	2	3				
部门编码级次	9	12	9	1	2							
地区分类编码级次	5	12	9	2	3	4						
费用项目分类	5	12	9	1	2							
结算方式编码级次	2	3	3	1	2							
货位编码级次	8	20	9	2	3	4						
收发类别编码级次	3	5	5	1	1	1						
项目设备	8	30	9	2	2							
责任中心分类档案	5	30	9	2	2							
项目要素分类档案	6	30	9	2	2							
客户权限组级次	5	12	9	2	3	4						
供应商权限组级次	5	12	9	2	3	4						

图 10-13　编码方案

>>> **注意事项**

编码方案的设置会直接影响基础信息设置中相应内容的编码级次和每级编码的位长。

删除编码级次时，要从最后一级依次往前删。设置编码的原则是编码位数宁多不少，防止之后可录入信息量不足。

(9) 单击“确定”，再单击“取消”，系统自动进入“数据精度”设置界面，全部采用系统默认值“2”，如图 10-14 所示。

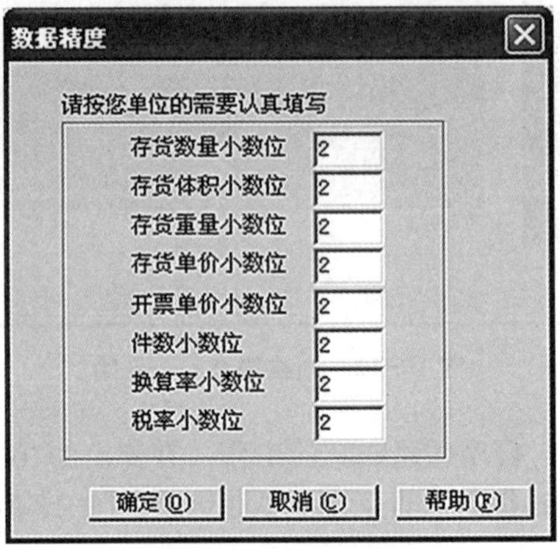

图 10-14　数据精度

(10) 单击“确定”，弹出“建账成功”提示框，提示“现在进行系统启用的设置?”，如图 10-15 所示。

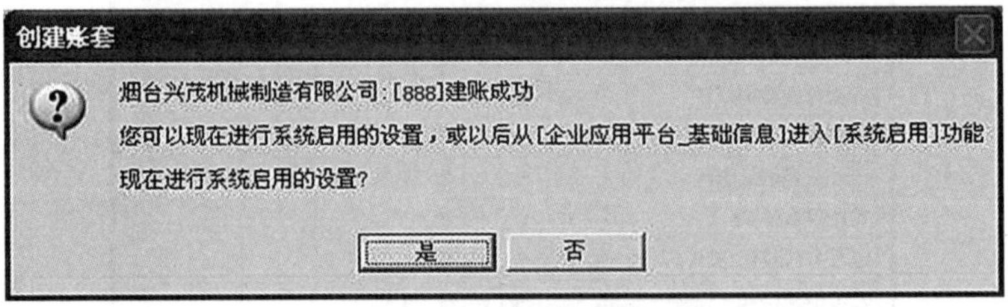

图 10-15　建账成功提示

(11) 单击“是”，弹出“系统启用”对话框，勾选“GL—总账”，弹出“日历”，选择启用日期“2019-12-01”，如图 10-16 所示。

>>> **注意事项**

启用日期应选择启用会计月的第 1 日，否则无法正确录入后续凭证，且一旦选择启用后，日期就无法再修改。

（12）单击“确定”，系统弹出“确实要启用当前系统吗?”，单击“是”。

（13）启用本企业所需的模块后，单击“退出”，系统弹出“请进入企业应用平台进行业务操作!”，单击“确定”返回，建账完成。

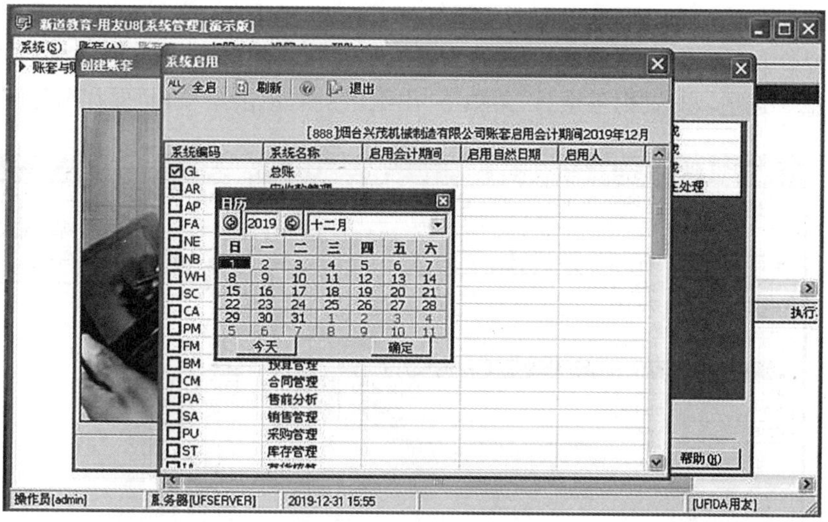

图 10-16　启用总账系统

（三）增加操作员权限

（1）打开“系统管理”，单击“系统”选项卡，选择“注册”选项，登录操作员“admin”，选择账套“default”，单击“登录”登录系统管理服务器。

（2）在“权限”选项卡下选择“用户”选项，单击菜单栏“权限”选项，在操作员权限窗口，选择操作员“002”，单击菜单栏“修改”，单击“财务会计”前的“＋”标记，依次展开“总账”“凭证”前的“＋”号标记，勾选除审核凭证和出纳签字之外的所有权限，单击菜单栏“保存”，如图 10-17 所示。

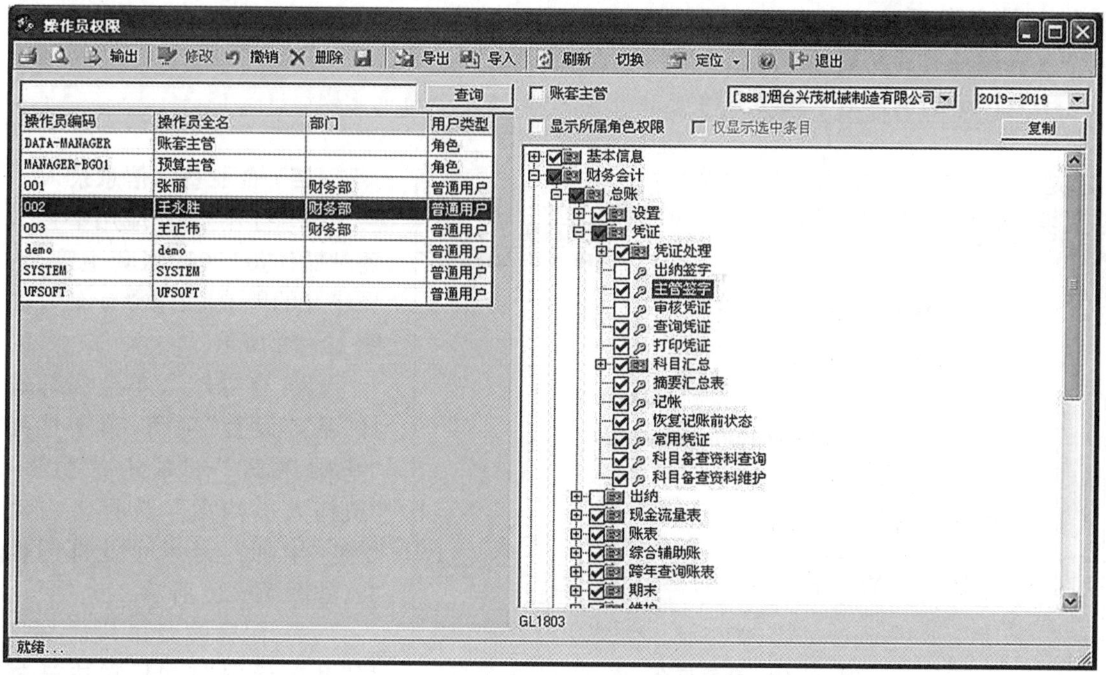

图 10-17　会计权限

（3）在“权限”选项卡下选择“用户”选项，单击菜单栏“权限”选项，在操作员权限窗口，选择操作员“003”，单击菜单栏“修改”按钮，勾选“财务会计”菜单下“总账”中“凭证”菜单中勾选出纳签字选项，勾选“财务会计”菜单下“出纳”选项，单击菜单栏“保存”，如图10-18所示。

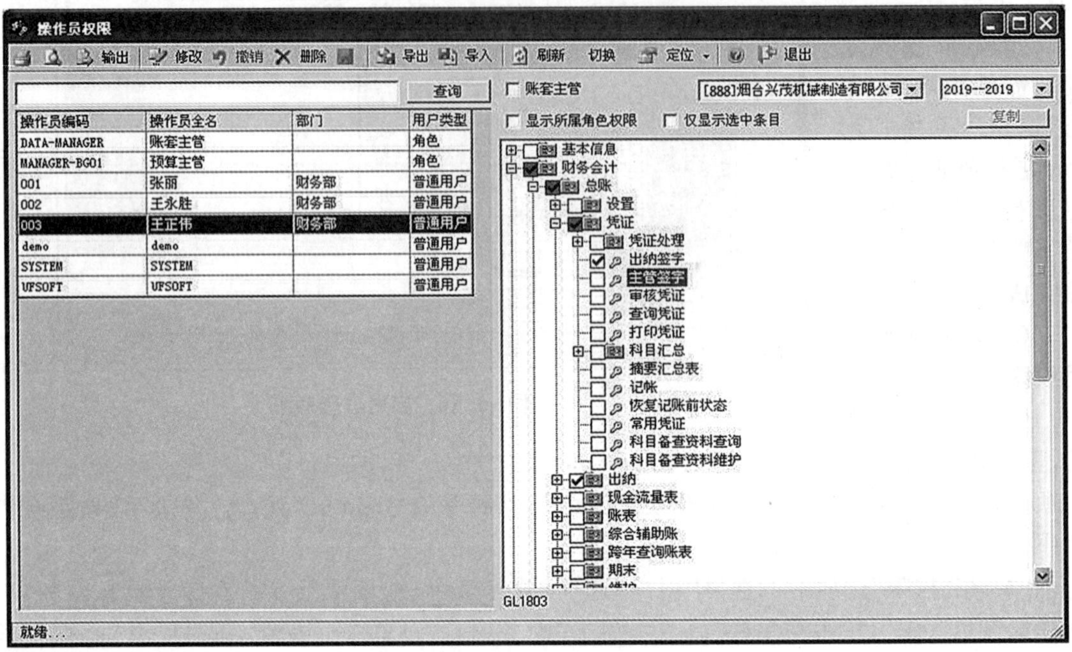

图 10-18　出纳权限设置

▶▶▶ 注意事项

在给操作员授权时应先单击“修改”，才能进行权限分配。

权限会影响以后系统功能的使用，授权一定要结合角色需求。

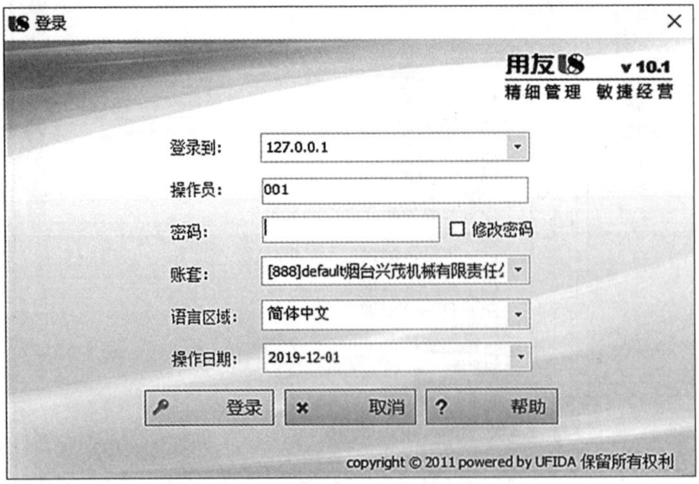

图 10-19　登录平台

（四）企业基本信息录入

（1）打开“企业应用平台”，登录操作员“001”账套主管，选择建好的账套，单击“登录”，如图 10-19 所示。

（2）在导航菜单栏底部选择“基础设置”项目，单击选择“基础档案”—“基本信息”—“机构人员档案”，选择上方菜单栏“增加”，录入企业部门档案，如图 10-20 所示。

（3）在导航菜单栏底部选择“基础设置”项目，单击选择

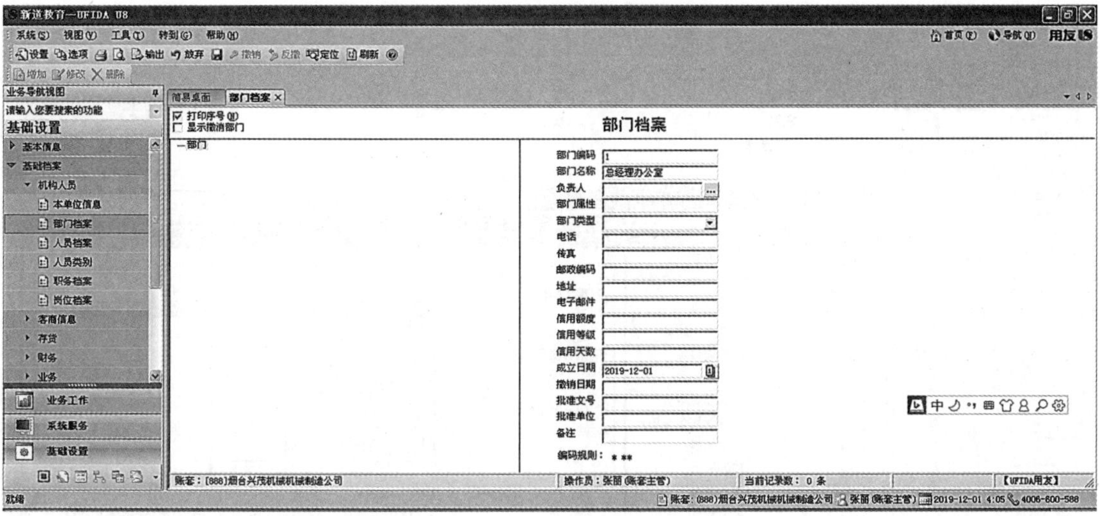

图 10-20　录入企业档案

“基础档案”—“基本信息”—“机构人员档案”，勾选左侧菜单栏中相应的部门，然后单击上方菜单栏“增加”，录入人员档案信息，如图 10-21 所示。

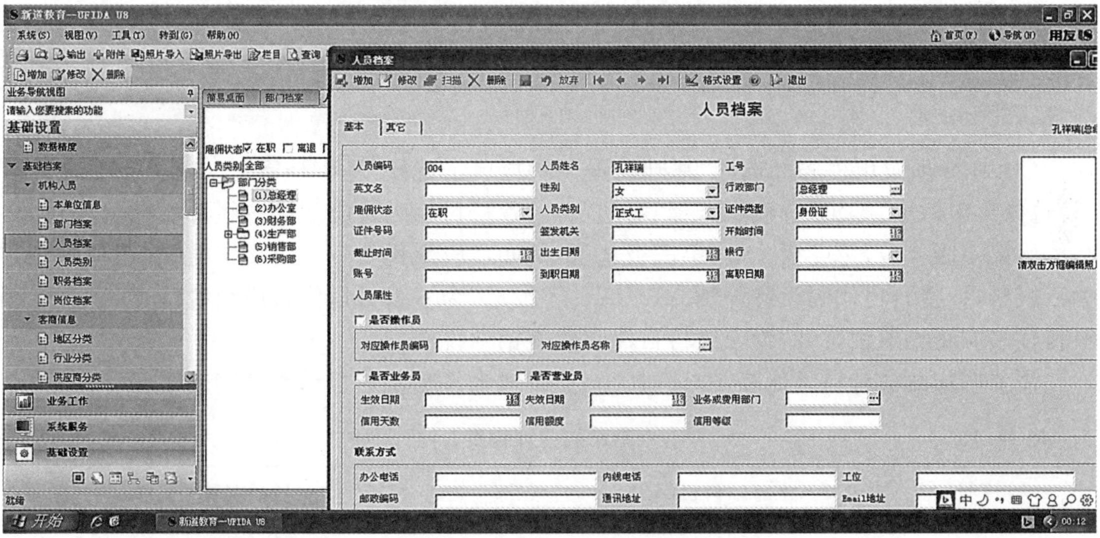

图 10-21　录入人员档案

（五）账套基础设置

（1）打开“企业应用平台”，登录操作员“001”账套主管，选择建好的账套，单击“登录”进入系统。

（2）在导航菜单栏底部选择“基础设置”项目，单击选择“基础档案”—“财务”—“会计科目”选择菜单栏中“编辑”选项中选择“指定科目”，指定现金科目“1001 库存现金”，指定银行存款科目“1002 银行存款”，单击确定，如图 10-22 所示。

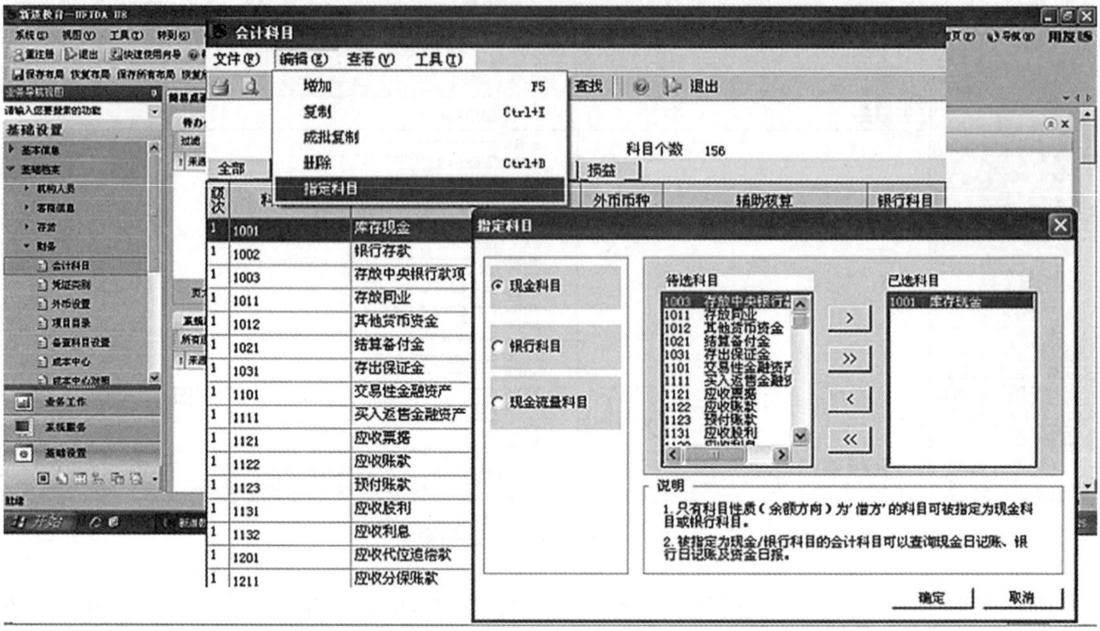

图 10-22　指定科目

注意事项

不指定现金科目和银行科目，系统将无法完成收付款凭证的出纳签字。

(3) 在导航菜单栏底部选择“基础设置”项目，单击选择“基础档案”—“财务”—“会计科目”选择菜单栏中“编辑”选项中选择“增加”。设置科目编码时应从第一级开始向后递延，科目编码第一级 4 位，第二级 2 位，第三级 2 位，例如，“应交税费——应交增值税(销项税额)”为三级科目，将科目代码设置为“22210102”。“2221”为一级科目代表应交税费，“01”为二级科目代表应交增值税，“02”为三级科目代码代表销项税额。

需要增加的会计科目如表 10-15 所示，全部需要调整的科目请参考附表 1。

表 10-15　需增加会计科目

序号	科目编码	科目名称
1	222101	应交增值税
2	22210101	进项税额
3	22210102	销项税额
4	22210103	转出未交增值税
5	22210104	减免税款
6	6702	信用减值损失

(4) 以增加“6702 信用减值损失”为例，输入科目编码“6702”，科目名称“信用减值损失”，科目类型“损益类”，科目性质(余额方向)“支出”，单击“确认”，如图 10-23 所示。

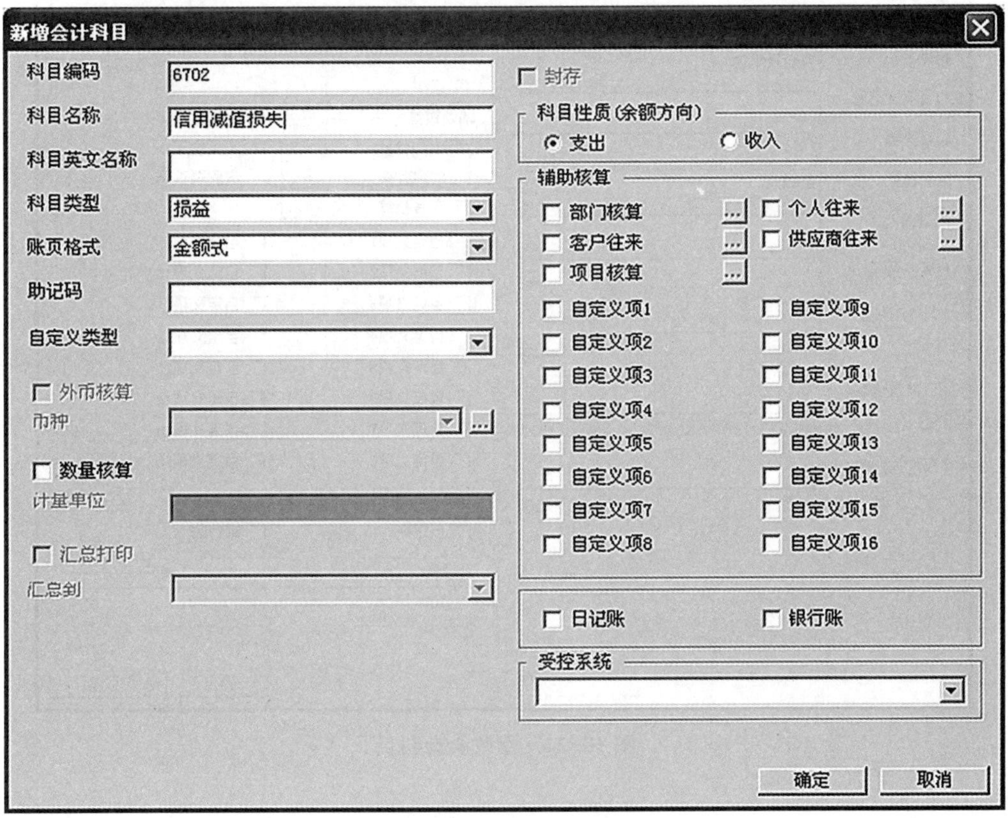

图 10-23　增加会计科目

(5) 随着社会经济的不断发展变化，《企业会计准则》也在不断发生变化，在使用时我们需要对一些会计科目的属性进行修改。

需要修改的会计科目，如表 10-16 所示。

表 10-16　需修改会计科目

序号	科目编码	科目名称	变更内容
1	6403	营业税金及附加	科目名称改为“税金及附加”
2	1501	持有至到期投资	科目名称改为“债权投资”
3	1411	周转材料	科目名称改为“低值易耗品”

以修改会计科目“6403 营业税金及附加”为例，在导航菜单栏底部选择“基础设置”项目，单击选择“基础档案”—“财务”—“会计科目”，选择“6403 营业税金及附加”，然后单击

“修改”，输入新的科目名称“税金及附加”，单击“确定”，如图 10-24 所示。

图 10-24　修改会计科目

（6）在导航菜单栏底部选择“基础设置”项目，单击选择“基础档案”—“财务”—“凭证类别”，选择“现金收款凭证、现金付款凭证、银行收款凭证、银行付款凭证、转账凭证”。然后设置凭证限制类型和限制科目，如图 10-25 所示。

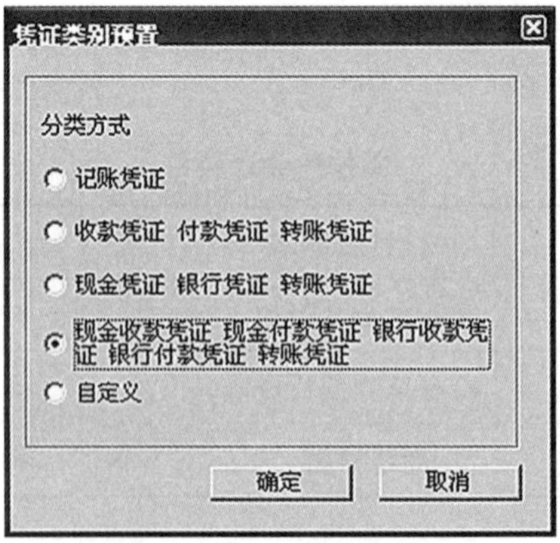

图 10-25　凭证类别预置

收款凭证限制类型为“借方必有”，付款凭证限制类型为“贷方必有”，转账凭证限制类型为“凭证必无”。现金凭证限制科目为“1001”、银行凭证限制科目为“1002”，转账凭证限制科目为“1001”“1002”，如图 10-26 所示。

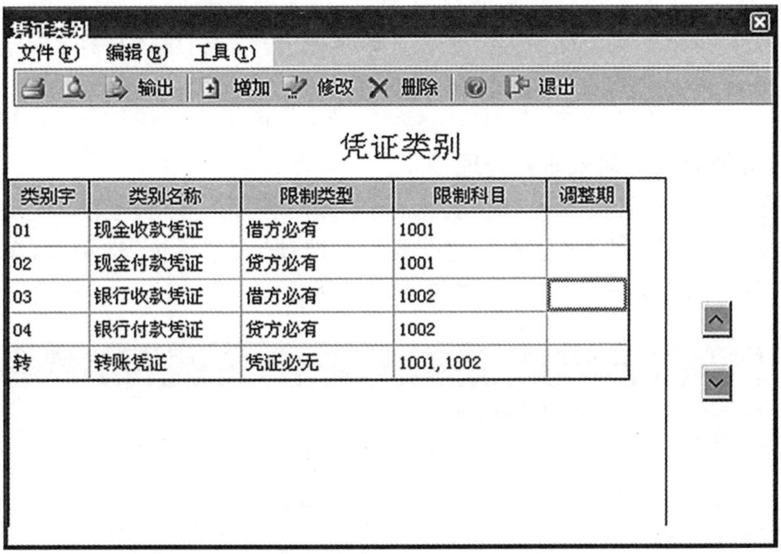

图 10-26 凭证类别设置

(7) 在导航菜单栏底部选择“业务工作”项目，选择“财务会计”—“总账”—“设置”—“期初余额”，录入期初余额。所有数字填充完毕后，单击上方菜单栏“试算”，当试算平衡后退出“期初余额”窗口，如图 10-27 所示。

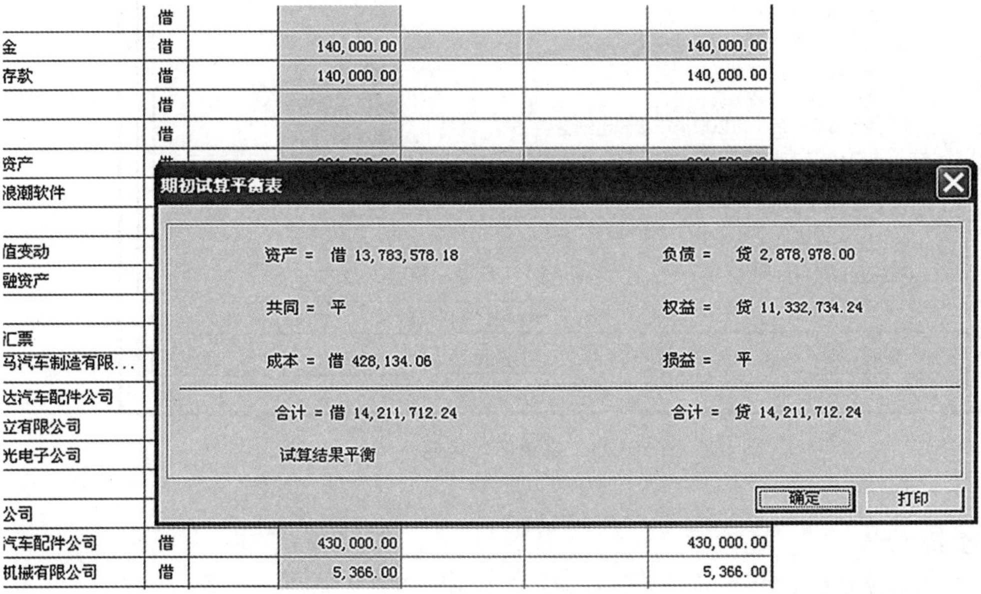

图 10-27 期初余额录入

▶▶▶ 注意事项

有二级或三级明细科目要先录明细科目的余额，系统将自动汇总明细科目金额后填入一级科目的金额栏。

在录入金额时一定要注意账户余额的方向，通常资产和成本类科目余额在借方，负债及所有者权益科目余额在贷方。但是资产备抵账户方向相反，“材料成本差异”账户余额可能在借方也可能在贷方，需要格外注意。

（六）日常凭证录入与期末账务处理

（1）为方便此后的凭证的录入，应先去除制单序时控制。在导航菜单栏底部选择“业务工作”项目，选择“财务会计”—“总账”—“设置”—“选项”，在“凭证”选项卡，单击“编辑”，去掉“制单控制”中“制单序时控制”选项，如图 10-28 所示。

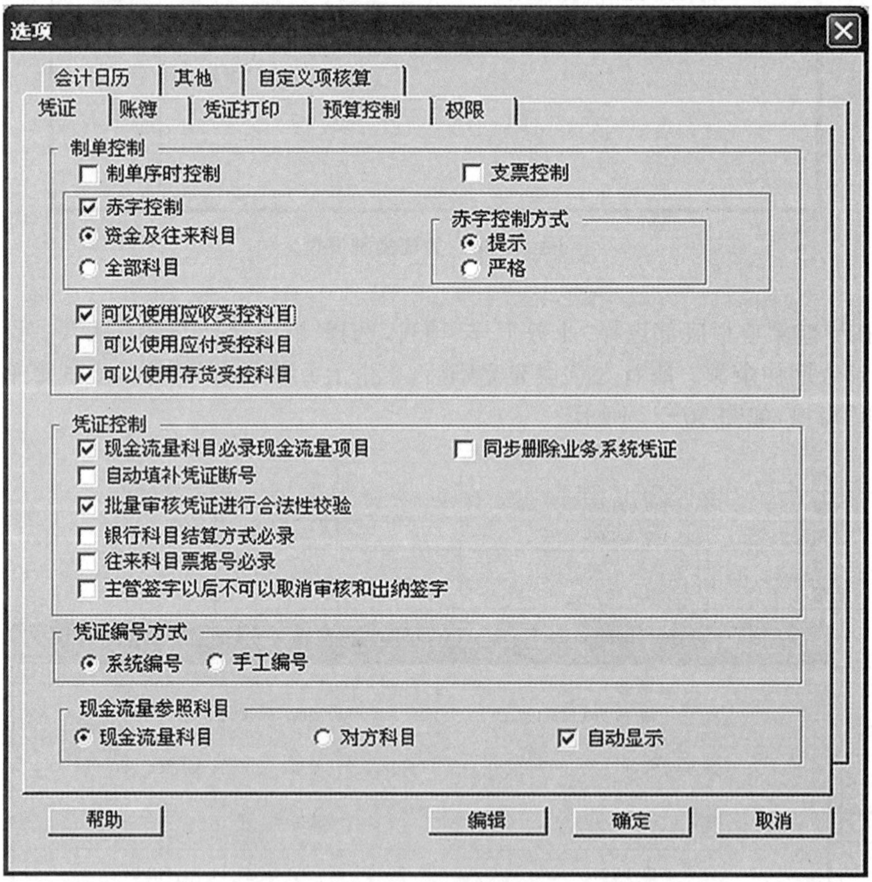

图 10-28 制单序时控制

▶▶▶ 注意事项

在勾选“制单序时控制”之前必须点击底部“编辑”，否则无法进行勾选。

如果不去掉“制单序时控制”填制凭证中途出现凭证时间错误，修改凭证日期会很麻烦，可能涉及错误凭证之后所有的记账凭证。

(2) 打开“企业应用平台”，以操作员“002”登录，选择账套“888”，单击“登录”进入系统。在导航菜单栏底部选择“业务工作”项目，选择“财务会计”—“总账”—“凭证”—“填制凭证”，单击上方菜单栏“增加”，然后填制凭证。填制好凭证之后，单击上方菜单栏“保存”。

注意事项

凭证填制时选择企业账套角色“会计”人员登录企业应用平台。

如果无法进入填制凭证界面，请检查用户权限是否具有“填制凭证”权限。

建议录入凭证顺序按照凭证时间顺序录入，如果按照凭证种类录入，请先录入收款凭证，否则“库存现金”及“银行存款”账户将出现赤字提醒。

为保证实验凭证的准确性，结转收入费用两张凭证不用手工输入，由软件公式完成自动结转。在期末损益结转前需保证业务 84 之前凭证全部录入完成，并完成出纳签字、审核凭证、凭证记账。

银行收款凭证类型录入。例如业务 4，12 月 2 日收回重庆华宇公司多余材料款，如图 10-29 所示。

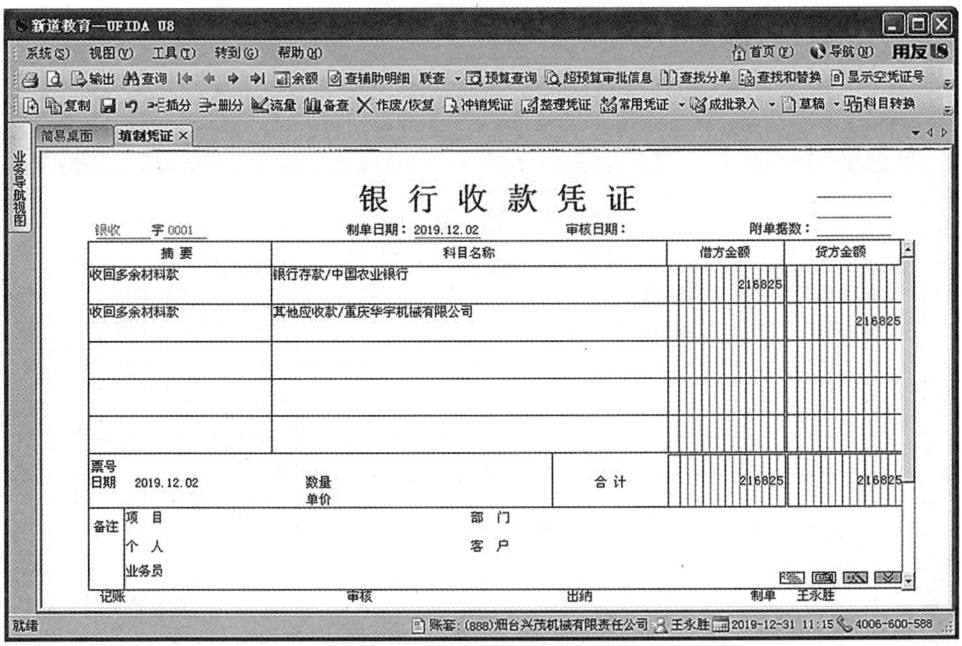

图 10-29 收回重庆华宇多余材料款

业务 15,12 月 10 日收回济南曼华公司多余款,如图 10-30 所示。

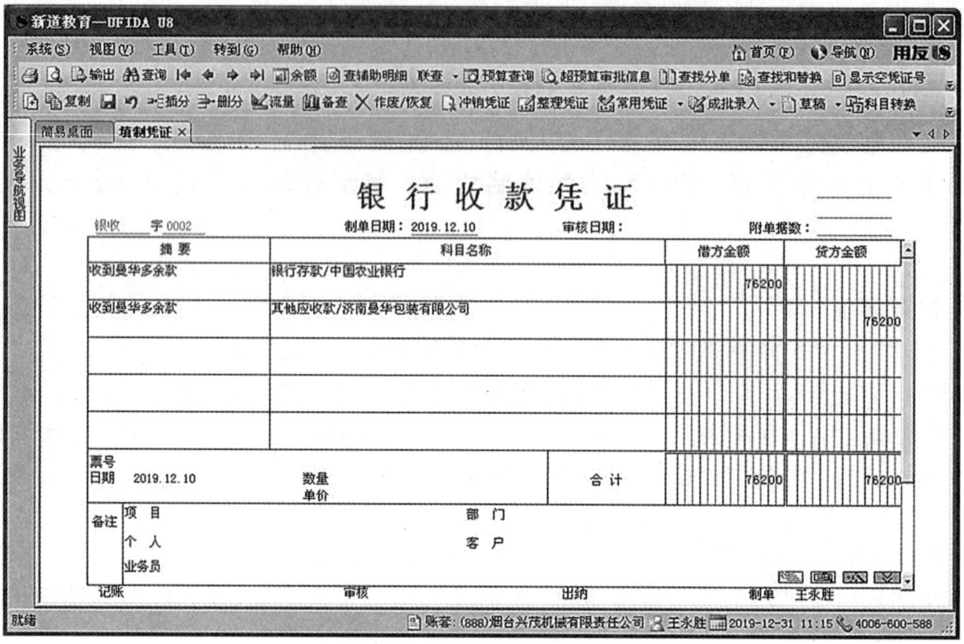

图 10-30 收回济南曼华公司多余款

银行付款凭证类型录入。例如业务 1,12 月 1 日提取备用金,如图 10-31 所示。

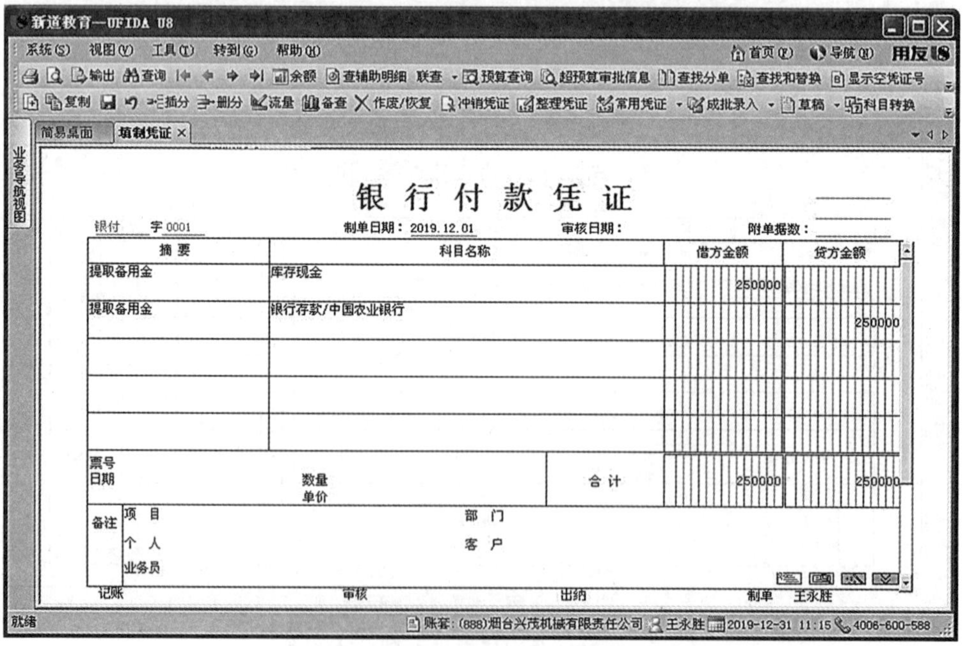

图 10-31 提取备用金

业务 5,12 月 3 日使用网银支付财务费用,如图 10-32 所示。

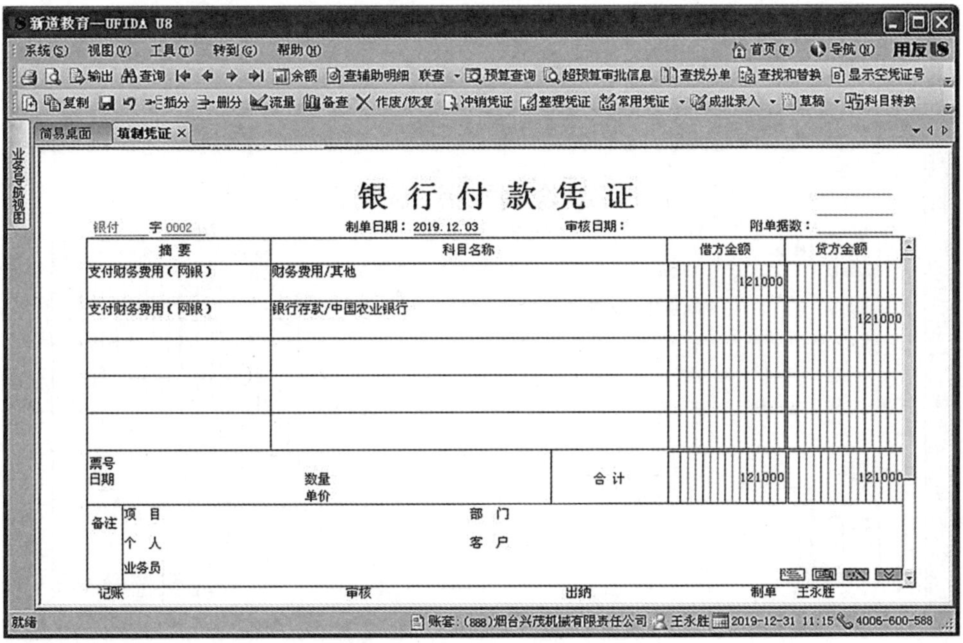

图 10-32 用网银支付财务费用

现金收款凭证类型录入。例如业务 16,12 月 10 日收取多余差旅费,如图 10-33 所示。

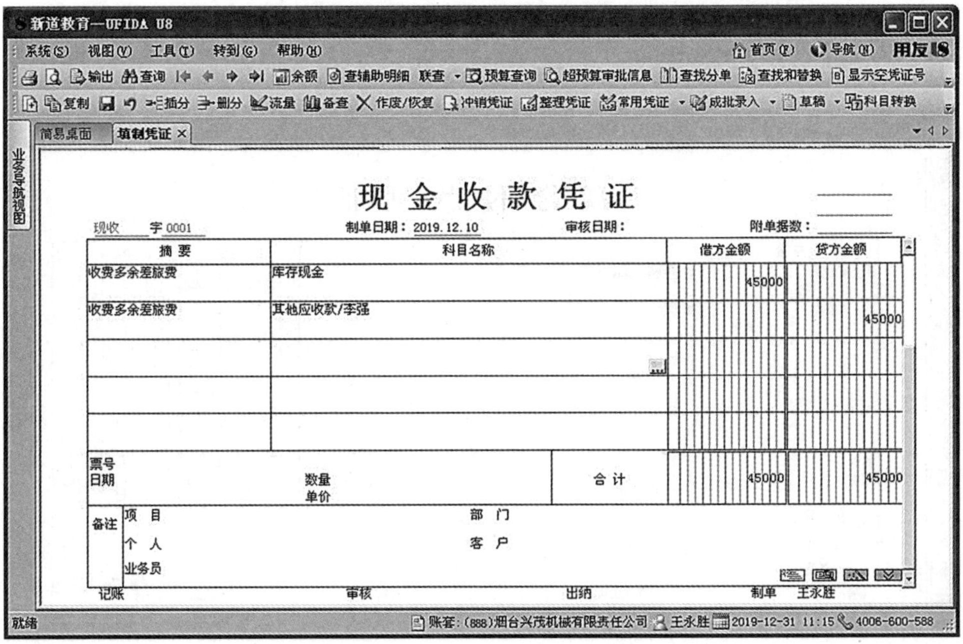

图 10-33 收取多余差旅费

业务 64，12 月 29 日收到赵小英赔款，如图 10-34 所示。

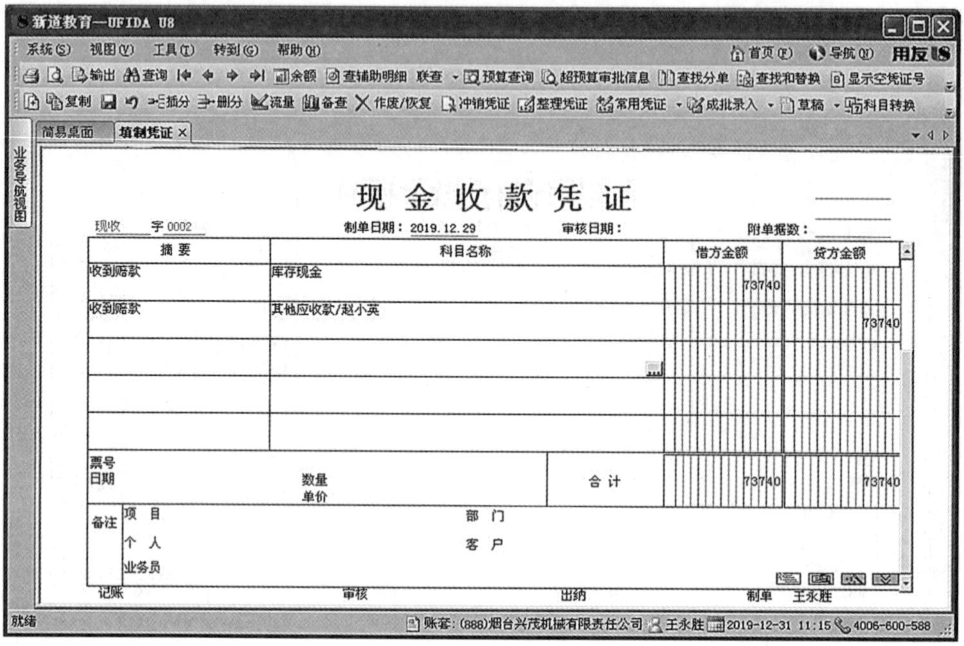

图 10-34　收到赔款

现金付款凭证类型。例如业务 3，12 月 2 日补发差旅费，如图 10-35。

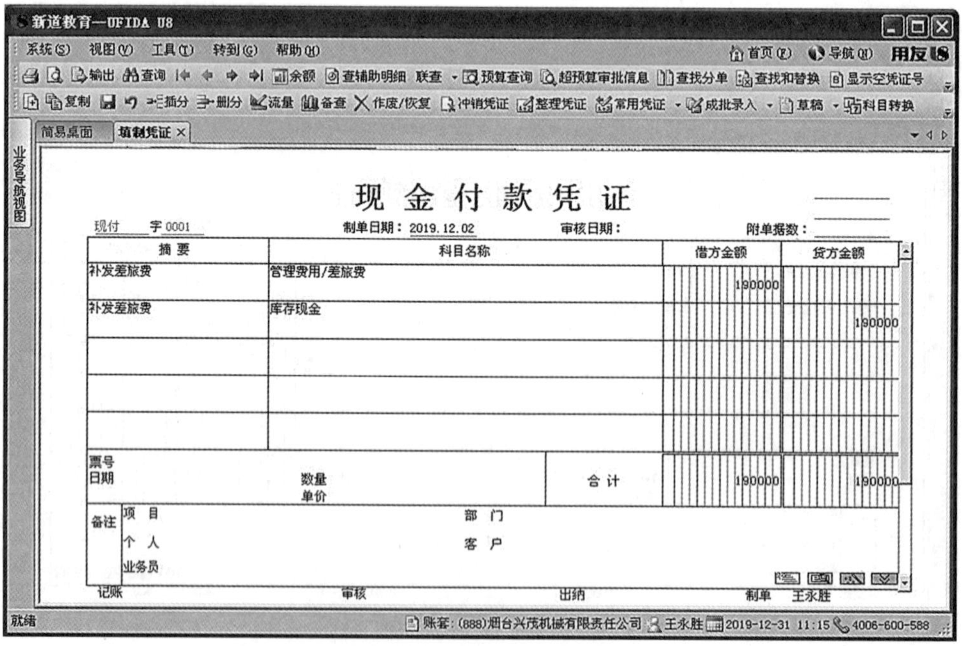

图 10-35　补发差旅费

业务 14,12 月 8 日预付给李强差旅费,如图 10-36。

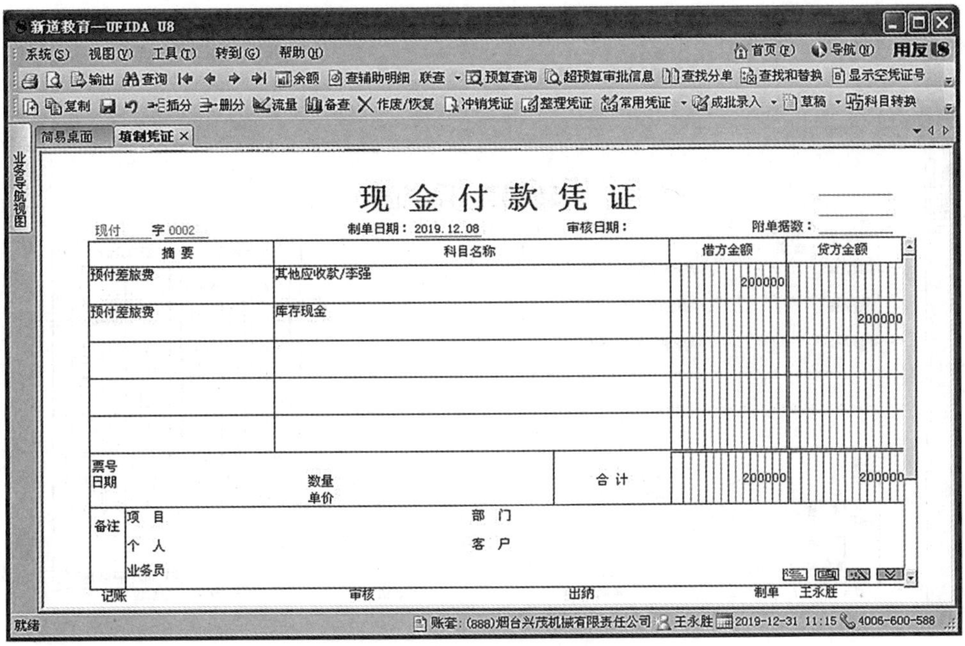

图 10-36 预付差旅费

转账凭证类型。例如业务 2,12 月 1 日支付华宇公司工程款,如图 10-37 所示。

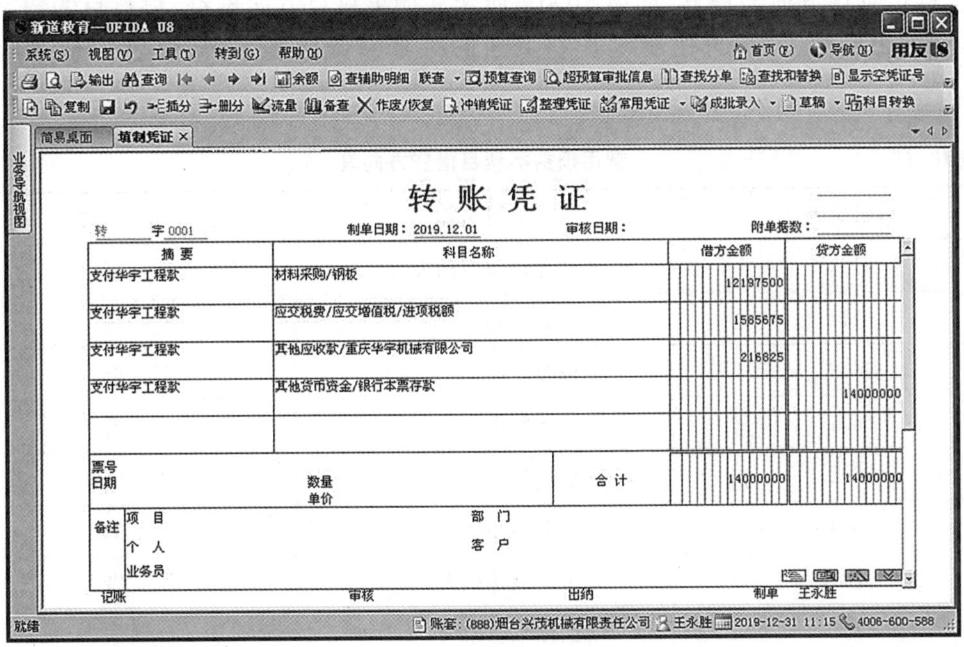

图 10-37 支付华宇工程款

业务 2,12 月 1 日购买的钢板入库,如图 10-38 所示。

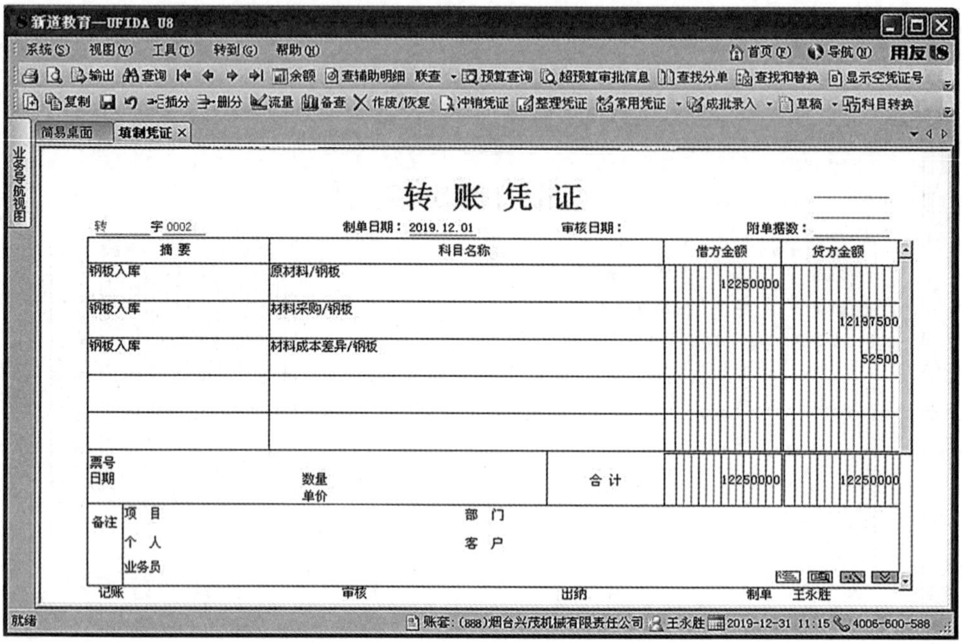

图 10-38 钢板入库

用友 ERP-U8V10.1 系统在结转损益之前的凭证中,费用类科目默认方向为借方,收入类科目默认方向为贷方,如表 10-17 所示。如果科目方向不符,将科目的数字按空格键,调到相反的方向,再按小键盘右上角的减号键调成红字(或黑色),避免此凭证不平。

表 10-17 常用损益类科目借贷方向表

科目编码	科目名称	借贷方向
6101	公允价值变动损益	贷
6111	投资收益	贷
6403	税金及附加	借
6601	销售费用	借
6602	管理费用	借
6603	财务费用	借
6701	资产减值损失	借
6702	信用减值损失	借
6801	所得税费用	借

例如业务46，12月21日银行付息的分录，手工账务处理中为图10-39，需调整为图10-40，1 736.35表示“—1 736.35”。

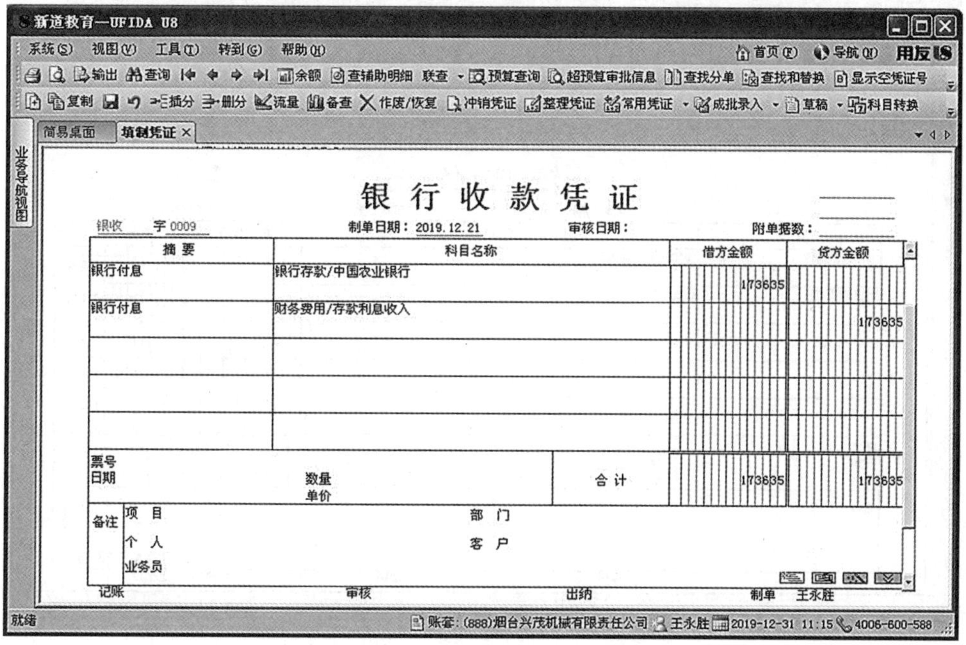

图10-39 银行付息凭证(手工)

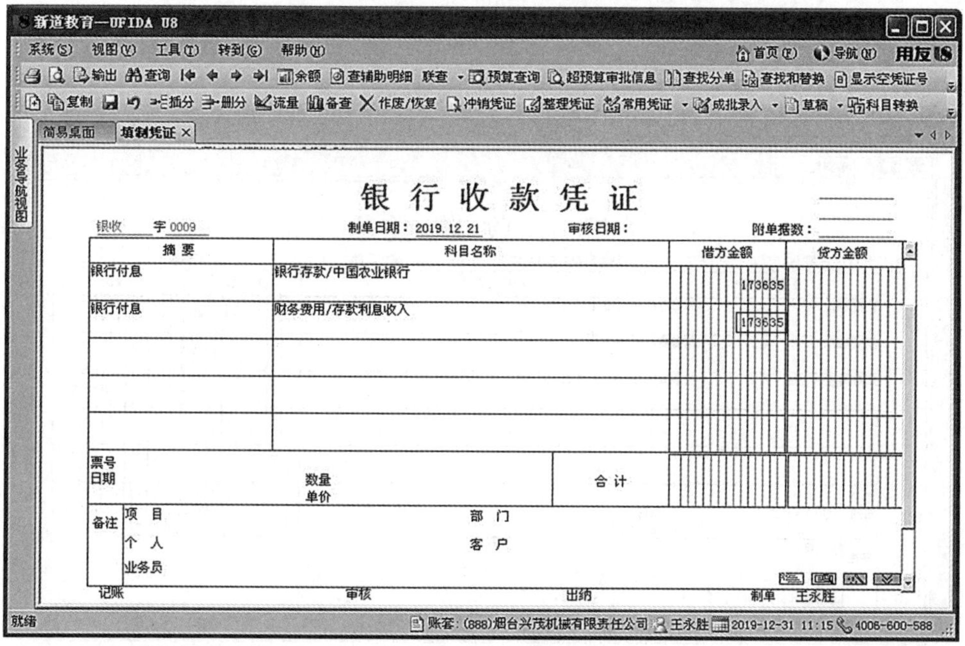

图10-40 银行付息凭证(电算化)

此外还应注意业务 36，12 月 21 日出售股票结转分录中“公允价值变动损益”，如图10-41所示，31 500.00 表示“－31 500.00”。

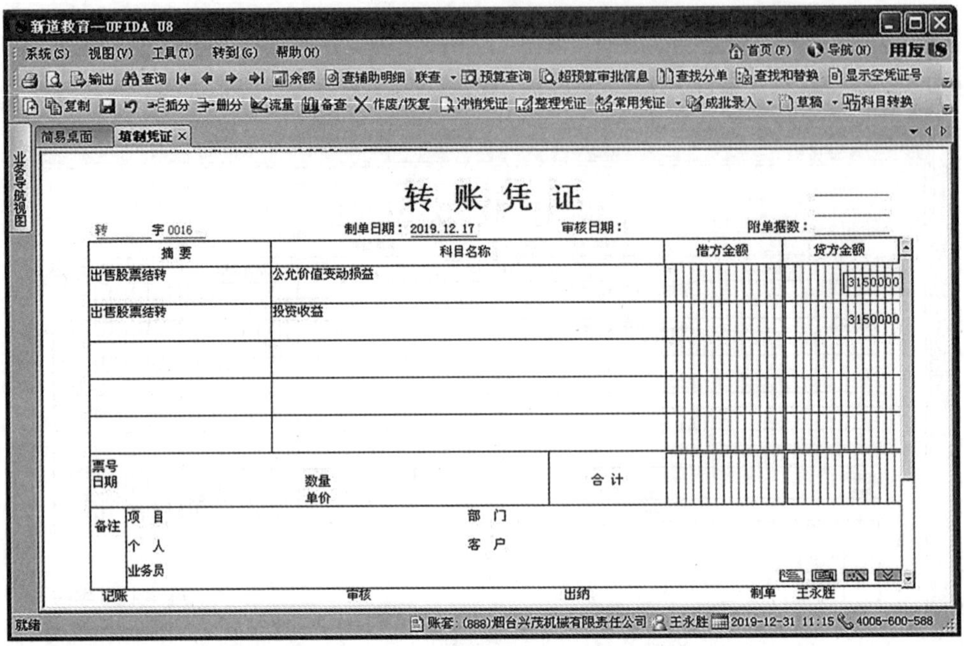

图 10-41 出售股票结转公允价值变动损益

业务 53，12 月 25 日票据贴现中“财务费用——利息支出”如图 10-42 所示。

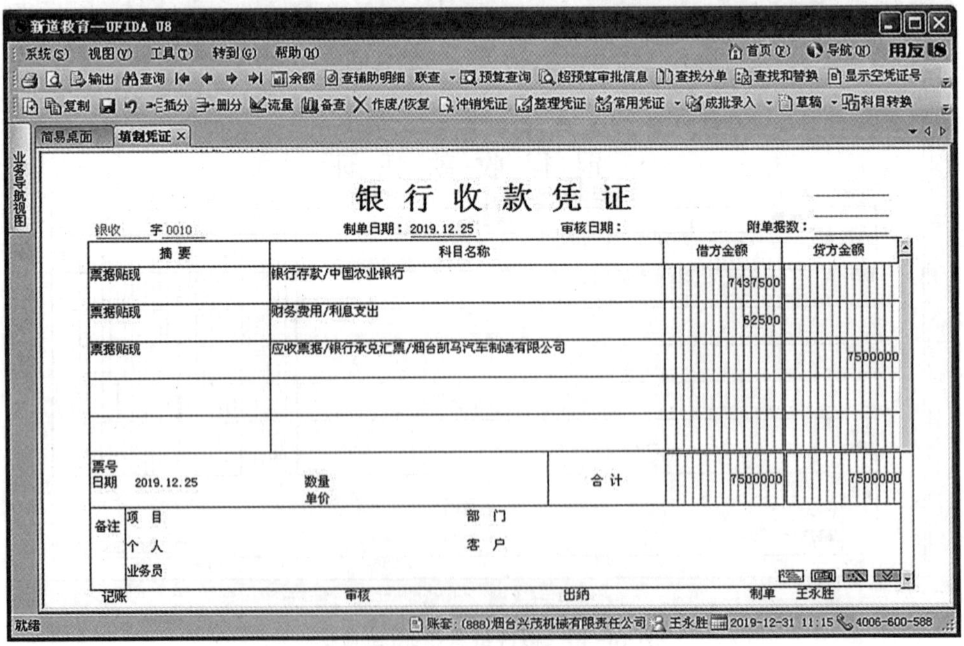

图 10-42 票据贴现

业务 59，12 月 27 日税费减免中“管理费用——其他”，280.00（红字）表示“－280.00”，如图 10-43 所示。

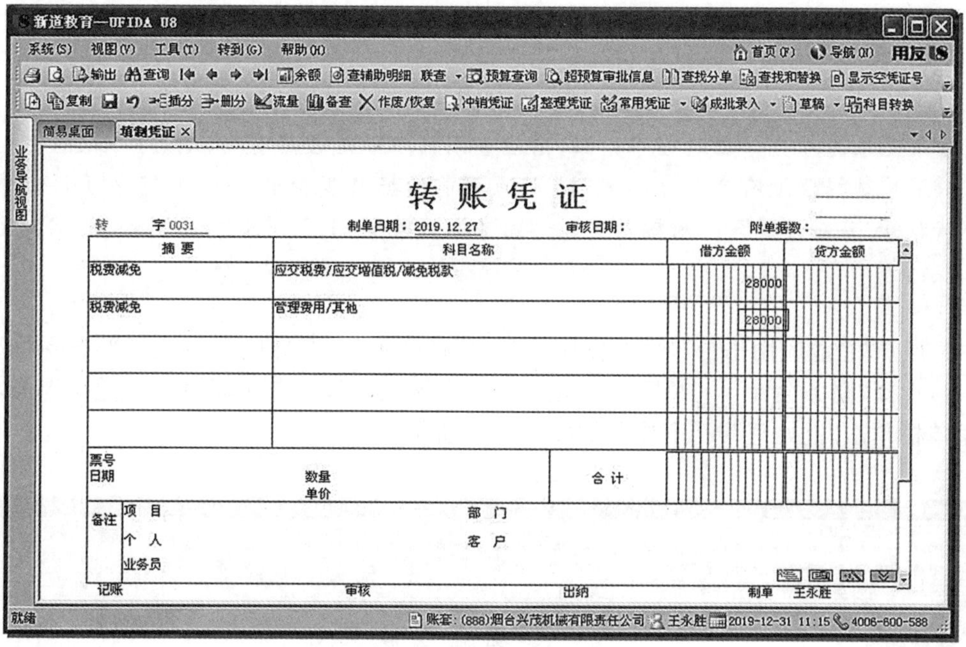

图 10-43 税费减免

（3）打开“企业应用平台”，以操作员“003”登录，在导航菜单栏底部选择“业务工作”项目，选择“财务会计”—“总账”—“凭证”—“出纳签字”，双击凭证列表内任意凭证进入凭证界面，单击上方菜单栏单击“批处理/成批出纳签字”按钮，进行凭证处理，如图 10-44 所示。

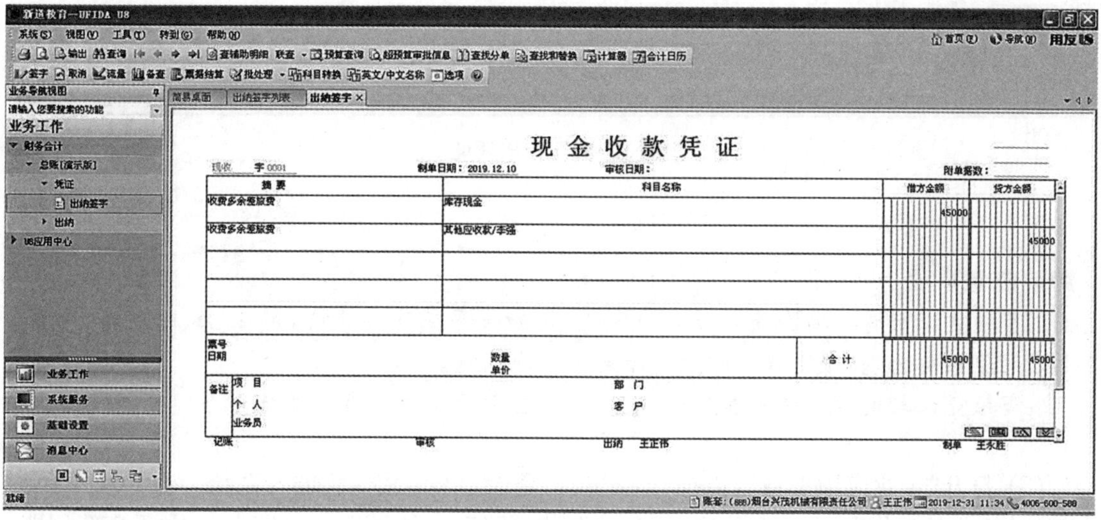

图 10-44 出纳签字

如果系统提示没有可签字的凭证，原因是之前的操作现金科目和银行存款科目未指定。

注意事项

出纳签字前请检查是否有作废凭证，如果存在作废凭证，请在“填制凭证”界面上方菜单栏勾选“整理凭证”，防止收付款凭证出现问题。

凭证出纳签字时选择企业账套角色“出纳”人员登录企业应用平台。

如果无法进入凭证出纳签字界面，请检查用户权限是否具有“出纳签字”权限。

如果系统提示没有可签字的凭证，则为之前的操作现金科目和银行存款科目未指定。请打开“基础设置”—“基础档案”—“财务”—“会计科目”，选择上方菜单栏“指定科目”选项。

(4) 打开“企业应用平台”，登录操作员“001”账套主管，在导航菜单栏底部选择“业务工作”项目，选择“财务会计”—“总账”—“凭证”—“审核凭证”，双击凭证栏进入凭证界面，单击上方菜单栏单击“批处理”或“审核”，如图 10-45 所示。

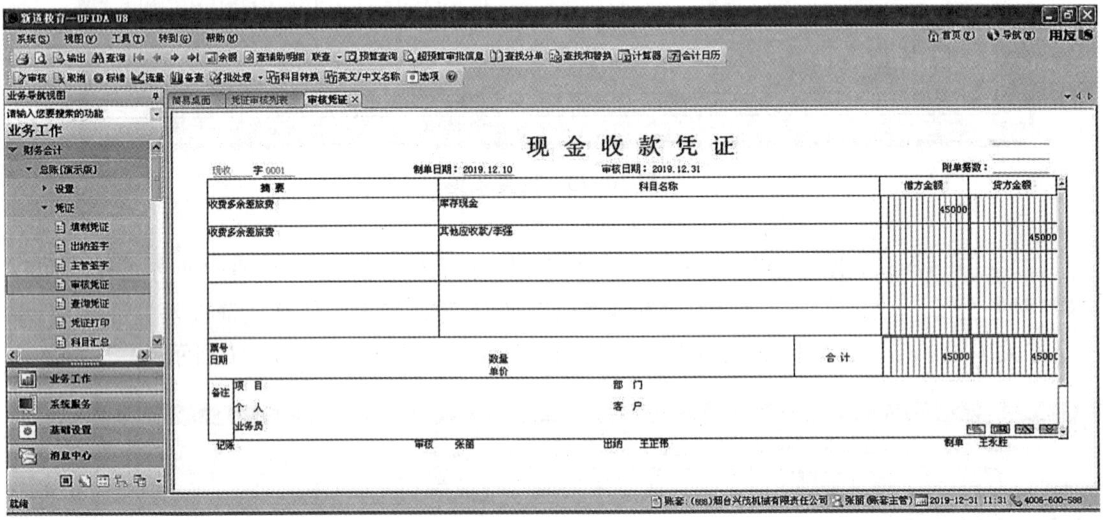

图 10-45 审核凭证

注意事项

审核凭证前请再次检查是否有作废凭证，如果存在作废凭证，请在“填制凭证”界面上方菜单栏勾选“整理凭证”，防止转账凭证出现问题。

审核凭证与填制凭证不能为同一操作员，否则无法进行审核凭证。

(5) 打开“企业应用平台”，以操作员“002”登录，单击“登录”进入系统。在导航菜单栏底部选择“业务工作”项目，选择“财务会计”—“总账”—“凭证”—“记账”，将凭证全部记账，如图 10-46 所示。

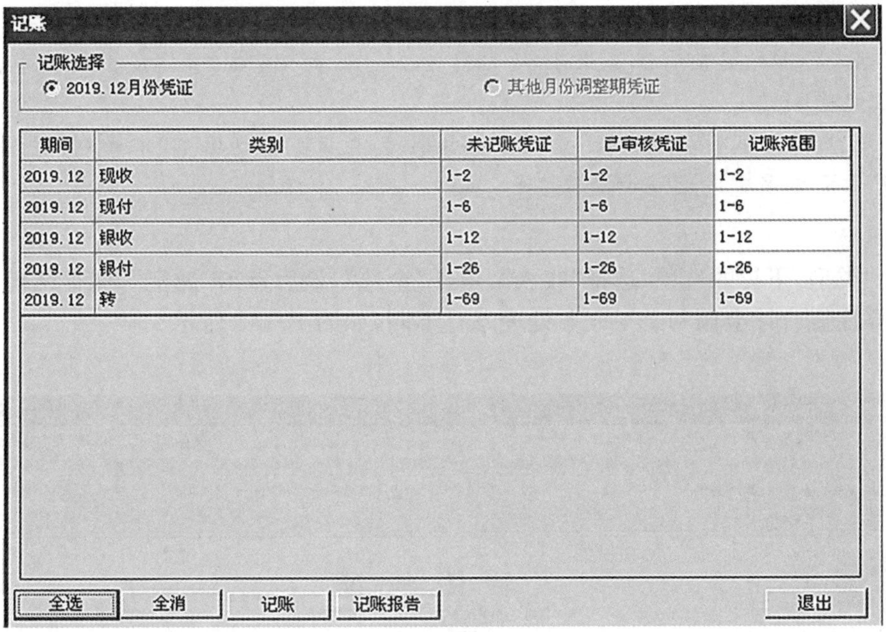

图 10-46　记账

(6) 月末将损益类科目留转到本年利润,由软件公式完成自动结转。在导航菜单栏底部选择“业务工作”项目,选择“财务会计”—“总账”—“期末”—“转账定义”—“期间损益”,在右上方“本年利润”科目输入“4103”,然后单击“确定”,如图 10-47 所示。

图 10-47　本年利润设置

> **注意事项**
>
> 在期末损益结转前需保证业务 84 之前凭证全部录入完成，并完成出纳签字、审核凭证、凭证记账。
>
> 如果“本年利润设置”选项卡中“本年利润”表内没有自动填充“本年利润”科目，“本年利润”需要重新完成上一步操作。

单击“类型”下拉的选项，选择“收入”，单击“全选”，最后点击“确定”，保存结转收入的一张凭证，要注意合计金额和手工账务处理略有不同，如图 10-48 所示。

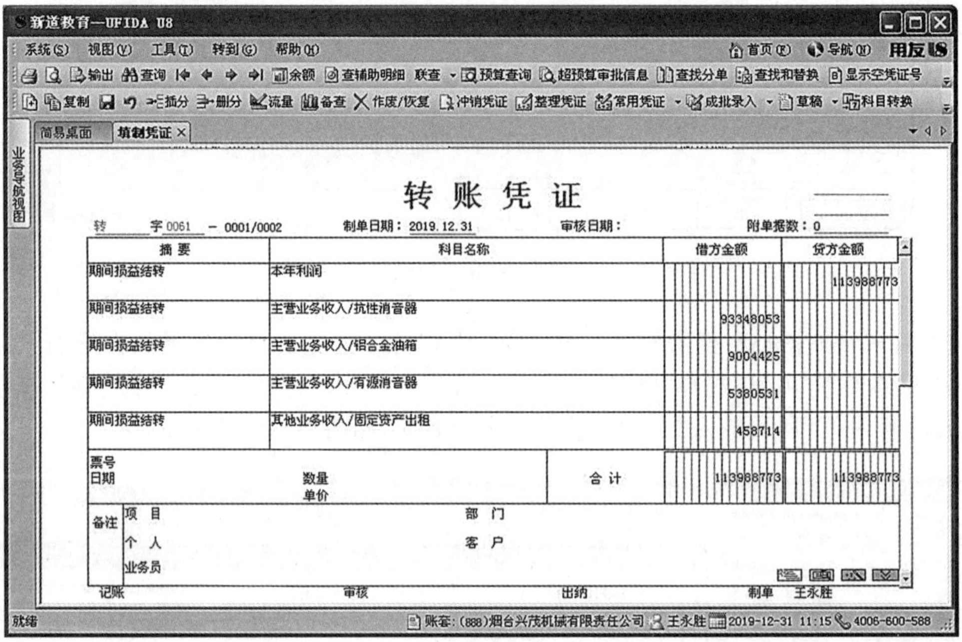

转账凭证

转 字 0061 － 0001/0002　制单日期：2019.12.31　审核日期：　附单据数：0

摘要	科目名称	借方金额	贷方金额
期间损益结转	本年利润		113988773
期间损益结转	主营业务收入/抗性消音器	93348053	
期间损益结转	主营业务收入/铝合金油箱	9004425	
期间损益结转	主营业务收入/有源消音器	5380531	
期间损益结转	其他业务收入/固定资产出租	458714	
票号 日期　数量 单价	合计	113988773	113988773

备注　项目　部门　个人　客户　业务员

记账　审核　出纳　制单 王永胜

图 10-48　结转收入类科目

系统生成的转账凭证与手工账务处理填制的凭证略有不同，原因是在录入凭证时通过调整借贷方，一些科目的方向发生了变化，调整方向是为了利润表的公式取数的时候可以取到正确的数。这也是手工账务处理和电算化之间的区别。

重复同样的操作，选择“支出”，再次结转支出的一张凭证，如图 10-49 所示。

> **注意事项**
>
> 结转支出凭证时会提示本月有未记账的凭证是否继续，单击“是”即可。

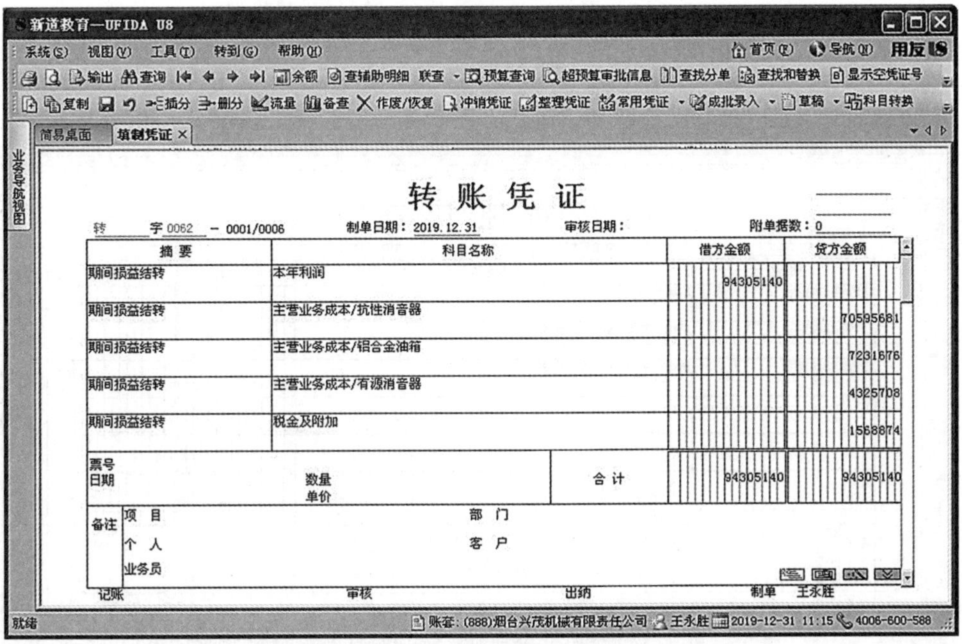

图 10-49 结转成本费用类科目

(7) 在业务 86 所得税结转中，需依次录入凭证："计提当期所得税""计提递延所得税""结转所得税"。注意，在录入"计提递延所得税"时，"所得税费用/递延所得税费用"是费用类科目，应当调至借方，如图 10-50 所示。在录入"结转所得税"凭证时，则把"所得税费用/递延所得税费用"调至贷方，45.02 表示"－45.02"，如图 10-51 所示。

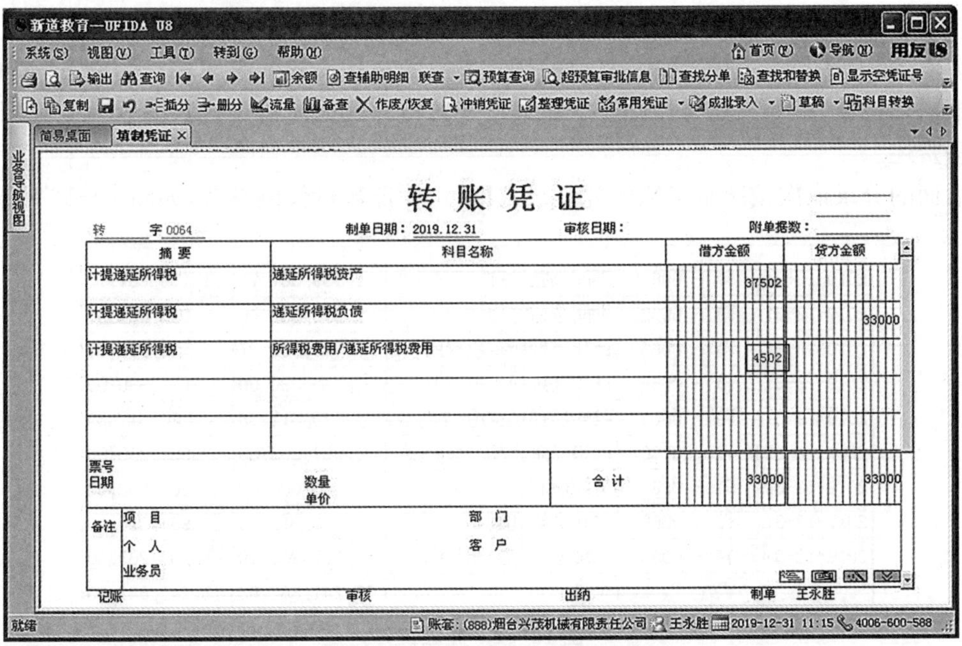

图 10-50 计提所得税费用

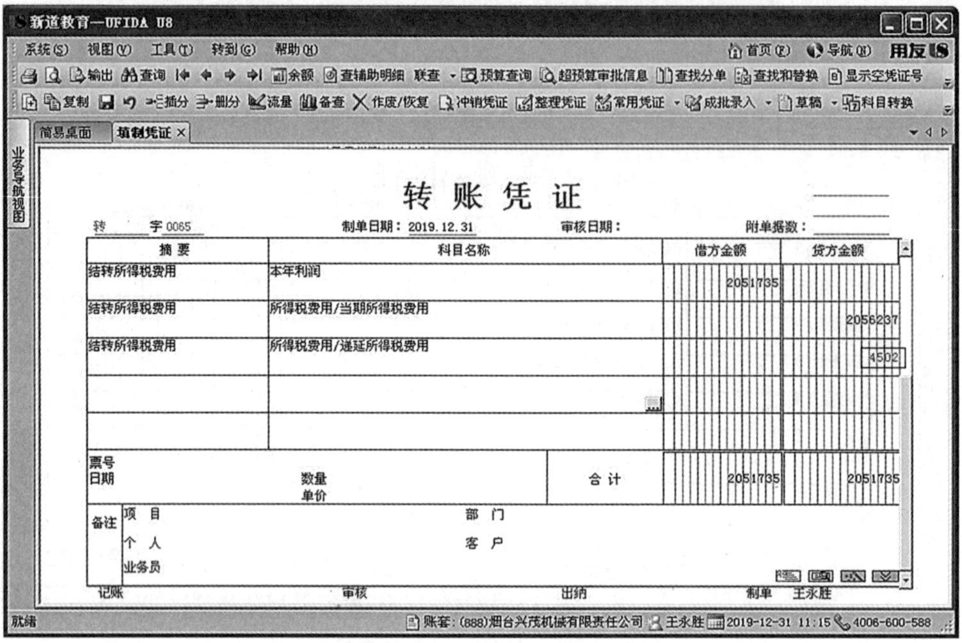

图 10-51 结转所得税费用

利润表中大多数项目的数值是依据损益类会计科目的借方或贷方发生额计算所得，因此为便于期末编制利润表，在会计信息系统中录入会计凭证有时需要调整损益类会计科目的借贷方向。费用类科目应调整至借方，收入类科目应调整至贷方。例如，利润表中的“财务费用”科目，其数值的计算公式为 FS(6603，月，“借”，，)，公式计算结果为“财务费用”科目的借方发生额。因此，“财务费用”科目的贷方发生额在录入凭证时应调整为借方，金额为负数。期末结转至“本年利润”时，则应从贷方红字转销。其他损益类科目的处理方式相同，不再一一赘述。

后面的分录依次按照手工账的凭证录入即可，凭证数量仅供参考，如图 10-52 所示。

2019-12-31	转 - 0061	期间损益结转	1,139,887.73	1,139,887.73
2019-12-31	转 - 0062	期间损益结转	943,051.40	943,051.40
2019-12-31	转 - 0063	计提当期所得税费用	20,562.37	20,562.37
2019-12-31	转 - 0064	计提递延所得税	330.00	330.00
2019-12-31	转 - 0065	结转所得税费用	20,517.35	20,517.35
2019-12-31	转 - 0066	计提盈余公积	397,263.80	397,263.80
2019-12-31	转 - 0067	分配股利	300,000.00	300,000.00
2019-12-31	转 - 0068	结转本年利润	1,986,318.98	1,986,318.98
2019-12-31	转 - 0069	结转本年已分配利润	697,263.80	697,263.80
		合计	13,241,682.03	13,241,682.03

图 10-52 凭证统计

（8）通过系统自定义结转，结转本期增值税和计提城市维护建设税及教育费附加。在导航菜单栏底部选择“业务工作”项目，选择“财务会计”—“总账”—“期末”—“转账定义”—“自定义转账”，如图 10-53 所示。

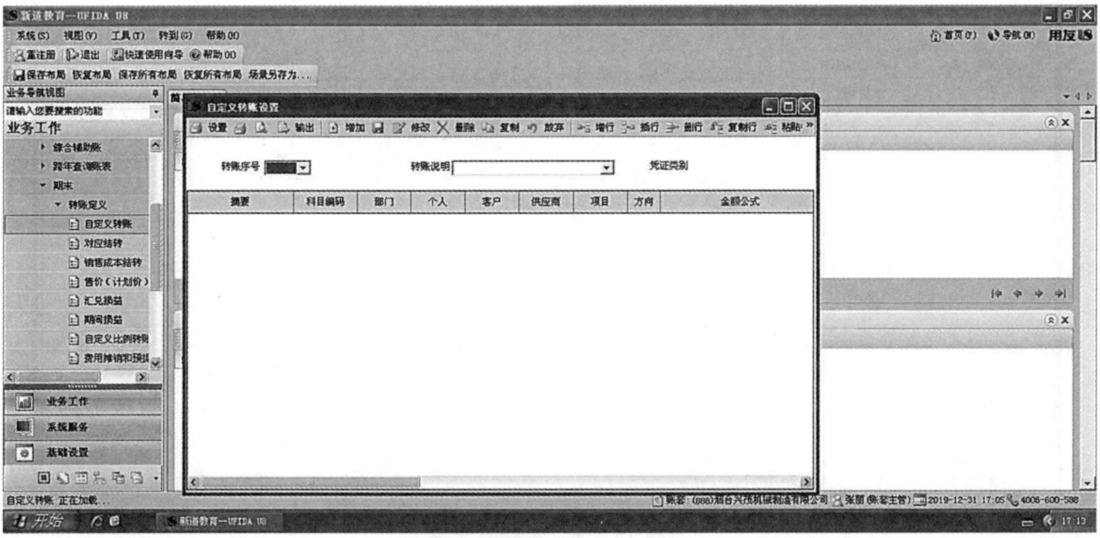

图 10-53　自定义转账

单击菜单栏“增加”，在弹窗中输入转账序号、转账说明和凭证类别，转账序号及转账说明由用途决定，凭证类别选择转账凭证，如图 10-54 所示。

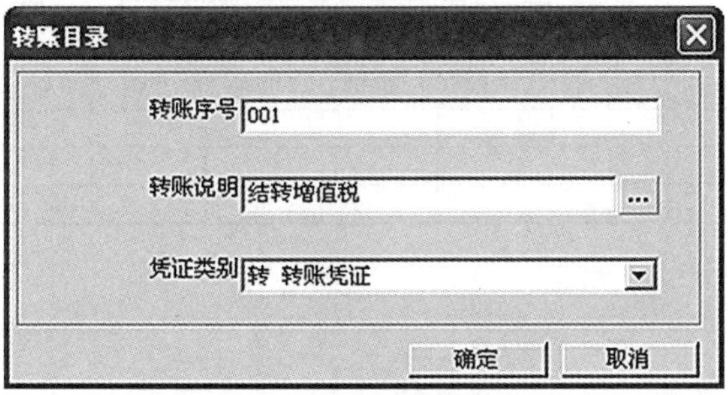

图 10-54　转账目录

注意事项

凭证类别一定要选择转账凭证，否则凭证无法保存。

选择菜单栏“增行”，输入公式，具体公式结转增值税，如图 10-55 所示。计提城市维护建设税及教育费附加，如图 10-56 所示。

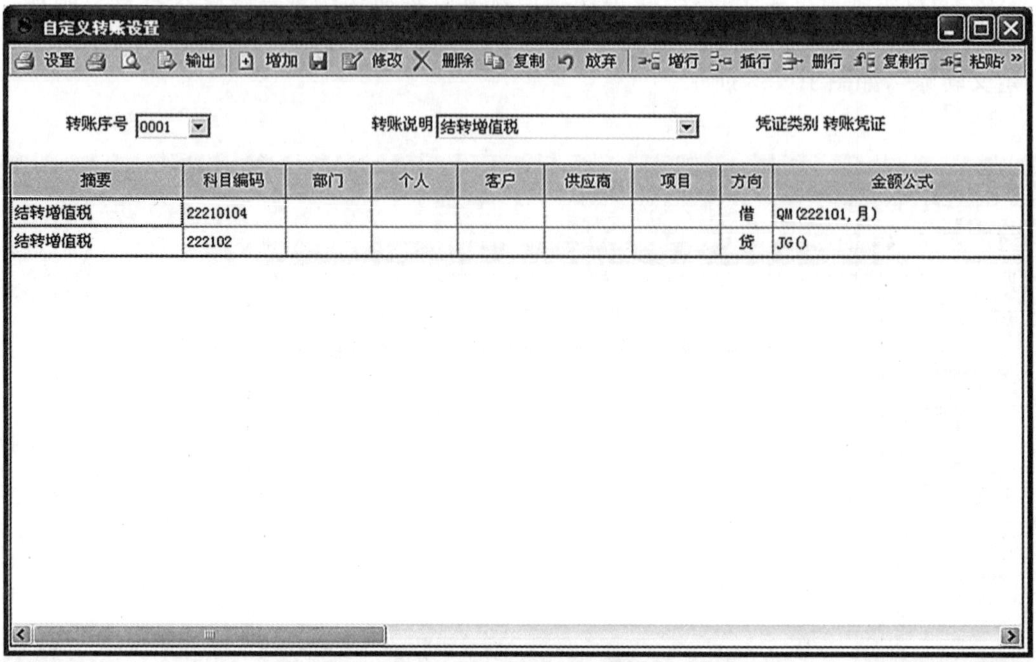

图 10-55　结转增值税

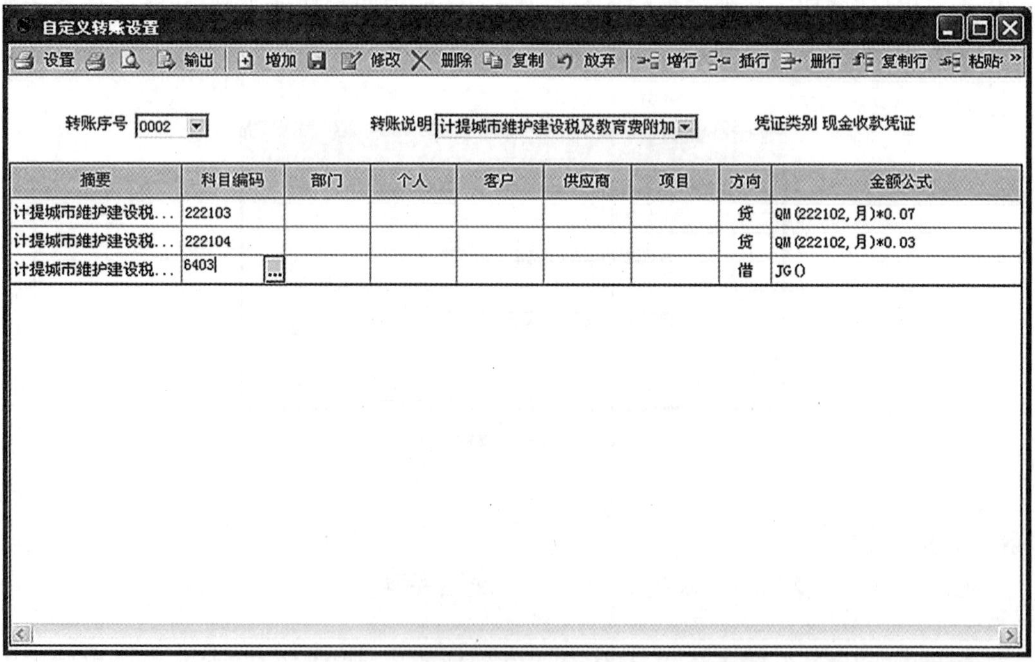

图 10-56　计提城市维护建设税及教育费附加

（七）输出与引入

1. 账套的输出

（1）在“系统管理”界面，执行“账套”—“输出”，进入“账套输出”界面。

（2）选择需要输出的账套“[888]烟台兴茂机械制造有限公司”，选择账套输出路径，如图 10-57 所示。

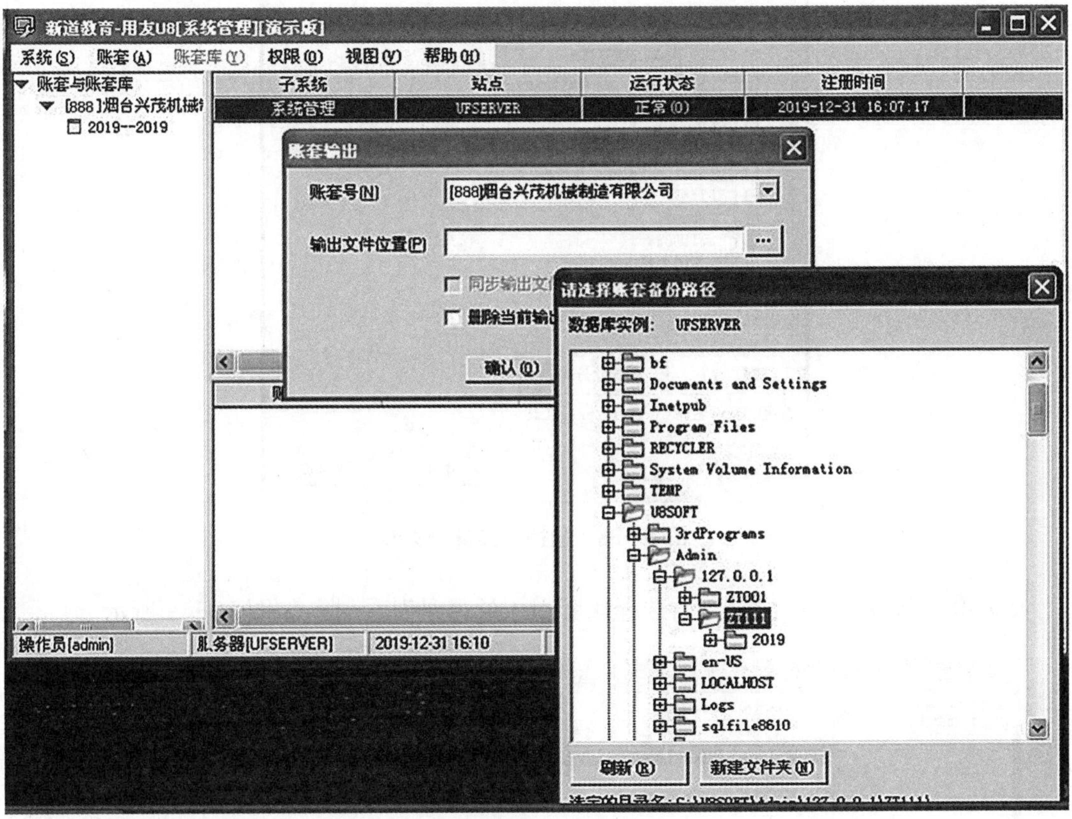

图 10-57　账套输出

> **注意事项**
>
> 只有系统管理员(admin)才有权设置或取消账套主管。账套主管只能对所管辖的账套进行操作员的权限设置。
>
> 账套主管拥有该账套的全部权限，无须为账套主管另外赋权。

（3）单击“确认”，开始进行账套输出备份。

（4）系统弹出“输出成功”提示框，单击“确定”。

2. 账套的引入

（1）在“系统管理”界面，执行“账套”—“引入”，进入“请选择账套备份文件”窗口。

(2) 打开相应的账套路径,选择需要引入账套的索引文件"UfErpAct.Lst",如图10-58所示。

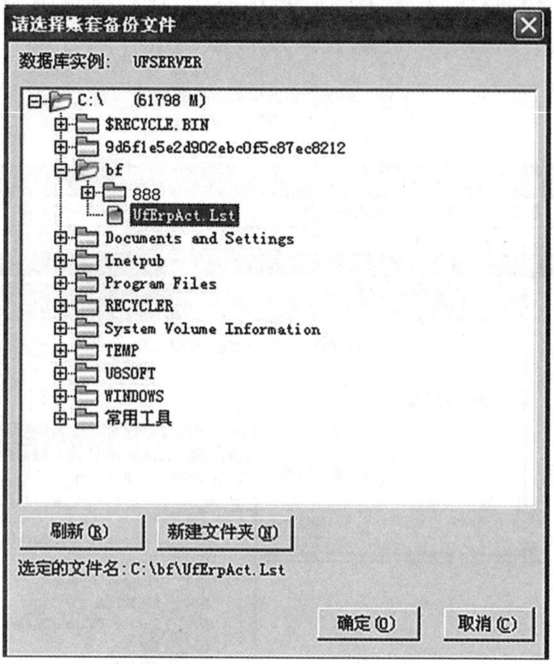

图 10-58　选择账套备份文件

(3) 单击"确定",系统弹出"请选择账套引入的目录"提示框,如图10-59所示。

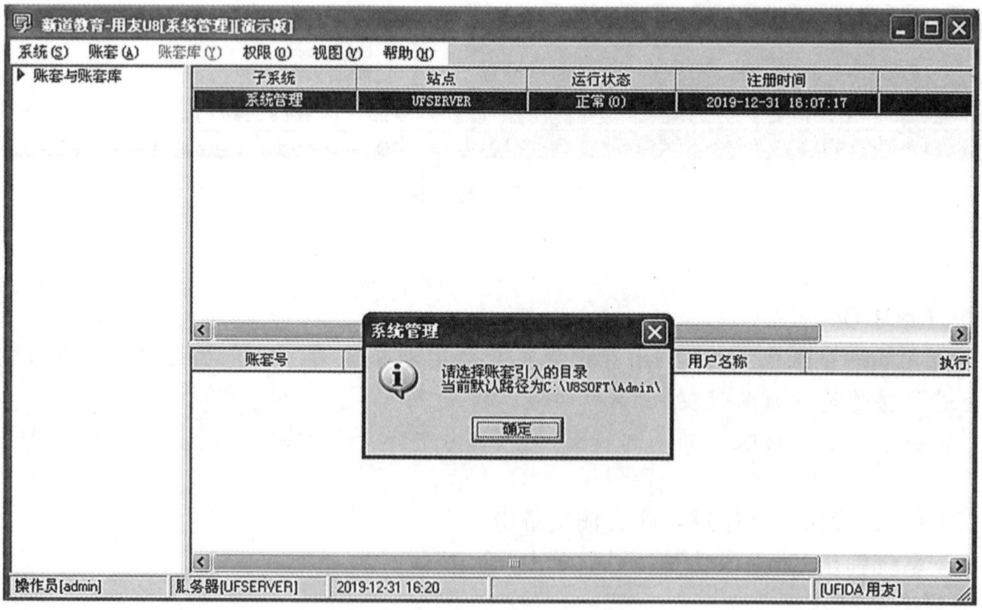

图 10-59　选择账套引入目录

注意事项

只有系统管理员(admin)有权进行账套的输出和引入。

(4) 单击"确定",选择账套引入的目录,采用默认路径即可。

(5) 单击"确定",系统提示"正在引入888的2019—2019账套库,请等待…"。

(6) 最后提示"账套引入成功",单击"确定"按钮。

(八) 财务报表编制

1. 资产负债表

(1) 根据最新会计准则修改流动资产计算公式,如表10-18所示。

表10-18　流动资产计算公式

科目	行次	期末余额	年初余额
货币资金	1	QM("1001",月,,年,,)+ QM("1002",月,,,年,,)+ QM("1012",月,,,年,,)	QC("1001",全年,,,年,,)+ QC("1002",全年,,,年,,)+ QC("1012",全年,,,年,,)
交易性金融资产	2	QM("1101",月,,,年,,)	QC("1101",全年,,,年,,)
衍生金融资产	3		
应收票据	4	QM("1121",月,,,年,,)	QC("1121",全年,,,年,,)
应收账款	5	QM("1122",月,"借",,,,)+ QM("2203",月,"借",,,,,,,,)− QM("1231",月,,,,,,,,,)	QC("1122",全年,"借",,,,,,,,)+ QC("2203",全年,"借",,,,,,,,)− QC("1231",全年,,,,,,,,,)
应收款项融资	6		
预付款项	7	QM("1123",月,"借",,,,)+ QM("2202",月,"借",,,,,,,,)	QC("1123",全年,"借",,,,)+ QC("2202",全年,"借",,,,,,,,)
其他应收款	8	QM("1221",月,,,年,,)+ QM("1131",月,,,,,)+ QM("1132",月,,,,,,,,,)	QC("1221",全年,,,年,,)+ QC("1131",全年,,,年,,)+ QC("1132",全年,,,年,,)
存货	9	QM("1401",月,,,年,,)+ QM("1402",月,,,年,,)+ QM("1403",月,,,年,,)+ QM("1404",月,,,年,,)+ QM("1405",月,,,年,,)+ QM("1406",月,,,年,,)− QM("1407",月,,,年,,)+ QM("1408",月,,,年,,)+ QM("1411",月,,,年,,)+ QM("1421",月,,,年,,)+ QM("5001",月,,,年,,)+ QM("5201",月,,,年,,)− QM("1471",月,,,年,,)	QC("1401",全年,,,年,,)+ QC("1402",全年,,,年,,)+ QC("1403",全年,,,年,,)+ QC("1404",全年,,,年,,)+ QC("1405",全年,,,年,,)+ QC("1406",全年,,,年,,)− QC("1407",全年,,,年,,)+ QC("1408",全年,,,年,,)+ QC("1411",全年,,,年,,)+ QC("1421",全年,,,年,,)+ QC("5101",全年,,,年,,)+ QC("5001",全年,,,年,,)− QC("1471",全年,,,年,,)

（续表）

科目	行次	期末余额	年初余额
一年内到期的非流动资产	10		
其他流动资产	11		
流动资产合计	12	ptotal(?C7:?C17)	ptotal(?D7:?D17)

以修改“应收账款”为例。双击“A11”，将原有“预付款项”修改为“应收账款”，注意原报表模板中的“应收账款”科目的公式存在不足，会计准则中的“应收账款”公式应为“应收账款借方余额＋预收账款借方余额－坏账准备”，需要修改模板中原有公式。双击“C11”单元格，删除原有公式，点击“函数向导”，在左侧的分类中选中“用友账务函数”，右侧鼠标双击“期末(QM)”，“科目”输入“1122”，方向为“借”，其余为默认，单击“确定”。

回到函数输入区域，输入小键盘中的“＋”，重复上述步骤。选择“QM”公式，“科目”输入“2203”，方向为“借”，单击“确定”。再输入小键盘中的“－”，继续选择“QM”公式，“科目”输入“1231”，方向为默认，单击“确定”，如图 10-60 所示。其含义为“应收账款(1122)借方期末余额＋预收账款(2203)借方期末余额－坏账准备(1231)”。

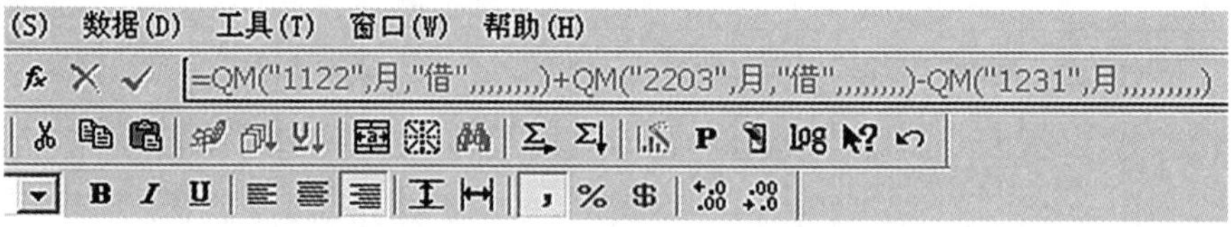

图 10-60　应收账款期末公式

双击“D11”单元格，依次选择“函数向导”—“用友账务函数”—双击“期初(QC)”。“科目”输入“1122”，“期间”选择“全年”，“方向”为“借”。回到函数输入区域，输入小键盘中的“＋”，重复上述步骤。选择“QC”公式，“科目”输入“2203”，“方向”为“借”，单击“确定”。再输入小键盘中的“－”，继续选择“QC”公式，“科目”输入“1231”，方向为默认，单击“确定”，如图 10-61 所示。其含义为“应收账款(1122)年初借方余额＋预收账款(2203)年初借方余额－坏账准备(1231)年初余额”。

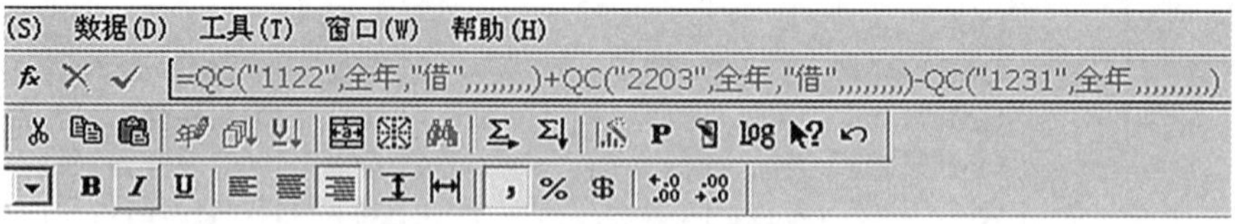

图 10-61　应收账款年初公式

年初余额公式和期末公式类似，可将期末“QM”公式复制以后，粘贴在年初“QC”公式的位置，将“QM”改为“QC”，期间“月”改为“全年”。

(2) 根据最新会计准则修改非流动资产计算公式，如表 10-19 所示。

表 10-19　　非流动资产计算公式

科目	行次	期末余额	年初余额
债权投资	13	QM("1501",月,,,年,,)－QM("1502",月,,,年,,)	QC("1501",全年,,,年,,)－QC("1502",全年,,,年,,)
其他债权投资	14	QM("1503",月,,,年,,)	QC("1503",全年,,,年,,)
长期应收款	15	QM("1531",月,,,年,,)－QM("1532",月,,,年,,)	QC("1531",全年,,,年,,)－QC("1532",全年,,,年,,)
长期股权投资	16	QM("1511",月,,,年,,)－QM("1512",月,,,年,,)	QC("1511",全年,,,年,,)－QC("1512",全年,,,年,,)
其他权益工具投资	17		
其他非流动金融资产	18		
投资性房地产	19	QM("1521",月,,,年,,)	QC("1521",全年,,,年,,)
固定资产	20	QM("1601",月,,,年,,)－QM("1602",月,,,年,,)－QM("1603",月,,,年,,)－QM("1606",月,,,年,,)	QC("1601",全年,,,年,,)－QC("1602",全年,,,年,,)－QC("1603",全年,,,年,,)－QC("1606",全年,,,年,,)
在建工程	21	QM("1604",月,,,年,,)	QC("1604",全年,,,年,,)
无形资产	22	QM("1701",月,,,年,,)－QM("1702",月,,,年,,)－QM("1703",月,,,年,,)	QC("1701",全年,,,年,,)－QC("1702",全年,,,年,,)－QC("1703",全年,,,年,,)
研发支出	23	QM("5301",月,,,年,,)	QC("5301",全年,,,年,,)
商誉	24	QM("1711",月,,,年,,)	QC("1711",全年,,,年,,)
长期待摊费用	25	QM("1801",月,,,年,,)	QC("1801",全年,,,年,,)
递延所得税资产	26	QM("1811",月,,,年,,)	QC("1811",全年,,,年,,)
其他非流动资产	27		
非流动资产合计	28	ptotal(?C20:?C34)	ptotal(?D20:?D34)
资产总计	29	?C18＋?C35	?D18＋?D35

以修改“债券投资”为例。双击“A20”，将“可供出售金融资产”改为“债权投资”，双击“C20”，依次选择“函数向导”—“用友账务函数”—双击“期末(QM)”。“科目”输入“1501”，其余为默认。回到函数输入区域，输入小键盘中的“－”，重复上述步骤。选择“QM”公式，“科目”输入“1502”，其余为默认，单击“确定”，如图 10-62 所示。

图 10-62　债权投资期末余额公式

双击“D20”，将期末“QM”公式复制以后，删除“D20”中原有公式，粘贴在年初“QC”公式的位置，“QM”改为“QC”，“月”改为“全年”，如图 10-63 所示。

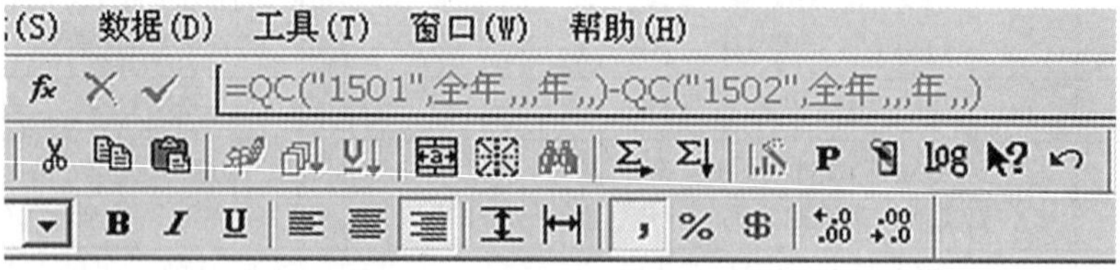

图 10-63 债权投资年初余额公式

(3) 根据最新会计准则修改流动负债计算公式，如表 10-20 所示。

表 10-20　　流动负债计算公式

科目	行次	期末余额	期初余额
短期借款	30	QM("2001",月,,,年,,)	QC("2001",全年,,,年,,)
交易性金融负债	31	QM("2101",月,,,年,,)	QC("2101",全年,,,年,,)
衍生金融负债	32		
应付票据	33	QM("2201",月,,,年,,)	QC("2201",全年,,,年,,)
应付账款	34	QM("2202",月,"贷",,,,)+ QM("1123",月,"贷",,,,,,,,)	QC("2202",全年,"贷",,,)+ QC("1123",全年,"贷",,,,,,,,)
预收款项	35	QM("2203",月,"贷",,,,)+ QM("1122",月,"贷",,,,,,,,)	QC("2203",全年,"贷",,,)+ QC("1122",全年,"贷",,,,,,,,)
合同负债	36		
应付职工薪酬	37	QM("2211",月,,,年,,)	QC("2211",全年,,,年,,)
应交税费	38	QM("2221",月,,,年,,)	QC("2221",全年,,,年,,)
其他应付款	39	QM("2241",月,,,年,,)+ QM("2231",月,,,,)+ QM("2232",月,,,,,,,,,)	QC("2241",全年,,,年,,)+ QC("2231",全年,,,年,,)+ QC("2232",全年,,,年,,)
一年内到期的非流动负债	40		
其他流动负债	41		
流动负债合计	42	ptotal(?G5:?G18)	ptotal(?H5:?H18)

以修改“应付账款”为例。双击“E11”，将原有“预收款项”修改为“应付账款”，注意原报表模板中的“应付账款”科目的公式存在不足，会计准则中的“应付账款”公式应为“应付账款贷方余额＋预付账款贷方余额”。双击“G11”单元格，删掉原有公式，点击“函数向导”，在左侧的分类中选中“用友账务函数”，右侧双击“期末(QM)”函数，“科目”输入“2202”，方向为“贷”，其余为默认，单击“确定”。

回到函数输入区域，输入小键盘中的“＋”，重复上述步骤。选择“QM”公式，注意“科目”

输入“1123”，方向为“贷”，单击“确定”，如图 10-64 所示。其含义为“应付账款(2202)贷方期末余额＋预付账款(1123)贷方期末余额。”

图 10-64　应付账款期末余额公式

双击“H11”单元格，依次选择“函数向导”—“用友账务函数”—双击“期初(QC)”。“科目”输入“2202”，“期间”选择“全年”，方向为“贷”。回到函数输入区域，输入小键盘中的“＋”，重复上述步骤。选择“QC”公式，注意“科目”输入“1123”，方向为“贷”，单击“确定”，如图 10-65 所示。其含义为“应付账款(2202)年初贷方余额＋预付账款(1123)年初贷方余额”。

年初余额公式和期末公式类似，可将期末“QM”公式复制以后，粘贴在年初“QC”公式的位置，“QM”改为“QC”，“月”改为“全年”。

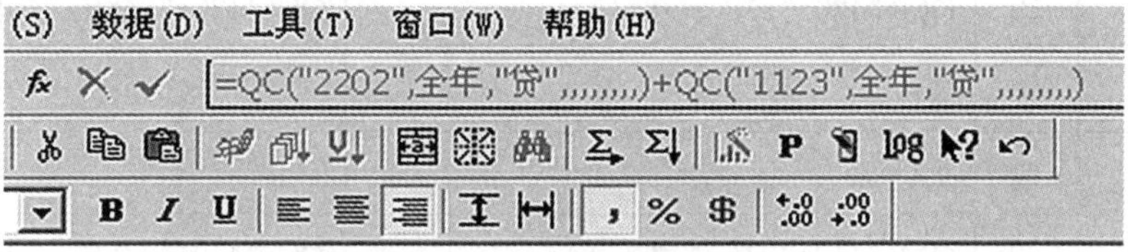

图 10-65　应付账款年初余额公式

(4) 根据最新会计准则修改非流动负债科目计算公式，如表 10-21 所示。

表 10-21　非流动负债科目计算公式

科目	行次	期末余额	年初余额
长期借款	44	QM("2501",月,,,年,,)	QC("2501",全年,,,年,,)
应付债券		QM("2502",月,,,年,,)	QC("2502",全年,,,年,,)
其中:优先股	45		
永续债	46		
长期应付款	47	QM("2701",月,,,年,,)－QM("2702",月,,,年,,)	QC("2701",全年,,,年,,)－QC("2702",全年,,,年,,)
预计负债	48	QM("2801",月,,,年,,)	QC("2801",全年,,,年,,)
递延收益	49		
递延所得税负债	50	QM("2901",月,,,年,,)	QC("2901",全年,,,年,,)
其他非流动负债	51		
非流动负债合计	52	ptotal(?G21:?G29)	ptotal(?H21:?H29)
负债合计	53	?G19＋?G30	?H19＋?H30

根据表 10-20 非流动负债公式自行修改。注意在输入期末“QM”公式的时候，“年”可以省略，如“应收票据”公式“QM("1121",月,,,年,,)”和“QM("1121",月,,,,,)”都是正确的。

(5) 根据最新会计准则修改所有者权益科目计算公式，如表 10-22 所示。

表 10-22　　所有者权益科目计算公式

科目	行次	期末余额	年初余额
实收资本(或股本)	54	QM("4001",月,,,年,,)	QC("4001",全年,,,年,,)
其他权益工具	55		
其中:优先股	56		
永续债	57		
资本公积	58	QM("4002",月,,,年,,)	QC("4002",全年,,,年,,)
减:库存股	59	QM("4201",月,,,年,,)	QC("4201",全年,,,年,,)
其他综合收益	60		
专项储备	61		
盈余公积	62	QM("4101",月,,,年,,)	QC("4101",全年,,,年,,)
未分配利润	63	QM("4104",月,,,,,,,)+ QM("4103",月,,,,,,,)	QC("4104",全年,,,年,,)+ QC("4103",全年,,,年,,)
所有者权益(或股东权益)合计	64	?G33+?G37-?G38+?G41+?G42	?H33+?H37-?H38+?H41+?H42
负债和所有者权益(或股东权益)总计	65	?G31+?G44	?H31+?H44

以修改“未分配利润”为例。双击“G42”，依次选择“函数向导”—“用友账务函数”—双击“期末(QM)”，“科目”输入“4103”，其余为默认(方向也为默认)，在原有公式后输入小键盘的“+”，依次选择“函数向导”—“用友账务函数”—双击“期末(QM)”，“科目”输入“4104”，其余为默认，如图 10-66 所示。年初公式自行输入。

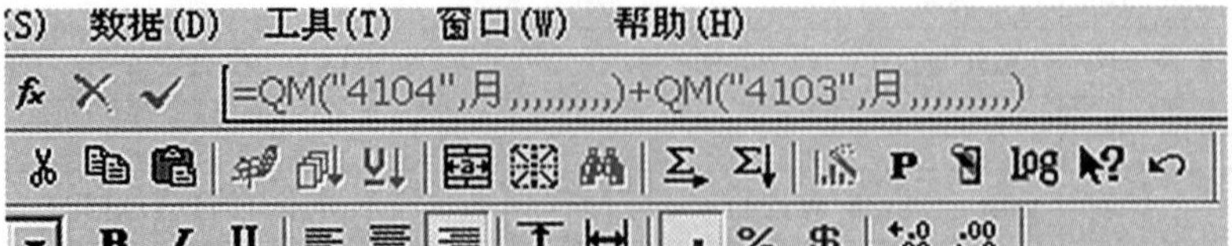

图 10-66　未分配利润期末公式

最后把数据计算出来。操作步骤：在数据状态下执行“数据”—“整表重算”。等待一段时间即可出来最终报表数据，如图 10-67 所示。

资产负债表

会企01表

单位名称：烟台兴茂机械有限公司　　2019 年　12 月　31 日　　单位:元

资　产	行次	期末余额	年初余额	负债和所有者权益（或股东权益）	行次	期末余额	年初余额
流动资产:				流动负债:			
货币资金	1	1,811,736.69	2,126,437.72	短期借款	30	780,000.00	980,000.00
交易性金融资产	2	678,000.00	994,500.00	交易性金融负债	31		
衍生金融资产	3			衍生金融负债	32		
应收票据	4	1,185,665.71	75,000.00	应付票据	33	260,000.00	140,000.00
应收账款	5	1,004,136.80	1,472,264.71	应付账款	34	307,765.00	665,875.00
应收款项融资	6			预收款项	35	33,619.47	10,683.67
预付款项	7	5,095.20	30,424.60	合同负债	36		
其他应收款	8	36,519.92	20,177.68	应付职工薪酬	37	95,800.00	91,522.00
存货	9	1,825,745.63	2,141,253.86	应交税费	38	86,599.29	77,072.33
一年内到期的非流动资产	10			其他应付款	39	350,550.00	84,375.00
其他流动资产	11			一年内到期的非流动负债	40		
流动资产合计	12	6,546,899.95	6,860,058.57	其他流动负债	41		
非流动资产:				流动负债合计	42	1,914,333.76	2,049,528.00
债权投资	13	204,094.00	206,000.00	非流动负债:	43		
其他债权投资	14			长期借款	44	820000.00	820000.00
长期应收款	15			应付债券			
长期股权投资	16	619,800.00	600,000.00	其中:优先股	45		
其他权益工具投资	17			永续债	46		
其他非流动金融资产	18			长期应付款	47		
投资性房地产	19			预计负债	48		
固定资产	20	6,380,798.01	6,120,653.67	递延收益	49		
在建工程	21			递延所得税负债	50	9,780.00	9,450.00
无形资产	22	416,200.00	420,000.00	其他非流动负债	51		
研发支出	23			非流动负债合计	52	829780.00	829450.00
商誉	24			负债合计	53	2744113.76	2878978.00
长期待摊费用	25			所有者权益（或股东权益）:			
递延所得税资产	26	5,375.02	5,000.00	实收资本（或股本）	54	8,050,000.00	7,850,000.00
其他非流动资产	27			其他权益工具	55		
非流动资产合计	28	7626267.03	7351653.67	其中：优先股	56		
				永续债	57		
				资本公积	58	300,000.00	280,000.00
				减：库存股	59		
				其他综合收益	60		
				专项储备	61		
				盈余公积	62	867,368.50	470,104.70
				未分配利润	63	2,211,684.72	2,732,629.54
				所有者权益（或股东权益)合计	64	11,429,053.22	11,332,734.24
资产总计	29	14173166.98	14211712.24	负债和所有者权益(或股东权益)总计	65	14,173,166.98	14,211,712.24

图 10-67　资产负债表

2. 输入输出报表

执行“文件”—“另存为”，如图 10-68 所示。可以和账套一个文件夹一起压缩拷入 U 盘中，此文件只能在 UFO 报表系统才能打开，下次打开时，进入 UFO 报表系统后，再执行“文件”—“打开”即可。

3. 利润表

（1）修改利润表模板（只设置企业常用科目公式），如表 10-23 所示。

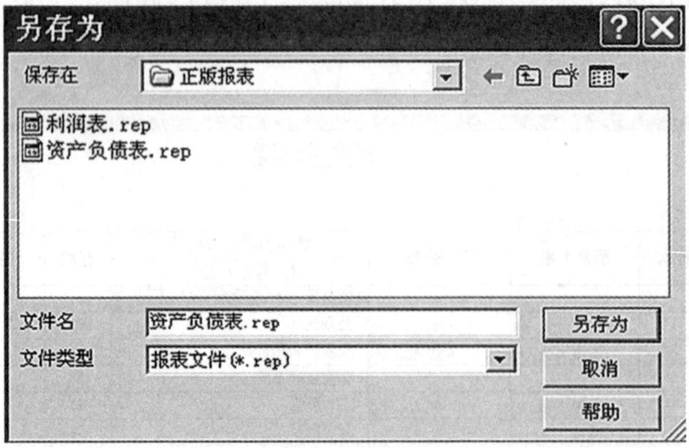

图 10-68　输出报表

表 10-23　利润表模板

项目	行数	本期金额
一、营业收入	1	FS(6001,月,"贷",,年)＋FS(6051,月,"贷",,年)
减:营业成本	2	FS(6401,月,"借",,)＋FS(6402,月,"借",,)
税金及附加	3	FS(6403,月,"借",,)
销售费用	4	FS(6601,月,"借",,)
管理费用	5	FS(6602,月,"借",,)
研发费用	6	
财务费用	7	FS(6603,月,"借",,)
其中:利息费用	8	
利息收入	9	
加:其他收益	10	
投资收益(损失以"－"号填列)	11	FS(6111,月,"贷",,)
其中:对联营企业和合营企业的投资收益	12	
公允价值变动收益(损失以"－"号填列)	13	FS(6101,月,"贷",,)
信用减值损失(损失以"－"号填列)	14	FS(6702,月,"借",,)
资产减值损失(损失以"－"号填列)	15	FS(6701,月,"借",,)
资产处置损益(损失以"－"号填列)	16	
二、营业利润(亏损以"－"号填列)	17	?C5 －? C6 －? C7 －? C8 －? C9 －? C11 ＋? C15 ＋?C17－?C18－?C19

（续表）

项目	行数	本期金额
加：营业外收入	18	FS(6301,月,"贷",,)
减：营业外支出	19	FS(6711,月,"借",,)
三、利润总额（亏损总额以"－"号填列）	20	?C21＋?C22－?C23
减：所得税费用	21	FS(6801,月,"借",,)
四、净利润（净亏损以"－"号填列）	22	?C24－?C25
（一）持续经营净利润（净亏损以"－"号填列）	23	?C26
（二）终止经营净利润（净亏损以"－"号填列）	24	
五、其他综合收益的税后净额	25	
六、综合收益总额	26	?C26
七、每股收益：	27	
（一）基本每股收益	28	0.09
（二）稀释每股收益	29	

以修改"财务费用"为例，在格式状态下，双击"A11"，将原有"资产减值损失"修改为"财务费用"。双击"C11"单元格，删除原有公式，执行"函数向导"—"用友账务函数"—"发生(FS)"，如图 10-69 所示。

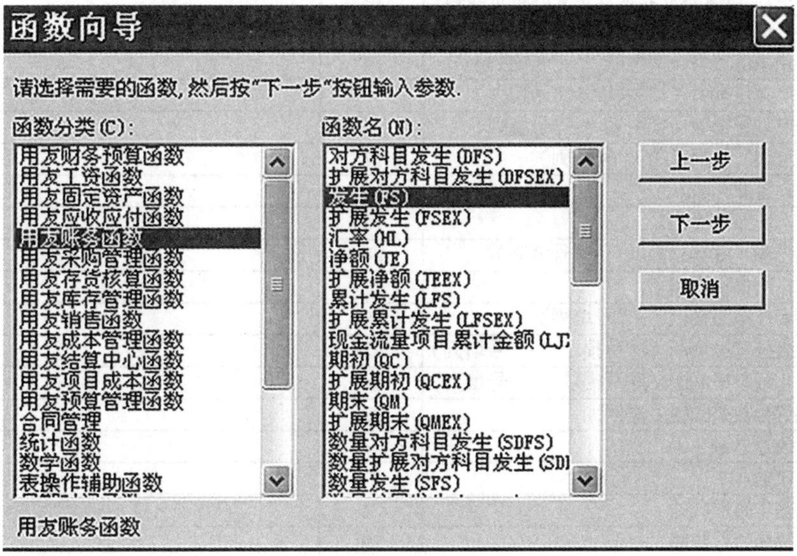

图 10-69　发生函数

双击“发生(FS)”函数，进入“账务函数”窗口，与“期末(QM)”函数类似，“科目”输入“6603”，方向为“借”，单击“确定”，公式为“fs(6603,月,"借",,)”，其含义为取财务费用(6603)的借方发生额，如图 10-70 所示。

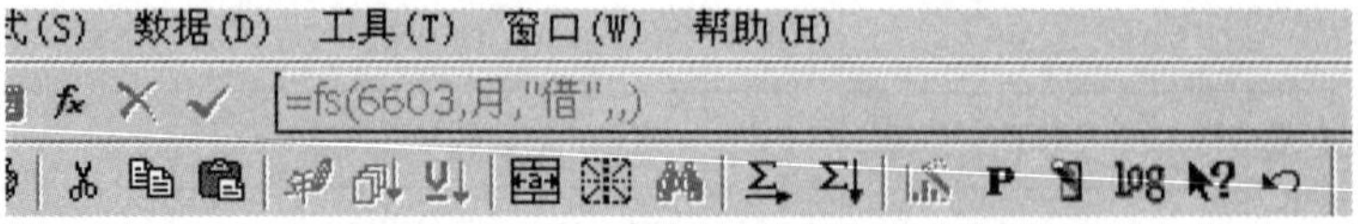

图 10-70 财务费用发生函数

完成后仔细对照表 10-22，适当调整单元格的宽度和高度以及字体，形成最后的利润表，

(2) 单击左下角“格式”，使之变为“数据”状态，此时提示是否整表重算，选择“是”，完成表页数据的计算，如图 10-71 所示。

	A	B	C	D
4	项 目	行数	本期金额	
5	一、营业收入	1		1,081,917.23
6	减：营业成本	2		821,530.65
7	税金及附加	3		15,688.74
8	销售费用	4		31,714.56
9	管理费用	5		39,767.26
10	研发费用	6		
11	财务费用	7		12,090.31
12	其中：利息费用	8		
13	利息收入	9		
14	加：其他收益	10		
15	投资收益（损失以“-”号填列）	11		74,470.50
16	其中:对联营企业和合营企业的投资收益	12		
17	公允价值变动收益（损失以“-”号填列）	13		-16,500.00
18	信用减值损失（损失以“-”号填列）	14		2,361.40
19	资产减值损失（损失以“-”号填列）	15		5,154.00
20	资产处置损益（损失以“-”号填列）	16		
21	二、营业利润（亏损以“-”号填列）	17		211580.81
22	加：营业外收入	18		
23	减：营业外支出	19		14,744.48
24	三、利润总额（亏损总额以“-”号填列）	20		196836.33
25	减：所得税费用	21		20,517.35
26	四、净利润（净亏损以“-”号填列）	22		176318.98
27	（一）持续经营净利润（净亏损以“-”号填列）	23		176318.98
28	（二）终止经营净利润（净亏损以“-”号填列）	24		
29	五、其他综合收益的税后净额	25		
30	六、综合收益总额	26		176318.98
31	七、每股收益：	27		
32	（一）基本每股收益	28		0.09
33	（二）稀释每股收益	29		

图 10-71 利润表

附表 1　　需要增加或修改的会计科目信息

类型	级次	科目编码	科目名称	账页格式	余额方向	银行账	日记账
资产	1	1001	库存现金	金额式	借		Y
资产	1	1002	银行存款	金额式	借	Y	Y
资产	2	100201	中国农业银行	金额式	借	Y	Y
资产	1	1012	其他货币资金	金额式	借		
资产	2	101201	银行本票存款	金额式	借		
资产	1	1101	交易性金融资产	金额式	借		
资产	2	110101	股票投资浪潮软件	金额式	借		
资产	3	11010101	成本	金额式	借		
资产	3	11010102	公允价值变动	金额式	借		
资产	1	1121	应收票据	金额式	借		
资产	2	112101	银行承兑汇票	金额式	借		
资产	3	11210101	烟台凯马汽车制造有限公司	金额式	借		
资产	3	11210102	青岛通达汽车配件公司	金额式	借		
资产	3	11210103	烟台三立有限公司	金额式	借		
资产	3	11210104	泰安银光电子公司	金额式	借		
资产	1	1122	应收账款	金额式	借		
资产	2	112201	威海东恒公司	金额式	借		
资产	2	112202	青岛通达汽车配件公司	金额式	借		
资产	2	112203	青岛山海机械有限公司	金额式	借		
资产	2	112204	烟台三立有限公司	金额式	借		
资产	2	112205	济南西城机械有限公司	金额式	借		
资产	1	1123	预付账款	金额式	借		
资产	2	112301	预付订阅费	金额式	借		
资产	2	112302	预付车辆保险费	金额式	借		
资产	2	112303	青岛广源钢材有限公司	金额式	借		
资产	1	1131	应收股利	金额式	借		
资产	1	1132	应收利息	金额式	借		
资产	1	1221	其他应收款	金额式	借		
资产	2	122101	刘星	金额式	借		

（续表）

类型	级次	科目编码	科目名称	账页格式	余额方向	银行账	日记账
资产	2	122102	李强	金额式	借		
资产	2	122103	重庆华宇机械有限公司	金额式	借		
资产	2	122104	基本养老保险	金额式	借		
资产	2	122105	失业保险	金额式	借		
资产	2	122106	基本医疗保险	金额式	借		
资产	2	122107	住房公积金	金额式	借		
资产	2	122108	赵小英	金额式	借		
资产	2	122109	济南曼华包装有限公司	金额式	借		
资产	1	1231	坏账准备	金额式	贷		
资产	2	123101	应收账款	金额式	贷		
资产	1	1401	材料采购	金额式	借		
资产	2	140101	钢板	金额式	借		
资产	2	140102	铝合金	金额式	借		
资产	2	140103	包装盒	金额式	借		
资产	1	1403	原材料	金额式	借		
资产	2	140301	钢板	金额式	借		
资产	2	140302	铝合金	金额式	借		
资产	1	1404	材料成本差异	金额式	借		
资产	2	140401	钢板	金额式	借		
资产	2	140402	铝合金	金额式	借		
资产	2	140403	包装盒	金额式	借		
资产	1	1405	库存商品	金额式	借		
资产	2	140501	抗性消音器	金额式	借		
资产	2	140502	铝合金油箱	金额式	借		
资产	2	140503	有源消音器	金额式	借		
资产	1	1408	委托加工物资	金额式	借		
资产	2	140801	有源消音器	金额式	借		
资产	1	1411	低值易耗品	金额式	借		
资产	2	141101	包装盒	金额式	借		
资产	1	1501	债权投资	金额式	借		

（续表）

类型	级次	科目编码	科目名称	账页格式	余额方向	银行账	日记账
资产	2	150101	成本	金额式	借		
资产	2	150102	利息调整	金额式	借		
资产	1	1502	持有至到期投资减值准备	金额式	贷		
资产	1	1503	可供出售金融资产	金额式	借		
资产	1	1511	长期股权投资	金额式	借		
资产	2	151101	烟台天明机械设备有限公司	金额式	借		
资产	3	15110101	成本	金额式	借		
资产	3	15110102	损益调整	金额式	借		
资产	1	1512	长期股权投资减值准备	金额式	贷		
资产	1	1521	投资性房地产	金额式	借		
资产	1	1531	长期应收款	金额式	借		
资产	1	1601	固定资产	金额式	借		
资产	2	160101	建筑物	金额式	借		
资产	2	160102	机器设备	金额式	借		
资产	2	160103	办公设备	金额式	借		
资产	1	1602	累计折旧	金额式	贷		
资产	2	160201	建筑物	金额式	贷		
资产	2	160202	机器设备	金额式	贷		
资产	2	160203	办公设备	金额式	贷		
资产	1	1603	固定资产减值准备	金额式	贷		
资产	1	1606	固定资产清理	金额式	借		
资产	1	1701	无形资产	金额式	借		
资产	2	170101	专利	金额式	借		
资产	1	1702	累计摊销	金额式	贷		
资产	2	170201	专利	金额式	贷		
资产	1	1703	无形资产减值准备	金额式	贷		
资产	1	1811	递延所得税资产	金额式	借		
资产	1	1901	待处理财产损溢	金额式	借		
资产	2	190101	待处理流动资产损溢	金额式	借		
负债	1	2001	短期借款	金额式	贷		

（续表）

类型	级次	科目编码	科目名称	账页格式	余额方向	银行账	日记账
负债	2	200101	中国农业银行	金额式	贷		
负债	1	2201	应付票据	金额式	贷		
负债	2	220101	烟台伟业有限公司	金额式	贷		
负债	2	220102	青岛广源钢材有限公司	金额式	贷		
负债	1	2202	应付账款	金额式	贷		
负债	2	220201	烟台伟业有限公司	金额式	贷		
负债	2	220202	济南星光公司	金额式	贷		
负债	2	220203	中通工业集团	金额式	贷		
负债	2	220204	烟台市自来水公司	金额式	贷		
负债	2	220205	烟台市供电局	金额式	贷		
负债	1	2203	预收账款	金额式	贷		
负债	2	220301	山东恒通汽车制造有限公司	金额式	贷		
负债	2	220302	烟台神通电器有限公司	金额式	贷		
负债	2	220303	济南信达汽车配件有限公司	金额式	贷		
负债	1	2211	应付职工薪酬	金额式	贷		
负债	2	221101	工资	金额式	贷		
负债	2	221102	社会保险金	金额式	贷		
负债	2	221103	工会经费	金额式	贷		
负债	2	221104	住房公积金	金额式	贷		
负债	1	2221	应交税费	金额式	贷		
负债	2	222101	应交增值税	金额式	贷		
负债	3	22210101	进项税额	金额式	贷		
负债	3	22210102	销项税额	金额式	贷		
负债	3	22210103	减免税款	金额式	贷		
负债	3	22210104	转出未交增值税	金额式	贷		
负债	2	222102	未交增值税	金额式	贷		
负债	2	222103	应交个人所得税	金额式	贷		
负债	2	222104	应交城市维护建设税	金额式	贷		
负债	2	222105	应交教育费附加	金额式	贷		
负债	2	222106	应交印花税	金额式	贷		

（续表）

类型	级次	科目编码	科目名称	账页格式	余额方向	银行账	日记账
负债	2	222107	应交企业所得税	金额式	贷		
负债	2	222108	应交房产税	金额式	贷		
负债	2	222109	应交土地使用税	金额式	贷		
负债	1	2231	应付利息	金额式	贷		
负债	2	223101	长期借款利息	金额式	贷		
负债	1	2232	应付股利	金额式	贷		
负债	1	2241	其他应付款	金额式	贷		
负债	2	224101	保证金	金额式	贷		
负债	1	2501	长期借款	金额式	贷		
负债	2	250101	中国工商银行	金额式	贷		
负债	1	2901	递延所得税负债	金额式	贷		
权益	1	4001	实收资本	金额式	贷		
权益	2	400101	烟台兴鲁机械设备制造有限公司	金额式	贷		
权益	2	400102	烟台飞达机械设备有限公司	金额式	贷		
权益	2	400103	烟台海德专用车有限公司	金额式	贷		
权益	1	4002	资本公积	金额式	贷		
权益	2	400201	资本溢价	金额式	贷		
权益	2	400202	其他资本公积	金额式	贷		
权益	1	4101	盈余公积	金额式	贷		
权益	2	410101	法定盈余公积	金额式	贷		
权益	2	410102	任意盈余公积	金额式	贷		
权益	1	4102	一般风险准备	金额式	贷		
权益	1	4103	本年利润	金额式	贷		
权益	1	4104	利润分配	金额式	贷		
权益	2	410401	提取任意盈余公积	金额式	贷		
权益	2	410402	提取法定盈余公积	金额式	贷		
权益	2	410403	应付股利	金额式	贷		
权益	2	410404	未分配利润	金额式	贷		
成本	1	5001	生产成本	金额式	借		
成本	2	500101	抗性消音器	金额式	借		

（续表）

类型	级次	科目编码	科目名称	账页格式	余额方向	银行账	日记账
成本	3	50010101	原材料	金额式	借		
成本	3	50010102	燃料和动力	金额式	借		
成本	3	50010103	工资	金额式	借		
成本	3	50010104	制造费用	金额式	借		
成本	2	500102	铝合金油箱	金额式	借		
成本	3	50010201	原材料	金额式	借		
成本	3	50010202	燃料及动力	金额式	借		
成本	3	50010203	工资	金额式	借		
成本	3	50010204	制造费用	金额式	借		
成本	1	5101	制造费用	金额式	借		
成本	2	510101	职工薪酬	金额式	借		
成本	2	510102	折旧费	金额式	借		
成本	2	510103	水电费	金额式	借		
成本	2	510104	办公费	金额式	借		
成本	2	510105	其他	金额式	借		
损益	1	6001	主营业务收入	金额式	贷		
损益	2	600101	抗性消音器	金额式	贷		
损益	2	600102	铝合金油箱	金额式	贷		
损益	2	600103	有源消音器	金额式	贷		
损益	1	6051	其他业务收入	金额式	贷		
损益	2	605101	固定资产出租	金额式	贷		
损益	1	6101	公允价值变动损益	金额式	贷		
损益	1	6111	投资收益	金额式	贷		
损益	1	6301	营业外收入	金额式	贷		
损益	1	6401	主营业务成本	金额式	借		
损益	2	640101	抗性消音器	金额式	借		
损益	2	640102	铝合金油箱	金额式	借		
损益	2	640103	有源消音器	金额式	借		
损益	1	6402	其他业务成本	金额式	借		
损益	1	6403	税金及附加	金额式	借		

（续表）

类型	级次	科目编码	科目名称	账页格式	余额方向	银行账	日记账
损益	1	6601	销售费用	金额式	借		
损益	2	660101	广告费	金额式	借		
损益	2	660102	展览会费用	金额式	借		
损益	2	660103	职工薪酬	金额式	借		
损益	2	660104	水电费	金额式	借		
损益	2	660105	包装盒	金额式	借		
损益	1	6602	管理费用	金额式	借		
损益	2	660201	差旅费	金额式	借		
损益	2	660202	报刊订阅费	金额式	借		
损益	2	660203	办公用品	金额式	借		
损益	2	660204	业务招待费	金额式	借		
损益	2	660205	维修费	金额式	借		
损益	2	660206	培训费	金额式	借		
损益	2	660207	职工薪酬	金额式	借		
损益	2	660208	水电费	金额式	借		
损益	2	660209	折旧	金额式	借		
损益	2	660210	其他	金额式	借		
损益	1	6603	财务费用	金额式	借		
损益	2	660301	利息支出	金额式	借		
损益	2	660302	现金折扣	金额式	借		
损益	2	660303	存款利息收入	金额式	借		
损益	2	660304	其他	金额式	借		
损益	1	6701	资产减值损失	金额式	借		
损益	1	6702	信用减值损失	金额式	借		
损益	1	6711	营业外支出	金额式	借		
损益	2	671101	捐赠支出	金额式	借		
损益	2	671102	处置固定资产净损失	金额式	借		
损益	1	6801	所得税费用	金额式	借		
损益	2	680101	当期所得税费用	金额式	借		
损益	2	680102	递延所得税费用	金额式	借		

第四篇　会计电算化发展及规范

项目十一　会计电算化发展趋势

第一节　会计电算化发展趋势分析

信息技术的发展、互联网的普及与应用为提高企业管理水平提供了更多方式，会计电算化系统的日益完善则成为推进现代化企业会计电算化的重要保障。信息技术在企业内部经营管理中的应用不断深化，新会计制度下企业的财务会计工作不断向信息化、智能化方向转型，会计服务能力及信息质量大幅提升。随着新政策的持续推出、新技术的不断涌现、人才体系的逐步健全，我国会计电算化事业将在理论体系、技术趋势、企业应用、市场产品等方面得到持续推进。

一、逐步实现会计电算化的纵向延伸

企业已实现会计核算电算化，未来将加快在会计管理、财务决策等方面的发展，会计电算化系统由现在的核算型向管理型过渡。一些企业在选择会计软件时，已倾向于使用管理型会计软件。此类软件不但能够满足企业日常经营的会计核算，而且能够实现对经营活动的预测、预警，为管理层决策提供依据。管理型会计软件的开发更侧重对事前和事中的管控，重点关注企业内部管理，以降低生产成本、提高生产效率为目标。此外，在确保信息安全的基础上，会计软件将由封闭型转向开放型。通过互联网技术的应用，企业会计电算化系统将逐步与外部衔接，实现企业上下级之间、银企之间、监管部门之间等的互联，满足企业会计信息有条件的对外开放。

业务财务深度一体化。企业经营活动中的财务流程、业务流程、管理流程在信息系统的支持下将融为一体。深度一体化意味着业务和财务处理规则的统一，业务和财务操作人员和操作流程的统一，业务和财务数据标准的统一，信息高度集成和共享，并可实现处理的实时和同步。

会计组织共享化。通过广泛地推行财务共享服务模式，使财务组织以及支撑它的信息系统实现共享，以服务更多的组织机构，而不仅是单个的公司。实现信息系统共享化的另一种渠道是代理记账公司利用云会计系统服务中小型企业。

二、会计电算化模块功能多元化

企业会计电算化进程缓慢的原因之一是系统模块功能单一，使得会计信息获取不完整、预测参考价值不高，无法满足企业经营管理需要。为加快企业会计电算化建设步伐，会计电算化系统将逐步承担起数据过渡、信息共享的责任，这必然要求会计电算化系统功能模块向多元化发展，包括记账模块、信息查询模块、信息监控模块、数据分析预测模块等，各类模块

有效整合会计数据，并对信息资源进行合理、及时调度，同时满足其他信息系统对会计信息的采集需要。此外，会计电算化系统可建立外部使用功能模块，对敏感期以外的会计信息或是对非商密信息开放查阅权限，加强企业与投资人、债权人之间的交流，有效维护银企关系、政企关系，确保企业的稳健发展。内外系统集成化。实现企业信息系统与供应商和客户等上下游企业的信息系统，企业信息系统与税务局、证监会、审计机构等外部监管机构的信息系统，以及企业信息系统与航空公司、酒店、银行、商旅系统等其他环境组织信息系统的智能集成。企业内外系统集成化的难点是信息的标准化和智能技术的成熟应用。

三、更加自动化、智能化

会计处理全流程自动化。从原始业务凭证到会计记账凭证，到会计账簿和会计报表，再到财务分析报告这一处理过程全部实现自动化、智能化。由于 ERP 的普及，目前从记账凭证到报表的过程已经实现了自动化，但从原始凭证到记账凭证，从会计报表到财务分析报告的自动化、智能化过程正在进行之中。

操作终端移动化。操作财务信息系统的终端从机房终端设备到 PC 机，到笔记本电脑，再到手机、IPAD 和其他的物联网移动设备。操作终端移动化的难点是实现终端软硬件设备的兼容性、各类网络平台的兼容性以及数据的安全性等。随着智能技术的发展，这些难点将会被一一解决。

信息提供频道化。公司借助于数据库、商业智能、数据挖掘等智能技术将会计信息以频道的方式提供给各类信息使用者，如银行、税务、统计、财政、证交所、投资者以及内部各层级的管理者，既要保证信息的精准推送，又要保证企业不至于过度披露细节信息，以免增加不必要的安全风险。

处理平台云端化。会计电算化系统将会逐步被转移到财务云上，企业利用部署在私有云或公有云上的自有或第三方提供的智能会计电算化系统平台完成管理经营和决策分析活动。智能系统平台云端化短期内可能会因隐私性、安全性、数据主权等方面的顾虑而缓慢发展，长期来看，随着云安全能力的不断提升，大多数系统将会在云环境运行。

四、会计信息标准化、国际化

会计信息标准化。会计信息标准化主要包括会计信息的语义的标准化和格式的标准化，通常会计语义的标准化通过会计准则的国际趋同来解决，会计信息格式的标准化则通过推广 XBRL 可扩展商业报告语言来实现。会计信息的标准化可以解决信息孤岛，使财务信息实现有效的对比分析，并为财务数字化的实现提供数据治理的标准。

处理规则的国际化。随着财务共享服务的推进，财务共享中心的财务人员将处理来自不同国家客户企业的财务数据，涉及不同的语言、准则、税法、货币，甚至文化等，借助于规则引擎、自然语言处理、专家系统等技术，财务数据在多种规则间灵活地转换和映射。

五、风险威胁扩大化

会计电算化系统从部署在 PC 机，到部署到局域网、Intranet、Extranet，再到部署在财务云，风险威胁会随着黑客、病毒、网络和软硬件故障等破坏的可能性而增加。为了避免由此带来的严重后果，我们需要加强 IT 治理的力度。同时，企业可以借助智能技术实现信息系统风险的提前预测和预警，并及时进行风险识别与控制。

第二节　新技术助力会计电算化处理流程自动化

一、物联网及其优势

信息技术的日新月异使得物联网迅速发展并为人们所熟知，被公认为是继计算机、移动通信、互联网后世界信息革命产业下一个万亿级产业，在全球掀起新一次浪潮，其前景和市场必将成为世界经济的新增长点，也必将改变人们的生活方式。物联网是将所有物品通过各种信息传感设备与互联网相连接，实现物体信息的智能化交换、定位等一系列信息化管理手段的网络，简而言之，就是物物相连的互联网。

物联网是知识经济高速发展的产物，是物体与信息的高度结合，具有三大优势：一是实现了物体与网络的互联，能对信息进行实时操作，实现数据与实物的同步，这就表明在物联网中智能芯片将被广泛运用，成为物联网系统中的重要组成部分，实物的变化若与规定不符，必将给工作者发出警示信号，同时，网络中的数据也会随之改变。二是实现了实物与信息数据的直接关联，标志着现代实物及数据的追踪技术已经有了质的飞跃，标志着实物与信息相互连通的实现，数据信息的交换变得有据可循，为企业实现智能化提供保障，同时确保信息的有效真实，使用者能够做出正确的决策，提高企业的经济效益。三是实现了信息的实时化处理，意味着能够将人工录入存在的影响因素降到可控范围内，从而保证了数据信息的真实性、有效性、准确性，同时还令实物与信息实现同步更新，利于企业实时处理数据信息，加强对实物和信息的管理。

二、物联网对会计电算化的影响

1. 将会计信息来源进行统一

将物联网技术与企业的信息采集系统相结合，能构建一个比较完整的数据库，企业不仅能够实现信息化智能管理，而且还可以保证各部门所需数据是来自同一个数据库。

2. 进一步优化信息传递流程

随着经济多元化的发展，消费者的需求也逐渐趋于个性化，不少传统产业被先进的信息化产业所取代，意味着复杂、冗长的企业组织结构无法适应当下的环境要求，这就要求企业建立适应经济增长的集约型模式，将生产、销售、服务三大环节衔接紧密，才能使其在激烈的市场竞争中站稳脚跟，让其能满足消费者的需求，进而提高企业经济效益。

3. 有助于企业内部信息系统的一体化

企业各部门之间的信息传输与共享均来源于企业信息系统的建立与完善，虽然企业已经将计算机与互联网技术相结合，实现了信息化统筹管理，然而大多数企业依旧存在着信息系统的子系统之间无法构成联系，整个信息系统无法成网络状的情况，这就必然导致部门之间的信息无法共享与交流。物联网的出现在很大程度上解决了大多数企业的这一问题，将计算机、互联网、物联网相结合，建立一个比较完整的信息网络，使各部门的信息实现传递、共享，促进企业内部各部门协调发展，共同为实现企业利润最大化目标不断努力。

三、云计算技术有助于完善会计电算化系统

云是网络和互联网的一种比喻，对于云计算的定义有很多种，目前广为接受的是美国国家标准与技术研究院（NIST）定义：云计算是一种按使用量付费的模式，这种模式提供便捷和按需的网络访问，进入可配置的计算资源共享池（资源包括服务器、应用软件、网络、存储、服务），这些资源可以被快速提供，只需投入少量的管理工作、或与服务供应商进行简单的交互。基于云计算的两大特性：分布式处理和并行处理，云计算被广泛运用于处理大数据问题。

云计算服务最大的特征在于可以实现按照企业的需要自助服务，具有较好的可扩展性、虚拟化、可靠性、通用性、灵活性。依托云计算完善企业会计电算化系统，其必要性主要体现在以下几方面：

第一，在企业会计电算化系统中应用云计算技术可以有效降低会计管理成本。在会计电算化系统中采用云计算模式，企业可以减少在系统建设初期的软硬件设施投入，有效控制会计电算化系统后期的运营管理以及维护升级等一系列的费用投入，不仅有利于减少财务会计管理任务，而且还可以有效降低财务会计管理成本。

第二，在企业会计电算化系统中应用云计算技术能够满足企业个性化的服务要求。由于云计算技术的智能化水平非常高，对于现阶段一些财务会计系统中无法完成的财务会计处理业务，云计算服务商可以根据企业的业务需求以及业务流程的变化，在云计算平台进行相应的调整，满足企业的会计业务需求。

第三，在企业会计电算化系统中应用云计算技术能够确保会计准则与会计处理办法的一致性。在企业的财务会计业务处理过程中，当会计准则出现变化时，云计算服务商可以及时提供相应的会计处理办法，进而确保企业的财务会计业务处理方面能够准确地适用相应的会计准则办法。

第四，在企业会计电算化系统中应用云计算技术能够使财务会计工作的异地协同性更强。将云计算技术运用中会计电算化中，可以通过云平台实现企业大规模的数据整合以及数据信息的实时共享，这对于推进财务共享服务的应用，以及提高财务会计集约化提供了良好的基础条件。

四、电子商务对会计电算化的影响

电子商务依托互联网媒介打破时间地域限制进行线上交易，是虚拟交易环境下的一种快速简捷的商业活动。一方面，具有虚拟便捷的特征。电子商务交易流程都是在电子信息系统上完成的，没有纸质凭证，且交易活动不再受地域的限制，买卖双方依靠互联网技术营造的虚拟交易环境下快速简捷地完成商业活动。另一方面，具有安全动态的特征。电子商务二十四小时实时、实地进行交易，商品交易服务等信息动态更新，网络世界错综复杂，对网络信息安全程度要求极高，需要在一个相对安全可靠的网络环境中进行完成商业交易。电子商务的发展带动了会计电算化系统的发展，电子商务对会计电算化系统的创新和进步具

有正向影响，促进会计电算化系统不断与时代发展要求结合，提高了会计电算化系统发展效率，对我国社会经济产生了巨大推动作用。

1. 对会计信息输入功能的影响

传统会计电算化系统输入都是通过纸质介质进行处理，其产生的各项数据与结果也都是通过纸质介质传播，而电子商务影响的会计电算化系统输入是无纸化办公环境。无纸化办公环境是基于科技与网络的发展而形成的一种现代化办公方式，数据与资料通过网络进行传输，提高了办公效率的同时，也对生态环保做出了巨大贡献。无纸化办公对会计电算化系统产生了巨大影响，会计活动完成后，一经确认，电子数据就会自动进入会计信息处理系统，为会计电算化系统带来了革命性的变革，省去了人工记账的复杂环节，也让会计数据信息更加准确，更具实时性，提高了会计电算化系统的效率，促进了会计电算化系统发展的巨大进步。

2. 对会计信息功能结构的影响

我国会计电算化系统作为一个独立系统而存在，其内容不仅包括财务报表等数据信息，还包括其他业务核算模块等信息。电子商务的特点之一就是所有的交易均通过网络进行操作，这就要求相应的会计电算化系统也要具备网络会计核算的能力，除传统会计电算化系统实现的功能外，还要融入到企业内联网的各项基本业务信息当中，同时提供电子数据凭证，以避免会计信息失真情况的发生。此外，除了传统的会计电算化系统模块外，还要增加针对电子商务会计信息处理模块，保证电子商务信息能够及时传输，实现会计电算化系统对电子商务的相应功能，促进电子商务发展的同时，也让会计电算化系统获得进步。

3. 对会计信息处理速度的影响

市场经济背景下，社会高速发展，效率成为当前社会发展的重要因素。电子商务影响下的会计电算化系统，也要不断提高会计信息处理速度，以适应当前高速发展的社会经济状况。电子商务的发展带动了会计电算化系统的发展，电子商务让会计信息处理趋向无纸化办公，而通过计算机和网络传输能够大大提高会计信息处理效率，并提高会计信息处理的准确率，避免由于人工计算与操作导致会计信息失真情况的发生，提高会计信息处理速度，让会计电算化系统的发展适应当前社会发展速度。

4. 对会计凭证的影响

会计凭证作为会计核算结果的确认和认可，在会计电算化系统中非常重要。传统会计凭证都是通过手写笔记进行确认，但由于笔迹各异，字体不同，导致字迹难以辨认，无法分清的情况时有发生。而电子商务影响下的会计电算化系统改变了会计凭证确认方式，通过统一的电子笔记进行确认，有利于会计人员清晰辨认笔迹，避免非法修改原始凭证者，保证了会计电算化系统的安全。

第三节　区块链技术在会计电算化中的应用

每一种技术的出现，都会为会计行业带来巨大的变革。区块链技术已引起全世界关注，国内外正全面研究并投入使用“区块链＋会计”的先进系统，以优化财务环境，提升财务数据的质量，提高财务、审计等的工作效率，以改善、解决当前会计电算化系统与会计行业的现状和问题。区块链技术对会计电算化的发展将是革命性的，一方面，会计信息在确认、计量、记录和报告上将形成一套新的体系，能够实时记录和公布信息、数据存储和传递更加安全、信息质量得到保障、报告标准化和主动化；另一方面，新型会计电算化系统促使会计人员的职能发生转变，工作重心逐渐向公司决策和战略管理方向上发展。因此，不断学习新技术，接受新的理念，紧跟时代进步的步伐，才能更好地促进财务管理和会计核算不断发展。

一、区块链技术

区块链是一种按照时间顺序，将数据区块以顺序相连的方式组合成的链式数据结构，并以密码学方式保证其不可篡改和不可伪造的分布式账本。在区块链中，由各参与节点共同记录共同维护，通过采用密码学算法和链式关联结构组织数据块来保证数据不被修改，最终保证数据一致性。

区块链的特征主要包括以下几点：一是去中心化，即不需要交易中心。在区块链系统中，每笔交易记录都会记录在每一个节点的账本中，并且每新增一笔交易，所有的节点都会记账，并利用密码学原理检测交易是否合理。二是匿名性，在区块链中，各个节点依照一定的算法进行数据交换，且区块链中会有专门的程序规则判断各节点进行数据交换是否被允许，所以无需通过信任中介，交易双方也不需要通过公开自己的身份来让对方对自己产生信任，具有匿名性。三是不可篡改，当一笔新的交易添加至区块链后，区块链上的所有节点都会共同记录，加密技术保证新的交易信息与其之前和之后添加至区块链中的信息互相关联，单独对某条记录进行篡改的难度和成本都非常高。四是开放性，区块链具有超强的开放性，除了直接交易的双方的私有数据会被加密，其他储存在节点中的各种数据都是对外公开的，信息高度透明。五是自治性，区块链能够避免会计信息被随意篡改，是因为区块链节点记录不受人为的干扰，由机器来完成所有的工作，机器能够取得比人更高的信任度，每个节点基于协商一致的规范和协议，即根据一套公开透明的算法来进行操作，这种高度自治性大大降低了第三方监督成本。

二、区块链技术与会计电算化系统融合的必要性

（一）提升会计信息质量

会计信息涵盖财务信息和非财务信息，现代社会由于会计业务量较大且烦琐，在传统的会计电算化系统中通过人机合作模式，采用传统的中心化模式，做账由会计人员人工输入汇总和统筹数据信息，通过点对点的人工输入，会计人员可能有意或无意篡改相关数据信息，出现财务造假和舞弊。在区块链技术下每个节点是独立的，可以消除无效信息，通过点对网的做账方式，会计信息在区块的每个节点都会被审查，只有控制了全网超过51%的节点才能有效修改各节点数据，从而有效地防止了信息造假，即使数据被修改，借助区块链技术的去中心性、安全性和可追溯性，也可实现对修改记录的实时监测和追溯，从而提升会计信息质量。

（二）实现会计信息共享

传统会计电算化系统中企业管理者和所有者因委托代理关系，可能出现信息明显不对

称，且传统会计工作由人工逐笔录入系统中，各系统将有关数据单独存储在各自数据库中，难以实现信息共享，存在数据孤岛现象。区块链技术运用分布式核算和存储，建立分布式账簿，每一节点数据均在区块链中全网共享，建立内部区块链，实现不同部门信息全部上链，企业外部通过联盟链共享和开放信息，相关部门验证和监督信息，信息使用者可以通过公开接口查询和利用信息，且交易双方私有信息加密，降低了信息不对称，实现信息共享。

（三）降低财务会计成本

传统会计电算化系统中因可能出现的账实不一问题，尤其是涉及跨企业、跨部门交易时需要对账，增加了会计成本。在进行审计时因需询证业务单位和银行，增加了审计成本，同时伴随第三方中介代理出现了寻租现象和代理成本增加。区块链技术在报告、登记、确认和审计等环节能实现自动完成，在抑制传统会计电算化系统因人为原因带来财务风险的同时，可以提升财务人员的工作效率，通过其自动操作和点对网的传播，降低了资金成本和时间成本。同时区块链技术采用分布式记账方式，数据备份在每一节点都存在，从而降低了传统会计电算化系统中数据备份在一台服务器中的维护成本和被攻击风险。最后，基于区块链技术构建的智能化平台，其更为公开、透明和可信，可减少逆向选择和道德风险现象，降低了企业运营成本和高层运用财务信息的决策成本。

三、区块链技术在企业会计应用中存在的困难和对策

（一）存在的主要困难

1. 与现行会计法规制度不相融

现行的会计制度体系是建立在传统经济环境下的产物。当大数据时代来临，必然会出现会计确认、计量、记录、报告与现行会计制度不相容的问题，如：数字资产的确认，历史成本和公允价值的计量、借贷记账法的应用、会计主体的假设等等。只有顶层设计与大数据时代的经济环境相契合，才能更好地指导区块链技术与现行的会计电算化系统相融合。此外，由于区块链去中心化的特点，不需要中介介入，所以在会计行业应用时会弱化会计的监督职能，当出现链上违规行为时，容易出现责任不清的现象，使会计监督找不到责任主体，且存在现有的法规体系不能对这些违规行为进行准确界定和依法惩处的问题。因此，区块链技术与现行会计法规制度存在不相融的问题。

2. 性能不足导致会计信息传递不及时

尽管区块链技术已经广泛应用于保险、医疗、教育等各个领域，其自身还是存在一定的局限性。如会计存量和增量信息庞大，而目前区块链的交易吞吐量和延时响应处理效率较低，区块链的性能很难通过增加节点的数量来进行横向扩展。而会计是讲究时效性的，一项业务发生之后，会计人员需要及时将经济业务进行反映。因此，区块链性能不足会导致业务不能及时处理，导致会计信息的传递出现延误，从而影响到信息使用者对会计信息的使用。

3. 会计系统存在存储冗余的弊端

区块链对于发生的经济业务活动按照时间戳来进行记录，链条上包含着过去交易的信息。也就是说，每发生一笔新的交易就会产生新的链条来储存发生的交易信息和过去所有的交易信息，这会造成链条越来越长。另外，分布式账本的特点是全员记账，区块链要求每个节点都要数据备份，这些链上的数据将会占据越来越多的存储空间。对会计电算化系统

而言，这就意味着日益增长的海量会计信息将会占用大量的存储空间，一旦会计信息的数量超过系统所能承担的范围，就会出现存储冗余。所以区块链技术应用于会计电算化系统时，会计信息的存储是一个不得不考虑的问题。

（二）可采取对策

1. 建立与区块链技术契合的会计法规制度

要使区块链技术更好地应用于会计行业，就需要调整现有的会计制度体系，使其更适合指导区块链会计电算化系统的应用。新的会计制度体系应充分考虑区块链分布式记账、信息不可篡改的特点，优化或重新认定会计假设、会计要素的确认、会计记账方法、会计凭证账簿报表体系、会计核算方法和计量属性、信息披露的内容和方式、会计档案的保管以及会计监督检查等。同时，要根据区块链技术去中心化、去信任、自治性的特点制定相适应的法规制度实施监管。在监管方式上，可以采取建立一种符合国家监管的“弱中心化”的方式，既保持区块链原有的特点，又方便国家在一定程度上对企业进行监管。

2. 提高会计信息处理效率

从区块链技术本身来看，目前影响区块链性能的因素主要包括通信传输、信息加解密、共识机制、交易验证机制等几个环节，所以提高性能的方法主要包括：闪电网络、隔离验证、RSK 侧链、分片、分层等手段。例如将数据库分区，也就是将一个大的数据库分割成许多小的、可独立处理的小区，缩短响应时间，提高处理会计信息的速度。另一种思路是调整共识机制。例如采用 EOS 提出的 DPOS，将共识限制在被选举出来的某一部分节点上，缩短达成共识、生成区块和数据运算的时间，加快会计信息的传递。此外，也可考虑在会计电算化系统中应用正在试验的异步共识以及 DDBFT 共识机制，这些共识算法能有效降低算法复杂度，提高处理效率，加快数据的记录速度。

3. 扩展会计信息存储容量

针对区块链会计信息存储冗余的问题，可考虑利用分布式存储方法来解决，也就是建立一个区块链容量可扩展模型。该模型是将一条完整的区块链分割成若干部分，存储在不同节点中，节点根据功能分为存储节点、验证节点和用户节点，不同功能的节点执行不同的任务。在该模型中，由于将节点根据功能进行划分，模型可以根据会计信息的时效性来进行必要数量的备份，然后分散至不同的节点上。从整体上看，节点存储的信息容量比原来的减少了很多，达到存储容量优化的效果，解决了区块链应用于会计系统的存储冗余问题。

经济越发展，会计越重要。区块链技术与会计的结合是数字化时代的要求，它将为会计理论和会计方法注入新的内容，使会计焕发新的生机，促进高质量的会计信息更好地为社会经济服务。

第四节　ERP 系统实现企业内部与外部信息的集成

一、ERP 系统的概念及特点

ERP 系统是企业资源计划的简称，是指建立在信息技术基础上，集信息技术与先进管理思想于一身，以系统化的管理思想，为企业员工及决策层提供决策手段的管理平台。它是从MRP发展而来的新一代集成化管理信息系统，其核心思想是供应链管理，跳出了传统企业边界，从供应链范围去优化企业的资源，优化了现代企业的运行模式，反映了市场对企业合理调配资源的要求，对于改善企业业务流程提高企业核心竞争力具有显著作用。

ERP系统的主要特点包括：①资源整合与数据存储。ERP就是将企业信息系统进行整合，这样更具有功能性。将分散的数据整合起来，数据只能通过专一的系统进行输入，数据会很精确而且一致。②实用而且便利。ERP旨在对企业的所有人、物、财、时间、空间等等资源进行整合和优化管理，协调企业各部门的运作，提高企业的核心竞争力是企业获得很好的经济效益，ERP是一个软件，也是一个管理工具，具有实用性的特点。在这种环境下，可以在企业获得企业内部所产生的任何信息并且应用很便利。③实时管理和互动。ERP的整体性在于"实时和动态管理上"，最主要的是部门之间的协调和岗位间配合的问题，要实现实时的动态配合和互动。运用ERP管理系统将工作内容与工作方式信息化，拥有可靠的信息化管理工具，实现企业高效快速的运转。

随着ERP信息技术的不断发展和完善，该系统的功能日益强大，能够实现企业资源使用效率的最大化，对企业的生产、人力资源管理和会计处理以及财务管理有很大的帮助。因此，ERP系统被越来越多的企业所青睐并应用。企业最重要的资源之一就是资金，为了更好地记录资金的来源和用处，分析资金的使用情况以及企业的经营情况，会计电算化系统逐步发展起来，它能够帮助管理层分析企业目前的经营状况、资金周转率、现金流量以及企业的损益情况。经过社会的发展以及科学技术的支持，会计电算化系统从记录方式到功能作用都发生了很大的改变。企业使用ERP系统后，势必会造成原有会计电算化系统相应的改变。

二、ERP系统对会计电算化的影响

ERP系统对各种资源进行集成管理，其中财务模块是核心模块，ERP系统下的财务模块与会计电算化系统在很多方面都是不同的。ERP环境下对会计电算化系统的影响主要表现在以下五点。

1. 对会计信息输入的影响

首先，数据收集范围更广。ERP系统集财务信息与业务信息于一体，在数据收集方面，范围更广，不仅包括自己的交易日期、交易金额、账户等，还包括发生地点、联系人等。其次，保证数据的质量。这主要体现在ERP系统的集成性，ERP系统下各模块的数据是由相关部门提供的基础数据，经过ERP系统的记录后，这些信息为企业的各个部门共享，保证了企业信息的一致性。最后，该信息受人为因素影响很少，主要是电子技术的处理，所以减少了人为主观因素的干扰。

2. 对会计信息处理的影响

首先，会计凭证自动生成。按照ERP业务的流程设置以及相关设置，业务人员只要在电脑上录入相关的会计信息，会计人员只需对信息系统自动生成凭证进行审核，保证了财务处理的及时性。其次，增加了信息系统事中控制的能力。由于ERP系统下信息是共享的，业务人员及时地把由业务活动引起的会计信息进行整理，传递到会计电算化系统，会计电算化系统就能及时地更新财务状况。再次，会计电算化系统制定相应的规则和制度，实时对业务进行监控，这样就能保证业务的顺利完成，以及及时监督业务流程中的风险，减少企业的损失。最后，提高了企业的决策能力。由于系统对信息的集成性，通过计算机处理的数据是综合考虑的各部门的利益和各方面的权衡做出的决策，这使得决策更能够被广泛接受。

3. 在会计信息输出方面的影响

首先，会计信息输出形式多样性。ERP 系统不只是针对一个企业建立的系统，如果企业与上下游企业都建立了良好的客户关系，并且承诺信息共享，那么 ERP 信息能够被很多的企业看到，每个企业根据自己的需要，对数据进行合理的处理，使得输出结果满足自身的需要。其次，会计信息输出内容的多样性。传统的财务软件的输出结果只是会计相关报告，而 ERP 系统功能的强大性，能够输出所有相关经济业务的需要信息。

4. 对内部控制的执行情况的影响

由于企业的内部控制的执行来说，ERP 对其有着正向的意义，自动化下的信息处理使企业会计信息的安全性能得到了正向的提升，对于保障企业经营的内部控制制度来说具有积极的意义。在 ERP 系统下，需要不同权限的员工对业务进行操作，只要 ERP 的权限系统划分正确，那么对于企业员工的权责分离和相关职业不可兼任等内部控制执行有着正向的促进作用。而在自动化的信息处理下，则避免了员工因为私利而出现的弄虚作假的行为，有助于内部控制的执行情况。

5. 对会计风险的影响

对于实施了 ERP 环境的企业来说，虽然其自身的信息管理效率变更，自动化的速度得到提升。但是由于 ERP 的影响使企业的会计处理方式发生了变动，因此在传统的会计处理方式下未显露的风险也随之开始显现。会计风险因素的增加影响了 ERP 的使用效率。因此在实施 ERP 时，企业需要在会计处理上识别可能产生的风险点，并对风险点的产生原因进行分析从而得出降低风险或者化解风险的理论对策，从而将因为使用 ERP 而给企业带来的会计风险降到最低。

三、ERP 环境下会计电算化的发展趋势

ERP 环境下的会计电算化系统的业务处理流程仍然遵循实现会计目标为最终目的，但实现过程则是基于面向服务架构为基础构造的动态业务流程管理，这主要体现在动态性、可运行性、可视性等方面。业务流程重组时要充分考虑应对企业变革的需要与市场环境对应的多种挑战，通过业务流程库、业务流程管控和业务流程建模来完成流程调整。并固化业务，解决线路流程，以保证持续通畅运行状态。在运行过程中，通过监控组件实时监控业务流程各个节点的运营绩效，使整个会计电算化系统的信息传输从起点到终点做到状态可控。在 ERP 环境下，以企业价值链管理理念为指导的会计电算化系统的构建，应以发展、动态、前瞻的视角，认知会计电算化系统内在的逻辑性与复杂性，建立适应企业管理需求的会计电算化系统。

1. 会计电算化与 ERP 系统的融会贯通

自 20 世纪 90 年代以来，ERP 系统以及实施 ERP 系统管理不断发展。市场上开发 ERP 软件的企业也越来越多。国外比较著名的有 SAP、QAD、EMS 等，国内的软件开发商，如金

蝶、用友公司也相继走上了研发 ERP 软件的道路。据统计,我国对 ERP 软件以及相关财务软件的使用占到了企业软件需求的 90%左右,可以看出我国是一个使用 ERP 系统很大的市场。同时,也提出了我国企业在应用 ERP 系统与会计电算化系统融合问题是一个亟待解决的问题。由于国内外 ERP 系统开发思想的不同导致融合点是不同的。国内的 ERP 软件设计思想是面向功能的,金蝶、用友的 ERP 软件包括成本核算模块、成本报表模块、预算管理模块等,这种情况下两个信息系统不能很好地融合在一起。

西方的 ERP 软件的设计思想是面向流程的,即不存在独立的财务模块,而是把相关的财务信息集成到各个业务中去,如果需要财务信息就从各个业务中提取相关数据,并进行处理。以 SAP 软件为例,这是一个基于 ERP 管理的软件。它的主要模块有:销售与分销、生产计划、物料管理、管理会计、财务管理以及人力资源管理。企业进行采购业务时才采购,模块不仅要输入采购品种、采购数量、供应商、支付方式、运输方式,还要计算出采购成本、运输成本。这些会计信息随着业务的完成录入在采购模块中,但企业在年终核算成本时再从各个业务流程中提取数据,进行总结。

2. 满足企业国际化发展潮流的需要

现在社会中,经济发展国际化,各个企业投资不受地点的限制,企业里的负责人或者其他任职的人都是来自不同地方国家的人,所以,ERP 管理下的会计电算化系统要能支持国际的会计准则。

项目十二　企业会计电算化规范性文件

关于印发《会计信息化发展规划（2021—2025年）》的通知

财会〔2021〕36号

国务院有关部委、有关直属机构，各省、自治区、直辖市、计划单列市财政厅（局），新疆生产建设兵团财政局，财政部各地监管局，有关单位：

为科学规划、全面指导“十四五”时期会计信息化工作，根据《会计改革与发展“十四五”规划纲要》（财会〔2021〕27号）的总体部署，我部制定了《会计信息化发展规划（2021—2025年）》。现印发你们，请认真贯彻执行。

各地区、各部门制定的本地区（部门）的会计信息化发展规划或实施方案及进展情况，请及时报我部（会计司）。

财政部

2021年12月30日

会计信息化发展规划（2021—2025年）

为科学规划“十四五”时期会计信息化工作，指导国家机关、企业、事业单位、社会团体和其他组织（以下统称单位）应用会计数据标准，推进会计数字化转型，支撑会计职能拓展，推动会计信息化工作向更高水平迈进，根据《中华人民共和国国民经济和社会发展第十四个五年规划和2035年远景目标纲要》《财政“十四五”规划》和《会计改革与发展“十四五”规划纲要》有关精神，制定本规划。

一、面临的形势与挑战

（一）“十三五”时期会计信息化工作回顾。

——**会计信息化建设有序推进，夯实了会计转型升级基础**。各单位积极推进会计信息化建设，部分单位实现了会计核算的集中和共享处理，推动会计工作从传统核算型向现代管理型转变。单位内部控制嵌入信息系统的程度不断提升，为实施精准有效的内部会计监督奠定了基础。

——**业财融合程度逐步加强，提升了单位经营管理水平**。会计信息系统得到普遍推广应用，为单位会计核算工作提供了有力保障。企业资源计划（ERP）逐步普及，促进了会计信息系统与业务信息系统的初步融合，有效提升了单位服务管理效能和经营管理水平。

——**新一代信息技术得到初步应用，推动了会计工作创新发展**。大数据、人工智能、移动互联、云计算、物联网、区块链等新技术在会计工作中得到初步应用，智能财务、财务共享等理念以及财务机器人等自动化工具逐步推广，优化了会计机构组织形式，拓展了会计人员工作职能，提升了会计数据的获取和处理能力。

——**电子会计资料逐步推广，促进了会计信息深度应用**。企业会计准则通用分类标准持续修订完善，在国资监管、保险监管等领域有效实施；修订《会计档案管理办法》，出台电子会计凭证报销入账归档相关规定，推动电子会计资料普遍推广，促进了会计信息的深度应用。

在会计信息化工作取得一定成效的同时，还应当正视存在的问题和不足，主要表现在：会计信息化发展水平不均衡，部分单位会计信息系统仅满足传统会计核算需要，未能对业务和管理形成支撑和驱动，业财融合程度有待进一步加强；有些行业和单位仍存在“信息孤岛”现象，会计数据未能有效共享，无法充分发挥会计数据作用；会计数据标准尚未完全统一，制约了会计数字化转型进程，未能对会计、审计工作起到应有的支撑作用；对会计信息安全的实践和理论研究不够，会计信息化工作的创新发展受到制约；社会合力推进会计信息化的氛围不浓，会计信息化对会计职能拓展的支撑不够有力；会计信息化资金投入和人才培养不足。这些问题需要在“十四五”时期切实加以解决。

（二）“十四五”时期会计信息化工作面临的形势与挑战。

——**经济社会数字化转型全面开启**。随着大数据、人工智能等新技术创新迭代速度加快，经济社会数字化转型全面开启，对会计信息化实务和理论提出了新挑战，也提供了新机遇。运用新技术推动会计工作数字化转型，需要加快解决标准缺失、制度缺位、人才缺乏等问题。

——**单位业财融合需求更加迫切**。一方面，业务创新发展和新技术创新迭代不断提出新的业财融合需求；另一方面，多数单位业财融合仍处于起步或局部应用阶段，推动业财深度融合的需求较为迫切。

——**会计数据要素日益重要**。随着数字经济和数字社会发展，数据已经成为五大生产要素之一。会计数据要素是单位经营管理的重要资源。通过将零散的、非结构化的会计数据转变为聚合的、结构化的会计数据要素，发挥其服务单位价值创造功能，是会计工作实现数字化转型的重要途径。进一步提升会计数据要素服务单位价值创造的能力是会计数字化转型面临的主要挑战。

——**会计数据安全风险不容忽视**。随着基于网络环境的会计信息系统的广泛应用，会计数据在单位内部、各单位之间共享和使用，会计数据传输、存储等环节存在数据泄露、篡改及损毁的风险，会计信息系统和会计数据安全风险不断上升，需要采取有效的防范措施。

二、总体要求

（一）指导思想。

以习近平新时代中国特色社会主义思想为指导，全面贯彻党的十九大和十九届历次全会精神，立足新发展阶段，完整、准确、全面贯彻新发展理念，构建新发展格局，推动高质量发展，紧紧围绕服务经济社会发展大局和财政管理工作全局，积极支持加快数字化发展、建设数字中国，提升会计信息化水平，推动会计数字化转型，构建形成国家会计信息化发展体系，充分发挥会计信息在服务宏观经济管理、政府监管、会计行业管理、单位内部治理中的重要支撑作用。

（二）基本原则。

——**立足大局、服务发展**。准确把握全球信息化脉搏和趋势，贯彻落实国家有关信息化、数字化、智能化发展战略部署，服务我国经济社会发展、财政管理工作、会计管理工作和单位会计数字化转型。

——**问题导向、精准发力**。直面"十三五"期间会计信息化发展中的痛点难点问题，充分把握新时代会计数字化转型的新形势、新机遇，集中力量解决会计信息化进程中面临的重点难点问题。

——**统筹谋划、分步实施**。坚持系统化发展理念，注重统筹谋划、合理布局，坚持重点突破、分步实施，逐步建立会计信息化可持续协调发展的长效机制。

——**鼓励创新、包容共享**。以技术和管理创新为动力，鼓励社会各方在符合相关法律、法规和制度的前提下，利用新一代信息技术开展各种会计信息化应用探索，促进会计信息化工作创新发展。

——**稳妥有序、确保安全**。在全国会计信息化水平仍不均衡的条件下，推动各地区、各部门根据不同发展阶段实际需要，有序开展会计信息化建设。加强会计信息安全风险防范，确保我国会计信息系统总体安全。

（三）总体目标。

"十四五"时期，我国会计信息化工作的总体目标是：服务我国经济社会发展大局和财政管理工作全局，以信息化支撑会计职能拓展为主线，以标准化为基础，以数字化为突破口，引导和规范我国会计信息化数据标准、管理制度、信息系统、人才建设等持续健康发展，积极推动会计数字化转型，构建符合新时代要求的国家会计信息化发展体系。

——**会计数据标准体系基本建立**。结合国内外会计行业发展经验以及我国会计数字化转型需要，会同相关部门逐步建立健全覆盖会计信息系统输入、处理、输出等各环节的会计数据标准，形成较为完整的会计数据标准体系。

——**会计信息化制度规范持续完善**。落实《中华人民共和国会计法》等国家相关法律法规的新要求，顺应会计工作应用新技术的需要，完善会计信息化工作规范、软件功能规范等配套制度规范，健全会计信息化安全管理制度和安全技术标准。

——**会计数字化转型升级加快推进**。加快推动单位会计工作、注册会计师审计工作和会计管理工作数字化转型。鼓励各部门、各单位探索会计数字化转型的实现路径，运用社会力量和市场机制，逐步实现全社会会计信息化应用整体水平的提升。

——**会计数据价值得到有效发挥**。提升会计数据的质量、价值与可用性，探索形成服务价值创造的会计数据要素，有效发挥会计数据在经济资源配置和单位内部管理中的作用，支持会计职能对内对外拓展。

——**会计监管信息实现互通共享**。通过数据标准、信息共享机制和信息交换平台等方面的基础建设，在安全可控的前提下，初步实现监管部门间会计监管数据的互通和共享，提升监管效率，形成监管合力。

——**会计信息化人才队伍不断壮大**。完善会计人员信息化方面能力框架，丰富会计人员信息化继续教育内容，创新会计信息化人才培养方式，打造懂会计、懂业务、懂信息技术的复合型会计信息化人才队伍。

三、主要任务

（一）加快建立会计数据标准体系，推动会计数据治理能力建设。

统筹规划、制定和实施覆盖会计信息系统输入、处理和输出等环节的会计数据标准，为会计数字化转型奠定基础。

——在输入环节，加快制定、试点和推广电子凭证会计数据标准，统筹解决电子票据接收、入账和归档全流程的自动化、无纸化问题。到“十四五”时期末，实现电子凭证会计数据标准对主要电子票据类型的有效覆盖。

——在处理环节，探索制定财务会计软件底层会计数据标准，规范会计核算系统的业务规则和技术标准，并在一定范围进行试点，满足各单位对会计信息标准化的需求，提升相关监管部门获取会计数据生产系统底层数据的能力。

——在输出环节，推广实施企业财务报表会计数据标准，推动企业向不同监管部门报送的各种报表中的会计数据口径尽可能实现统一，降低编制及报送成本、提高报表信息质量，增强会计数据共享水平，提升监管效能。

（二）制定会计信息化工作规范和软件功能规范，进一步完善配套制度机制。

推动修订《中华人民共和国会计法》，为单位开展会计信息化建设、推动会计数字化转型提供法制保障。完善会计信息化工作规范和财务软件功能规范，规范信息化环境下的会计工作，提高财务软件质量，为会计数字化转型提供制度支撑。探索建立会计信息化工作分级分类评估制度和财务软件功能第三方认证制度，督促单位提升会计信息化水平，推动会计数据标准全面实施。

（三）深入推动单位业财融合和会计职能拓展，加快推进单位会计工作数字化转型。

通过会计信息的标准化和数字化建设，推动单位深入开展业财融合，充分运用各类信息技术，探索形成可扩展、可聚合、可比对的会计数据要素，提升数据治理水平。夯实单位应用管理会计的数据基础，助推单位开展个性化、有针对性的管理会计活动，加强绩效管理，增强价值创造力。完善内部控制制度的信息化配套建设，推动内部控制制度有效实施。推动乡镇街道等基层单位运用信息化手段，提升内部控制水平。发挥会计信息化在单位可持续报告编报中的作用，加强社会责任管理。

（四）加强函证数字化和注册会计师审计报告防伪等系统建设，积极推进审计工作数字化转型。

围绕注册会计师行业审计数据采集、审计报告电子化、行业管理服务数据、电子签章与证照等领域，构建注册会计师行业数据标准体系。鼓励会计师事务所积极探索全流程的智能审计作业平台及辅助工具，逐步实现远程审计、大数据审计和智能审计。大力推进审计函证数字化工作，制定、完善审计函证业务规范和数据标准，加快函证集中处理系统建设，鼓励函证数字平台发展和规范、有序、安全运行。探索建立审计报告单一来源制度，推动实现全国范围“一码通”,从源头上治理虚假审计报告问题。

(五)优化整合各类会计管理服务平台,切实推动会计管理工作数字化转型。

优化全国统一的会计人员管理服务平台,完善会计人员信用信息,有效发挥平台的监督管理和社会服务作用。构建注册会计师行业统一监管信息平台,加强日常监测,提升监管效率和水平,加大信息披露力度。升级全国代理记账机构管理系统,实现对行业发展状况的实时动态跟踪,完善对代理记账机构的奖惩信息公示,提升事中事后监管效能。系统重塑会计管理服务平台,稳步推进会计行业管理信息化建设,运用会计行业管理大数据,为国家治理体系和治理能力现代化提供数据支撑。

(六)加速会计数据要素流通和利用,有效发挥会计信息在服务资源配置和宏观经济管理中的作用。

以会计数据标准为抓手,支持各类票据电子化改革,推进企业财务报表数字化,推动企业会计信息系统数据架构趋于一致,制定实施小微企业会计数据增信标准,助力缓解融资难、融资贵问题,促进会计数据要素的流通和利用,发挥会计信息在资源配置中的支撑作用。利用大数据等技术手段,加强会计数据与相关数据的整合分析,及时反映宏观经济总体运行状况及发展趋势,为财政政策、产业发展政策以及宏观经济管理决策提供参考,发挥会计信息对宏观经济管理的服务作用。

(七)探索建立共享平台和协同机制,推动会计监管信息的互通共享。

积极推动会计数据标准实施,在安全可控的前提下,探索建立跨部门的会计信息交换机制和共享平台。到“十四五”时期末,初步实现各监管部门在财务报表数据层面和关键数据交换层面上的数据共享和互认,基本实现财务报表数据的标准化、结构化和单一来源,有效降低各监管部门间数据交换和比对核实的成本,提升监管效能。

(八)健全安全管理制度和安全技术标准,加强会计信息安全和跨境会计信息监管。

坚持积极防御、综合防范的方针,在全面提高单位会计信息安全防护能力的同时,重点保障各部门监管系统中会计信息的安全。针对不同类型的单位,建立健全会计信息分级分类安全管理制度、安全技术标准和监控体系,加强对会计信息系统的审计,建立信息安全的有效保障机制和应急处理机制。探索跨境会计信息监管标准、方法和路径,防止境内外有关机构和个人通过违法违规和不当手段获取、传输会计信息,切实保障国家信息安全。

(九)加强会计信息化人才培养,繁荣会计信息化理论研究。

各单位要加强复合型会计信息化人才培养,高等院校要适当增加会计信息化课程内容的比重,加大会计信息化人才培养力度。在会计人员能力框架、会计专业技术资格考试大纲、会计专业高等和职业教育大纲中增加对会计信息化和会计数字化转型的能力要求。推动理论界研究会计数字化转型的理论与实践、机遇与挑战、安全与伦理等基础问题,研究国家会计数据管理体系等重大课题,开展会计信息化应用案例交流,形成一批能引领时代发展的会计信息化研究成果。

四、实施保障

(一)强化组织领导,明确职责分工。

财政部要加强与中央有关主管部门的统筹协调,建立健全运行高效、职能明确、分工清晰的会计信息化工作机制，实现政策制定和政策实施的联动协调，形成推进合力。有条件的地区（部门）可以结合实际，制定本地区（部门）的会计信息化发展规划或实施方案，切实将规划各项任务落到实处。注册会计师协会要以行业信息化战略为引领，指导和推动会计师事务所数字化转型，推进行业高质量发展。充分发挥全国会计信息化标准化技术委员会的作用，加快制定会计信息化国家标准。

（二）精心推动实施，形成工作合力。

单位负责人是本单位会计信息化工作的第一责任人，总会计师（或分管财务会计工作负责人）和财务会计部门要落实分管责任和具体责任。各单位要结合实际需要，制定会计信息化工作方案，加强组织实施和经费保障，切实推动本单位会计信息化工作。代理记账机构要积极探索会计资源共享服务理念，探索打造以会计数据为核心的数据聚合平台，支持中小微企业会计数据价值创造。财务软件和相关咨询行业要切实加强对会计信息化系列软件产品的研发，探索新技术在会计信息化工作中的具体应用，积极助力会计数字化转型。中国会计学会等专业学会协会和理论界要加强会计信息化最新理论研究，为会计数字化转型提供智力支持。

（三）加强监督考核，确保落地见效。

各级财政部门和中央有关主管部门要对规划确定的目标任务进行细化分解，明确进度，落实责任，加强对会计信息化建设的指导、督促与落实。要定期检查、评估规划的落实情况，推广先进经验，针对存在问题及时采取有效措施，确保会计信息化规划确定的各项目标任务落到实处、取得实效。

附录 1

图 1　国家会计信息化发展体系图

附录 2

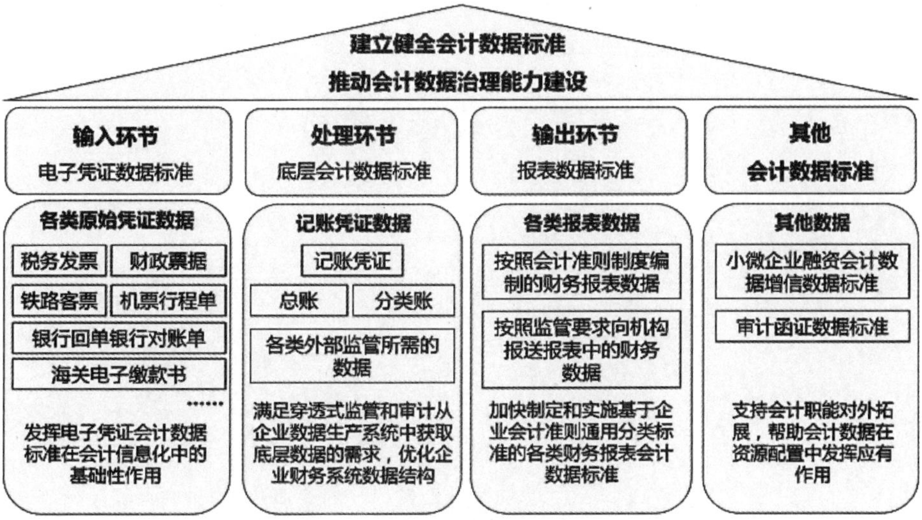

图 2　会计数据标准体系图

附录 3

“十四五”时期会计信息化发展指标表

指标	指标值	属性
1. 应用电子凭证会计数据标准的原始凭证类型占所有原始凭证类型的比例	50%	预期性
2. 应用电子凭证会计数据标准的单位数量占非手工会计核算单位数量的比例	50%	预期性
3. 数字化银行函证数量占所有银行函证数量的比例	60%	预期性
4. 纳入审计报告防伪系统的审计报告数量占所有审计报告数量的比例	50%	预期性

财政部关于印发《企业会计信息化工作规范》的通知

财会〔2013〕20号

各省、自治区、直辖市、计划单列市财政厅(局)，新疆生产建设兵团财务局，有关企业：

为推动企业会计信息化，节约社会资源，提高会计软件和相关服务质量，规范信息化环境下的会计工作，我部制定了《企业会计信息化工作规范》(以下简称工作规范)。现予印发，请遵照执行。

工作规范施行前已经投入使用的会计软件不符合工作规范要求的，应当自工作规范施行之日起3年内进行升级完善，达到要求。

财　政　部

2013年12月6日

企业会计信息化工作规范

第一章　总　则

第一条　为推动企业会计信息化，节约社会资源，提高会计软件和相关服务质量，规范信息化环境下的会计工作，根据《中华人民共和国会计法》、《财政部关于全面推进我国会计信息化工作的指导意见》(财会〔2009〕6号)，制定本规范。

第二条　本规范所称会计信息化，是指企业利用计算机、网络通信等现代信息技术手段开展会计核算，以及利用上述技术手段将会计核算与其他经营管理活动有机结合的过程。

本规范所称会计软件，是指企业使用的，专门用于会计核算、财务管理的计算机软件、软件系统或者其功能模块。会计软件具有以下功能：

(一) 为会计核算、财务管理直接采集数据；

(二) 生成会计凭证、账簿、报表等会计资料；

(三) 对会计资料进行转换、输出、分析、利用。

本规范所称会计信息系统，是指由会计软件及其运行所依赖的软硬件环境组成的集合体。

第三条　企业(含代理记账机构，下同)开展会计信息化工作，软件供应商(含相关咨询服务机构，下同)提供会计软件和相关服务，适用本规范。

第四条　财政部主管全国企业会计信息化工作，主要职责包括：

(一) 拟订企业会计信息化发展政策；

(二) 起草、制定企业会计信息化技术标准；

(三) 指导和监督企业开展会计信息化工作；

(四) 规范会计软件功能。

第五条 县级以上地方人民政府财政部门管理本地区企业会计信息化工作，指导和监督本地区企业开展会计信息化工作。

第二章 会计软件和服务

第六条 会计软件应当保障企业按照国家统一会计准则制度开展会计核算，不得有违背国家统一会计准则制度的功能设计。

第七条 会计软件的界面应当使用中文并且提供对中文处理的支持，可以同时提供外国或者少数民族文字界面对照和处理支持。

第八条 会计软件应当提供符合国家统一会计准则制度的会计科目分类和编码功能。

第九条 会计软件应当提供符合国家统一会计准则制度的会计凭证、账簿和报表的显示和打印功能。

第十条 会计软件应当提供不可逆的记账功能，确保对同类已记账凭证的连续编号，不得提供对已记账凭证的删除和插入功能，不得提供对已记账凭证日期、金额、科目和操作人的修改功能。

第十一条 鼓励软件供应商在会计软件中集成可扩展商业报告语言(XBRL)功能，便于企业生成符合国家统一标准的 XBRL 财务报告。

第十二条 会计软件应当具有符合国家统一标准的数据接口，满足外部会计监督需要。

第十三条 会计软件应当具有会计资料归档功能，提供导出会计档案的接口，在会计档案存储格式、元数据采集、真实性与完整性保障方面，符合国家有关电子文件归档与电子档案管理的要求。

第十四条 会计软件应当记录生成用户操作日志，确保日志的安全、完整，提供按操作人员、操作时间和操作内容查询日志的功能，并能以简单易懂的形式输出。

第十五条 以远程访问、云计算等方式提供会计软件的供应商，应当在技术上保证客户会计资料的安全、完整。对于因供应商原因造成客户会计资料泄露、毁损的，客户可以要求供应商承担赔偿责任。

第十六条 客户以远程访问、云计算等方式使用会计软件生成的电子会计资料归客户所有。

软件供应商应当提供符合国家统一标准的数据接口供客户导出电子会计资料，不得以任何理由拒绝客户导出电子会计资料的请求。

第十七条 以远程访问、云计算等方式提供会计软件的供应商，应当做好本厂商不能维持服务情况下，保障企业电子会计资料安全以及企业会计工作持续进行的预案，并在相关服务合同中与客户就该预案做出约定。

第十八条 软件供应商应当努力提高会计软件相关服务质量，按照合同约定及时解决用户使用中的故障问题。

会计软件存在影响客户按照国家统一会计准则制度进行会计核算问题的，软件供应商应当为用户免费提供更正程序。

第十九条 鼓励软件供应商采用呼叫中心、在线客服等方式为用户提供实时技术支持。

第二十条 软件供应商应当就如何通过会计软件开展会计监督工作，提供专门教程和相关资料。

第三章 企业会计信息化

第二十一条 企业应当充分重视会计信息化工作，加强组织领导和人才培养，不断推进会计信息化在本企业的应用。

除本条第三款规定外，企业应当指定专门机构或者岗位负责会计信息化工作。

未设置会计机构和配备会计人员的企业，由其委托的代理记账机构开展会计信息化工作。

第二十二条 企业开展会计信息化工作，应当根据发展目标和实际需要，合理确定建设内容，避免投资浪费。

第二十三条 企业开展会计信息化工作，应当注重信息系统与经营环境的契合，通过信息化推动管理模式、组织架构、业务流程的优化与革新，建立健全适应信息化工作环境的制度体系。

第二十四条 大型企业、企业集团开展会计信息化工作，应当注重整体规划，统一技术标准、编码规则和系统参数，实现各系统的有机整合，消除信息孤岛。

第二十五条 企业配备的会计软件应当符合本规范第二章要求。

第二十六条 企业配备会计软件，应当根据自身技术力量以及业务需求，考虑软件功能、安全性、稳定性、响应速度、可扩展性等要求，合理选择购买、定制开发、购买与开发相结合等方式。

定制开发包括企业自行开发、委托外部单位开发、企业与外部单位联合开发。

第二十七条 企业通过委托外部单位开发、购买等方式配备会计软件，应当在有关合同中约定操作培训、软件升级、故障解决等服务事项，以及软件供应商对企业信息安全的责任。

第二十八条 企业应当促进会计信息系统与业务信息系统的一体化，通过业务的处理直接驱动会计记账，减少人工操作，提高业务数据与会计数据的一致性，实现企业内部信息资源共享。

第二十九条 企业应当根据实际情况，开展本企业信息系统与银行、供应商、客户等外部单位信息系统的互联，实现外部交易信息的集中自动处理。

第三十条 企业进行会计信息系统前端系统的建设和改造，应当安排负责会计信息化工作的专门机构或者岗位参与，充分考虑会计信息系统的数据需求。

第三十一条 企业应当遵循企业内部控制规范体系要求，加强对会计信息系统规划、设计、开发、运行、维护全过程的控制，将控制过程和控制规则融入会计信息系统，实现对违反控制规则情况的自动防范和监控，提高内部控制水平。

第三十二条 对于信息系统自动生成、且具有明晰审核规则的会计凭证，可以将审核规则嵌入会计软件，由计算机自动审核。未经自动审核的会计凭证，应当先经人工审核再进行后续处理。

第三十三条 处于会计核算信息化阶段的企业，应当结合自身情况，逐步实现资金管理、资产管理、预算控制、成本管理等财务管理信息化。

处于财务管理信息化阶段的企业，应当结合自身情况，逐步实现财务分析、全面预算管理、风险控制、绩效考核等决策支持信息化。

第三十四条 分公司、子公司数量多、分布广的大型企业、企业集团应当探索利用信息技术促进会计工作的集中，逐步建立财务共享服务中心。

实行会计工作集中的企业以及企业分支机构，应当为外部会计监督机构及时查询和调阅异地储存的会计资料提供必要条件。

第三十五条 外商投资企业使用的境外投资者指定的会计软件或者跨国企业集团统一部署的会计软件，应当符合本规范第二章要求。

第三十六条 企业会计信息系统数据服务器的部署应当符合国家有关规定。数据服务器部署在境外的，应当在境内保存会计资料备份，备份频率不得低于每月一次。境内备份的会计资料应当能够在境外服务器不能正常工作时，独立满足企业开展会计工作的需要以及外部会计监督的需要。

第三十七条 企业会计资料中对经济业务事项的描述应当使用中文，可以同时使用外国或者少数民族文字对照。

第三十八条 企业应当建立电子会计资料备份管理制度，确保会计资料的安全、完整和会计信息系统的持续、稳定运行。

第三十九条 企业不得在非涉密信息系统中存储、处理和传输涉及国家秘密，关系国家经济信息安全的电子会计资料；未经有关主管部门批准，不得将其携带、寄运或者传输至境外。

第四十条 企业内部生成的会计凭证、账簿和辅助性会计资料，同时满足下列条件的，可以不输出纸面资料：

（一）所记载的事项属于本企业重复发生的日常业务；

（二）由企业信息系统自动生成；

（三）可及时在企业信息系统中以人类可读形式查询和输出；

（四）企业信息系统具有防止相关数据被篡改的有效机制；

（五）企业对相关数据建立了电子备份制度，能有效防范自然灾害、意外事故和人为破坏的影响；

（六）企业对电子和纸面会计资料建立了完善的索引体系。

第四十一条 企业获得的需要外部单位或者个人证明的原始凭证和其他会计资料，同时满足下列条件的，可以不输出纸面资料：

（一）会计资料附有外部单位或者个人的、符合《中华人民共和国电子签名法》的可靠的电子签名；

（二）电子签名经符合《中华人民共和国电子签名法》的第三方认证；

（三）满足第四十条第（一）项、第（三）项、第（五）项和第（六）项规定的条件。

第四十二条 企业会计资料的归档管理，遵循国家有关会计档案管理的规定。

第四十三条 实施企业会计准则通用分类标准的企业，应当按照有关要求向财政部报送 XBRL 财务报告。

第四章 监 督

第四十四条 企业使用会计软件不符合本规范要求的，由财政部门责令限期改正。限期不改的，财政部门应当予以公示，并将有关情况通报同级相关部门或其派出机构。

第四十五条 财政部采取组织同行评议，向用户企业征求意见等方式对软件供应商提供的会计软件遵循本规范的情况进行检查。

省、自治区、直辖市人民政府财政部门发现会计软件不符合本规范规定的，应当将有关情况报财政部。

任何单位和个人发现会计软件不符合本规范要求的，有权向所在地省（自治区、直辖市）人民政府财政部门反映，财政部门应当根据反映开展调查，并按本条第二款规定处理。

第四十六条 软件供应商提供的会计软件不符合本规范要求的，财政部可以约谈该供应商主要负责人，责令限期改正。限期内未改正的，由财政部予以公示，并将有关情况通报相关部门。

第五章 附 则

第四十七条 省、自治区、直辖市人民政府财政部门可以根据本规范制定本地区具体实施办法。

第四十八条 自本规范施行之日起，《会计核算软件基本功能规范》（财会字〔1994〕27 号）、《会计电算化工作规范》（财会字〔1996〕17 号）不适用于企业及其会计软件。

第四十九条 本规范自 2014 年 1 月 6 日起施行，1994 年 6 月 30 日财政部发布的《商品化会计核算软件评审规则》（财会字〔1994〕27 号）、《会计电算化管理办法》（财会字〔1994〕27 号）同时废止。

会计电算化实验报告

院系____________________

专业____________________

班级____________________

姓名____________________

学号____________________

指导老师_______________

学年学期_______________

202　年　　月　日

实验项目		实验日期	

一、实验目的

二、实验内容

（续表）

三、实验总结		
四、教师评语	成绩	
	指导教师签字： 年　月　日	